KB200659

크리스천은 돈 걱정하면 안 되나요?

크리스천은 돈 걱정하면 안 되나요?

지은이 | 이상철 · 강민수 · 권용수 · 김기범 · 유병욱 · 윤제나 · 이하은 · 임재문
초판 발행 | 2023. 9. 20
등록번호 | 제1988-000080호
등록된 곳 | 서울특별시 용산구 서빙고로 65길 38
발행처 | 사단법인 두란노서원
영업부 | 2078-3352 FAX | 080-749-3705
출판부 | 2078-3331

책값은 뒤표지에 있습니다.
ISBN 978-89-531-4580-1 03230

독자의 의견을 기다립니다.
tpress@duranno.com www.duranno.com

두란노서원은 바울 사도가 3차 전도여행 때 에베소에서 성령 받은 제자들을 따로 세워 하나님의 말씀으로 양육하
던 장소입니다. 사도행전 19장 8-20절의 정신에 따라 첫째 목회자를 돕는 사역과 평신도를 훈련시키는 사역, 둘째
세계선교(TIM)와 문서선교(단행본·잡지) 사역, 셋째 예수문화 및 경배와 찬양 사역, 그리고 가정·상담 사역 등을 감당하
고 있습니다. 1980년 12월 22일에 창립된 두란노서원은 주님 오실 때까지 이 사역들을 계속할 것입니다.

젊은 크리스천을 위한

돈과 신앙에 대한 모든 궁금증

크리스천은
돈 걱정하면
안 되나요?

이상철·강민수·권용수·김기범
유병욱·윤제나·이하은·임재문

두란노

2.___ 돈, 어떻게 관리할 것인가? _____

3.___ 돈, 어떻게 쓸 것인가?

추천사

─────── 이 책은 '크리스천은 돈 걱정하면 안 되나요?'라는 질문을 통해 기독교의 경제관을 찾아보려 하는 흥미로운 책이다. 더욱더 흥미 있는 것은, 한 명의 멘토와 일곱 명의 젊은이가 현재 그들이 갖고 있는 돈에 대한 생각들을 솔직하게 나누면서 질문에 대한 답을 찾아 가는 특수한 접근 방법을 취한다는 것이다. 이 질문들과 토론을 흥미롭게 읽어 가다 보면, 크리스천이라면 누구나 한 번은 찾고자 하는 답을 발견해 가는 유익을 얻을 수 있을 것이다. 또한 이 책은 돈에 대한 개인적인 생각들을 나누며 돈을 어떻게 벌 것인지, 어떻게 관리해야 할 것인지, 또 어떻게 써야 할 것인지, 심지어 막스 베버(Max Weber)의 종교 개혁 신학에 근거한 경제 윤리와 성경적 교훈에 이르기까지 지혜로운 답을 찾아 가려는 일련의 과정을 담고 있다.

기독교의 신앙은 돈에 대해 부정적인 태도를 갖고 있다는 오해도 종종 있는데, 이 책은 이러한 오해를 말끔히 씻어 준다. 그도 그럴 것이, 성경에는 상당한 부자들의 이야기가 포함되어 있다. 아니, 오히려 성경은 돈에 대한 건강하고 균형 잡힌 견해를 제공해 준다. 성경을 문맥 속에서 정확하게 이해한다면 반드시 저자의 결론과 같은 돈에 대한 자유함에 도달할 수 있을 것이다.

멘토인 이상철 목사는 서울대학교를 졸업하고 연세대학교에서 경제학 석사를 취득하였다. 은행에서 평생 돈을 다루며 일해 오다가 은퇴 후에 영어로 신학을 3년간 공부하는 햇불트리니티신학대학원대학교에서 목회학 석사를 마치고 목사 안수를 받았다. 한마디로 이론과 실제, 세상의 지혜와 하늘의 지혜를 겸비한 분이다. 성경 속 요셉과 다니엘처럼 두 세계의 지혜를 함께 갖고 산 이들의 삶이 어떠했는지 우리는 너무도 잘 알고 있다.

이 책을 통해 많은 사람들이 돈에 대한 현실적인 관점과 성경적인 이해를 얻어 건강한 가치관으로 세상에 유익을 주는 복된 삶을 살기를 바란다.

김상복 햇불트리니티신학대학원대학교 명예총장, 할렐루야교회 원로목사

——————— '돈' 하면 우리는 즉시, "돈을 사랑함이 일만 악의 뿌리가 되나니"(딤전 6:10)라는 구절부터 떠올린다. 그러나 성경에 이 말씀만 있는 것은 아니다. "돈은 범사에 이용되느니라"(전 10:19), "부와 재물이 그의 집에 있음이여 그의 공의가 영구히 서 있으리로다"(시 112:3)라는 말씀도 있다. 이 말씀을 보면 공의가 있기에 부와 재물도 주셨음을 알 수 있다. 성경의 의외로 많은 부분이 '돈'의 긍정적인 면을 가르쳐 준다.

그러나 한편 '돈'에 대한 경고성의 말씀도 많이 나온다. 영국의 철학자 프랜시스 베이컨(Francis Bacon)은 "돈은 최상의 종이고 최악의 주인이다"라고 했다. 돈을 잘 다스리면 최고의 종이 되지만, 돈을 인생의 목표로 두고 끌려 다니면 인생도 낭비하고, 학대도 당하는 등 돈이 최악의 주인으로 전락할 수도 있다.

이런 의미에서 성경적인 가치관을 가진《크리스천은 돈 걱정하면 안 되나요?》는 이 시대의 모든 사람이 한 번은 읽어야 할 책이라고 생각한다. 이 책은 세 가지의 아주 중요한 질문을 다루고 있는데, '돈, 어떻게 벌 것인가? 돈, 어떻게 관리할 것인가? 돈, 어떻게 쓸 것인가?'이다.

요새 회자되는 비트코인, NFT, 부동산, 주식 등을 크리스천이 어떻게 프로테스탄트 윤리와 성경적 가치관을 가지고 다루어야 할지 조명해 보지 않는다면 무엇인지도 모르고 막연히 죄악시하여 회피하거나, 아니면 마약과 같이 이런 것들에 매료되어 쫓아다니며 거기에 온갖 희망을 두는 극단적인 모습이 된다. 그런 면에서 성경은 우리가 여기에 대한 균형 감각을 잘 가질 수 있도록 인도해 준다.

돈보다는, 돈을 주시는 돈의 진정한 주인이신 하나님을 사랑하며, 돈을 제대로 벌어 하나님의 뜻대로 멋지게 사용하는 우리 모두가 되기 위해 이 책을 필독서로 추천한다. 한때 세상에서 유행했던 문장을 수정해서 인용해 보고자 한다. "하나님 안에서 모두 부자 되세요!"

김윤희 FWIA(Faith & Work Institute Asia) 대표, (전) 횃불트리니티신학대학원대학교 총장

──────── 돈 없이 살 수 있는 사람은 없다. 돈 앞에서 아무렇지 않은 사람도 없다. 돈은 우리의 삶에 반드시 필요하며, 우리의 행복, 관계, 건강과 영혼과도 긴밀하게 연결되어 있다.

이 책은 이처럼 다루기 힘든 돈의 주제와 정면으로 씨름한다. 그 접근 방법은 여러 면에서 참신하고 과감하다. 우선, 이 책은 불특정 다수가 아닌 MZ세대와의 대화를 목표로 한다. 하지만 이 책은 기성세대의 한 사람이 MZ세대를 향해 던지는 메시지가 아니다. 시작부터 끝까지 MZ세대와 함께 호흡하며 만들어 낸 작품이다. 이 책은 한 개인의 경험과 지식을 일방적으로 전달하는 형식을 버리고 MZ세대와 함께 그 세대의 특성에 맞게 나란히 고민하고 토론하며 최선의 길을 모색하는 과정을 담고 있다. 결국 단 하나의 정답을 찾으려 하지 않고, 다름을 인정하며, 참여자와 독자 개개인이 현재 처해 있는 자리에서 스스로 올바른 재정관을 찾아 갈 뿐 아니라 돈을 건강하게 벌고, 관리하고, 사용하도록 돕는 데 그 목적이 있다. 더 나아가 성경에 나타난 물질에 대한 가르침들을 현대 자본주의적 관점에서 재해석해 오늘의 2030세대의 니즈에 맞춰 살펴보는 혁신적인 시도이다.

이 책은 금융권과 학문 세계에서 한평생 다져진 이상철 멘토의 풍부한 경험적 성찰과 7명의 다양한 직업을 가진 2030 젊은이들의 현재 진행형인 성찰이 만나 최고의 시너지 효과를 이루어 낸 이 시대에 꼭 필요한 작품이기에 올바른 재정에 관심 있는 모든 사람에게 추천한다.

김주환 허브교회 담임목사, (전) 횃불트리니티신학대학원대학교 신약학 교수

──────── 이 책은 재미있을 뿐만 아니라 술술 읽힌다. 누구나 이 책을 읽게 된다면 이러한 자신의 모습에 스스로 놀라게 될 것이다. 무엇이 몰입으로 이끌까? 이 책은 주제가 선명하고, 내용이 흥미롭고, 전개가 긴장의 연속이다. 돈과 신앙이라는 주제는 누구에게나 뜨거운 감자다. 삶에서 끊임없이 가치가 충돌하기 때문이다. 지킬 박사와 하이드처럼 인간이 갖는 이중적 실존성과 이원론이 주는 절충성으로 말미암아 누구나 바울의 고백(롬 7:24)이 나의 고백이 되기 때문이다.

이 책을 저명한 신학자가 썼다면 독자의 참여도는 많이 달랐을 것이다. 그래서 이 책의 또 다른 매력은《천로역정》의 주인공 같은 8명의 순례자가 등장하여 23개의 질문을 놓고 23번의 토크쇼를 보여 주는 것이다. 순례자 8명은 다양한 독자층을 대변한다. 은행의 경영자로 은퇴한 후 목사가 된 인생 멘토도 있고, 치열하게 일과 삶의 통합을 추구하는 학구파 중견 멘티도 있고, 신사업 투자 담당자도 있고, 방송인도 있고, 잠언의 지혜로운 여인을 꿈꾸는 자도 있고, 취업 준비생도 있고, 믿지 않는 자도 있다. 토크쇼를 보며 대담자에게 질문하고 싶은 충동도, 스스로에게 질문하는 성찰도 스파크 불꽃처럼 튈 것이다. 좌장인 멘토의 지혜와 인도 그리고 특강도 좋은 길잡이가 된다.

《나니아 연대기》를 쓴 C. S. 루이스(Lewis)의 말처럼 이 책은 다른 세상으로 나가는 '문'이 될 것이다. 이 주제에 대한 갈망으로 또 다른 책을 찾아 읽게 될 것이다. 그리하여 순례의 여정을 마치고 진리 안에서 안식하며 진리가 주는 자유를 누리게 될 것이다(요 8:32).

권경현 꿈미학교장, 목사, (전) 교보문고 대표이사

──────── 외환은행에서 우리나라 경제 발전의 견인차 역할을 해온 많은 기업의 여신을 담당하면서 국민의 작은 돈이 기반이 되어 큰 산업을 일으키고, 그 산업을 통해 그 혜택이 다시 국민에게 돌아가는 것을 경험했다. 그러면서 돈의 흐름이 얼마나 중요한 것인지를 체험했다. 신용회복위원회에서 근무하면서도 돈 관리에 실패하여 경제적 어려움을 겪는 많은 사람들을 보면서 돈 관리의 중요성을 절감했다. 어린 시절부터 돈의 긍정적인 면과 부정적인 면을 잘 이해하는 것과 열심히, 근면하게 일해서 번 돈을 잘 관리하고 효율적으로 사용하는 방법을 터득하는 것은 우리가 살아가는 데 있어 꼭 필요한 지혜이다.

이 책은 크리스천인지의 여부를 떠나 산업 현장에서 열정을 가지고 치열한 삶을 살아가고 있는 모든 사람들에게 좋은 참고 자료가 될 것이라 생각한다. 이 책을 주도적으로 집필한 이상철 전 부행장은 외환은행에서 오랜 기간 같이 일한 후배로서, 착실한 크리스천인 동시에

근면과 성실 그리고 정직으로 살아가는 모범적이고 열정을 가진 금융인이었음을 회고하면서 이 책이 올바르고 지혜롭게 살아가려고 노력하는 모든 사람들에게 좋은 길잡이가 되기를 기원한다.

이연수 (전) 외환은행 수석 부행장, (전) 신용회복위원회 위원장

───────── 추천사를 위해 보내온 원고를 읽고 나서 가장 먼저 떠오른 것은,《지금 알고 있는 걸 그때도 알았더라면》(열림원)이라는 오래전에 읽은 시집의 제목이었습니다. 어느새 노년기에 접어들어 '신앙'과 '노후 대책'의 양면을 진지하게 되새겨야 하는 시점에 다소간 후회와 자성의 뉘앙스를 풍기는 이 문장이 떠오를 만큼 이 책은 제게도 많은 만시지탄(晚時之歎)의 깨달음과 시사점을 던져 주었습니다.

이 책의 특징은, 우선 '크리스천의 재정관과 재정 관리'에 관한 묵직하고 중요한 주제의 내용을 이론적 서술보다 한 명의 신앙 및 재정 전문가인 멘토와 일곱 명의 다양한 영역에서 일하는 청년 세대 멘티가 집단 지성을 통해 사례와 현안 과제를 제시한 후 함께 생각하고, 진지하게 질문하고 토론하면서 결론에 이르는 과정을 구어체 스타일로 쉽게 전달해 준다는 것입니다. 따라서 독자들은 그 토론에 초대되어 함께 참여하고 있는 듯한 '현장감'을 느끼며, '돈'(물질)과 '신앙생활'에 대한 편견과 오해, 답답함을 해소하고, 양자에 대한 올바른 관념과 균형 잡힌 시각을 갖도록 도움을 얻을 수 있습니다.

새로운 개념인 '가상 화폐'까지 포함하여, 삶(일상)의 현장에서 부단히 마주치는 실제적인 경험을 바탕으로 기술된 멘티들의 진솔하고 실감나는 이야기들과 각자의 전문가적 시각이 잘 정리된 '특강' 등, '이론'과 '실제'를 겸한 MZ세대용 '신판 크리스천과 돈(재정)' 교과서라 해도 지나치지 않을 듯합니다. 특히 급변하는 국내외 경제 상황 속에서, 크리스천은 물론이고 '영끌'이라는 신조어가 나올 정도로 '돈'과 '재테크'에 관심이 많을 수밖에 없는 젊은 세대에게 경제생활에 대한 바른 신앙적 개념을 제공하는 좋은 길잡이가 될 것으로 생각됩니다.

언젠가 인터넷에서 "올해는 제발 돈 걱정 없이 살았으면 좋겠다"라

는 어떤 이의 신년 소망에 대해, "돈은 아무 걱정 없으니 돈 걱정 말고 네 걱정이나 해라"라는 유머러스한 댓글이 달린 것을 본 적이 있습니다. 이 책 또한 신앙의 여부를 불문하고 '돈'에 대한 바른 이해와 함께, 궁극적으로는 '돈'이 문제가 아니라 돈에 대한 '우리의 생각과 관점'이 관건이라는 인식을 깨우쳐 줍니다. 한 줄의 명언이 삶의 길을 바꿀 수 있듯이, 한 권의 양서가 인생 전부를 바꿀 수 있음을 믿습니다. 이 책에서 되풀이하여 강조되고 있는 "가난하게도 마옵시고 부하게도 마옵소서"의 축복과 더불어 남은 생애 '돈 걱정 없는' 사람이 되기를 바라는 마음으로, 모든 사람에게 일독을 '강추'합니다.

권택명 한국펄벅재단 상임 이사, ㈜ 외환은행 신우회장, 시인

———— 크리스천 법조인으로 살아오면서, 대부분의 소송이 돈과 연관되어 있음을 알게 되었습니다. 특히 가슴 아픈 진실은, 교회 분쟁에서 발생하는 소송들 역시 거의 대부분 돈에 대한 탐욕과 관련되어 있다는 것입니다. 하나님과 돈을 겸하여 섬기는 우상 숭배자들이 목사와 장로, 안수집사의 직분을 받아 교회를 자신의 영광을 위한 도구로 삼고 있는 것이 한국 교회의 현실입니다.

이상철 목사는 저의 고등학교 동기이며, 평생의 친구이고, 영성 깊은 멘토입니다. '오직 예수'의 믿음이 그의 삶을 관통하고 있습니다. 돈 그 자체를 다루는 은행에서 평생을 봉직하면서 탐욕에 물들지 않는 삶을 살아왔기에, 저도 그의 길을 따라 환갑의 나이에 신학을 해 진흙 같은 세상 속에서 한 송이 꽃을 피우게 되었습니다.

'돈'은 가치중립적인 교환 수단으로서 하나님의 일반 은총을 드러내는 구제의 수단입니다. 이 책이 현대의 지혜서가 되어 독자들을 주님에 대한 확신과 삶의 순종으로 이끌어 줄 것을 믿고 기도합니다.

이상곤 변호사, ㈜ 법무법인 로고스 대표

———— 변호사로서, 또한 기업의 대표로서 매일 해결해야 할 문제들은 결국 모두 돈과 연관되어 있다. 이렇게 우리 삶과 밀접하게

얽혀 있는 돈을 크리스천으로서 얼마나 솔직하게 대하고 있는지, 돈을 정직하게 벌고, 관리하고, 사용하는 것이 얼마나 어려운 일인지를 뼈저리게 느끼며 매일을 살아간다.

돈에 관해 우리는 교회에서 잘 배우지 못한다. 돈에 대한 이야기를 쉽게 할 수 없는 분위기 때문이다. 그러나 교회에서도 돈은 역시 빼놓을 수 없는 중요한 주제이다. 그럼에도 우리는, 특히 크리스천들은 돈에 관해 마음껏 토론하지 못한다. 그런 면에서 이 책의 매력은 여러 사람들이 돈에 관해 다양한 견해를 마음껏 표현하고 있다는 점이다. 그러면서도 중요 시점마다 성경을 근거로 돈에 관해 균형 잡힌 시각을 갖도록 이끌고 있다.

이 책의 멘토는 중·고등학교 학창 시절부터 내가 존경하고 좋아했던 친구로, 현재 고교 동창들의 신우회 모임을 이끌고 있는 믿을 수 있는 친구다. 크리스천만이 아니라 돈을 다루는 모든 사람, 돈에 관해 수많은 고민을 하고 있는 사람들이 이 책을 통해 돈에 관해 올바른 관점을 가졌으면 하는 마음으로 이 책의 일독을 진심으로 권한다.

박상기 변호사, 특허법인 남앤남 대표

———— 종교에서 거의 금기시되어 온 듯한 선입견이 있는 '돈'을 주제로 젊은 크리스천과 비크리스천 그리고 멘토(목사)가 토론 과정을 통해 깨달음을 얻어 가는 과정이 참으로 신선하다. 멘티들은 요즘 젊은 세대들답게 경험과 생각 등 자신의 속내를 훤히 드러내 보이며 적극적으로 답을 찾으려고 노력하고, 멘토는 그들의 눈높이에 걸맞은 자신의 경험과 지식 그리고 성경상의 근거를 제시한다. 그 과정에서 자발적인 자기반성과 새로운 다짐을 통해 변화해 나가려는 젊은이들의 참모습에 큰 박수를 보낸다.

돈이라는 단어가 성경에 얼마나 많이 언급되고 있는지 그리고 그와 관련한 행동 지침이 얼마나 명확하게 언급되고 있는지를 이 책을 통해 비로소 알게 되었다. 이 책은 IT기술의 급격한 발전 등 사회 전반의 급격한 변화 속에서 삶의 방식에 커다란 변화를 겪으며 가치관의 혼란과 갈등을 겪고 있는 젊은이들은 물론 기성세대에게도 나침반이 될 거라 확신한다.

같은 업계에서, 또 같은 직장에서 근무하며 오랫동안 파트너로 일했던 멘토와 나의 직원이었던 멘티들이 솔직하면서도 건전하게 토론한 내용들은 흥미를 자아내기에 충분했고, 내게 많은 도움이 되었다. 돈이 가진 유용성을 잘 이해해서 지혜롭게 돈을 벌고, 자칫 돈에 지나치게 빠지기 쉬운 유혹을 조심하며 살아간다면 우리 삶은 아주 의미 있고 행복할 것임을 확신한다. 많은 사람들이 이러한 유익을 얻기를 바라는 마음으로 이 책을 권한다.

최대성 (전) 티머니 대표이사

───────── 구약의 믿음은 '여호와를 경외하라'는 것이고, 신약의 믿음은 '네 믿음을 보이라'는 것이다. 여기서 믿음을 보인다는 것은 삶으로 살아 내는 것을 의미한다. 우리가 가장 어려워하는 첫 번째는 크리스천의 성품을 가지고 살아가는 것이고, 두 번째는 돈에 대해 시험에 들지 않는 것이다. 성경은 돈이 만사에 유익하다고 할 정도로 삶을 살아가는 데 매우 유용한 것이기 때문에 하나님과 재물을 겸하여 섬길 수 없다고 말씀한다.

따라서 이 책은 자본주의 시대를 살아가는 크리스천 청년들의 돈에 대한 솔직한 생각과 신앙적 시각과의 충돌을 제로베이스드 씽킹(zero-based thinking)을 통해 재정립하고, 많은 이슈를 제기하고 멘토링하는 과정에서 진정한 크리스천으로 살아가기 위한 재정적 믿음을 견고하게 할 것이다.

경영학을 가르치는 사람으로서, 돈은 절대적 가치가 아닌 상대적 가치임을 알고 항상 공급해 주시는 하나님께 감사하기를 바란다. 무엇보다 우리의 경제 활동을 통해 무한한 가치로 공급해 주시는 주님께 감사하며 살기를 기도하며 축복한다.

김종빈 서울벤처대학원대학교 CMBA 특임교수, JK아카데미 대표 및 경영 멘토

───────── 한편으로는 부(富)를 경계하면서 동시에 부의 축적을 옹호한다는 점에서 기독교는 타 종교와 구별된다. 이 책은, 모순처럼

보이는 부에 대한 시각 속에서 기독교적 의미를 갈구하고 실천하고자 하는 크리스천의 고뇌를 보여 준다. 이 책은 부자가 되고 싶은 크리스천뿐 아니라, 진정한 기독교적 돈 벌기와 돈 쓰기에 대해서 알고 싶은 사람에게도 좋은 길잡이가 되리라 생각한다.

석승훈 서울대학교 경영대학(원) 교수

——— 돈은 우리 삶의 아주 중요한 요소이지만, 교회에서 돈에 관한 주제에 대해 다루는 것을 많이 보지는 못했다. 설사 돈에 대해 논하더라도 헌금이나 구제와 같은 차원에서 다루었지, 신앙에 있어 돈이 어떤 의미를 갖는지에 대해서는 배워 본 기억이 별로 없다.

《크리스천은 돈 걱정하면 안 되나요?》는 이제 사회생활을 활발히 시작하며 돈에 대해 제대로 고민하기 시작하는 7명의 젊은이와 금융전문가인 경험 많은 멘토가 대화를 통해 돈의 의미가 무엇인지를 추적해 가는 전개 과정이 흥미로운 책이다. 또한 각 사람이 다양한 견해와 다른 느낌을 가지고 성경이 말하는 돈에 대한 올바른 관점으로 수렴해 가는 과정도 흥미롭다.

진리는 아는 것에서 출발하는 것이므로, 연세대학교의 교훈인 '진리가 너희를 자유케 하리라'라는 말씀이 돈에 대해서도 적용될 수 있을 것이라 믿으며, 이 책의 일독을 강력히 추천한다.

김현중 연세대학교 응용통계학과 교수

——— 저는 금융인의 리더이면서 하나님의 자녀로 산다는 것이 얼마나 힘든 일인지를 경험하며 끊임없는 좌절과 회개를 반복했습니다. 이렇게 돈과 신앙의 문제로 고민하고 있을 때 이 책의 저자이자 멘토인 이상철 목사님은 저에게 본이 되어 주셨고, 크리스천 직장인의 나침반이 되어 주셨습니다. 몇 년 전, '돈과 신앙'에 대한 문답 형태의 책을 준비하신다는 말씀을 듣고 개인적으로 기대가 컸습니다. 과연 돈을 다루는 저 같은 자가 낙타가 바늘귀로 들어가는 것보다 어렵다는 천국 입성을 할 수 있을까 하는 의문이 항상 남아 있었기 때문입니다.

이 책을 처음부터 끝까지 꼼꼼히 읽으며 금융인으로서 32년간 품었던 의문이 해결되었습니다. 은퇴하면 편안히 쉴 생각만 하고 있었는데 이상철 목사님의 열정과 노력을 보면서 그런 저 자신이 부끄러웠고, 주어진 환경에서 천국 소망을 최선을 다해 전파해야겠다는 도전을 받았습니다. 그러면서 은퇴 후에도 주님의 새로운 사명을 감당하기 위해 더욱 노력해야겠다는 기도를 하게 되었습니다.

독자들이 이 책을 통해 크리스천과 비크리스천의 구분 없이, 또 나이의 많고 적음과 상관없이 돈에 대한 올바른 관점을 갖게 되리라 확신하며, 그들 모두가 세상에서 돈의 노예가 아닌, 돈을 주관하는 경영자이자 청지기로 살아가기를 간절히 소망해 봅니다.

이종승 하나증권 부사장, ㈜ 하나금융그룹 신우회장

————— 모든 커리어를 코퍼레이트 월드(corporate world)에서 보낸 사람으로서, 늘 돈과 관련된 일과 고민을 하면서도 이를 종교와 연관 지어 생각해 본 적은 단 한 번도 없었다. 종교에서 소유와 무소유, 탐욕과 포용 및 용서 등을 이야기하는 것은 알았지만, 그것이 현실 세계에서 부를 창출하는 매일의 직업과 어떻게 연관될지는 고민해 본 적이 없는 사람으로서 이 책을 접했을 때 매우 신선하고, 놀랍고, 흥미로웠다. 또한 커리어의 초반부에 막 서 있는 7명의 20-30대 젊은이와 오랜 커리어와 경험 및 정진을 통해 깊은 통찰력을 얻은 멘토가 단순한 토론의 과정을 통해 어떠한 깨달음과 인사이트를 구축해 나가는 과정을 그리는 노력이 인상 깊었다. 이상철 멘토는 약 20년 전부터 함께 작업하며 알게 된 분으로서, 특별한 열정과 관심 그리고 긍정적이고 강한 추진력을 가진 분임을 알고 있어 책의 내용에 큰 관심이 생겼었다.

전문직에 있든, 대기업에 있든, 스타트업에서 창업을 하든, 국내 혹은 해외에서 일하든, 코퍼레이트 월드에서의 모든 척도는 결국 돈이며, 이를 어떤 사람들은 노력에 대한 결과물로, 어떤 사람들은 미래 삶에 대한 재원으로, 어떤 사람들은 세상의 본인의 능력에 대한 평가로 각각 매우 다양하고 다르게 받아들이며 살아간다. 이를 본인의 종교와

연관하여 생각하고 새로운 시각으로 흥미롭게 풀어내기 위해 고민한 멘토와 7명의 청춘에게 존경의 박수를 보낸다.

김정인 하이퍼라운지 대표, (전) 매킨지 파트너, (전) 현대카드 부사장

─────── 창업하고 기업 정신을 매일 되새기며 살아온 지 어느덧 8년차에 접어들었습니다. 창업 전과 지금의 나를 보면 가장 크게 바뀐 부분이 있는데, 그것은 바로 '돈'에 대한 마음가짐입니다. 창업 전에는 솔직히 '돈'이라는 단어조차 입에서 꺼내고 싶지 않을 정도로 그것을 터부시했지만, 지금은 고객을 창출하며 이윤을 극대화하는 회사를 경영하고 있습니다. 다른 말로 하면 늘 '돈' 생각을 한다고 볼 수 있습니다.

성경은 '돈을 사랑하지 말라'(히 13:5)고, '재물에 소망을 두지 말라'(딤전 6:17)고 말씀하기에 그동안 심적으로 얼마나 많은 갈등이 있었는지 모릅니다. 《크리스천은 돈 걱정하면 안 되나요?》는 이런 이원론적인 사고로부터 벗어나기 시작한 저에게 진정한 통쾌함과 자유로움을 선사한 몇 안 되는 책입니다. 모든 사람들이 이 책의 독자가 되기를 적극 추천합니다.

한때 우리나라 간판 은행의 경영자였던 '돈'에 대한 전문가이신 목사님 멘토와 각 산업 현장에서 치열하게 부를 창출하고 있는 멘티들의 대화로 풀어 가는 글을 읽다 보면 어느새 내가 대화의 중심에 있다는 착각을 할 정도로 빠져들게 됩니다. 이론이 아닌, 바로 우리 지금의 삶에서 '돈과 신앙'을 생생하게 이야기하고 있는 책이기 때문입니다.

우리 크리스천들, 특히 젊은 세대들이 진정한 자유인답게 담대하고 적극적으로 '돈'을 제어하고 활용하기를 원한다면 이 책은 큰 도움이 될 것이라 확신합니다. 더 나아가 세상에 강력하고 선한 흐름을 만드는 제품과 서비스, 투자 등을 일구어 내어 큰 '자본'을 쥐락펴락하는 중심에 이 책의 독자들이 있을 것이라 믿어 의심치 않습니다.

황영규 알체라 대표이사

이 책의 주제인 '돈'은 긍정적인 면과 부정적인 면을 가진 양면적인 존재로, 미국의 시인인 칼 샌드버그(Carl Sandburg)는 "돈이란 힘이고 자유이며 모든 악의 근원이기도 한 동시에 한편으로는 최대의 행복이 되기도 한다"라고 언급한 바 있습니다. 이 책은, 양면성을 가진 '돈'에 대해 20-30대 MZ세대들이 가지고 있는 질문과 고민(부동산, 코인, 투자, 돈의 속성 등)을 다루며, 합리적인 토론을 통해 답을 찾아 가는 과정을 담고 있습니다. 기독교적인 시각에서 '돈과 재정 관리'를 다루고 있지만, 비크리스천들에게도 유용한 교훈과 지식을 전달하고 있습니다.

이 책의 특별한 매력은 여러 분야에서 종사하고 있는 토론자들의 다양한 시각을 엿볼 수 있다는 점입니다. 제가 경험한 글로벌 기업들이 시간이 갈수록 '다양성'(Diversity)을 핵심 가치로 중요시하고 있는 상황에서, 이 책은 다양성을 이해할 수 있는 소중한 경험을 제공할 것입니다.

저자와는 과거 컨설팅 프로젝트로 인연을 맺었고, 결혼식 때 주례를 서 주실 정도로 가깝게 의지하며 지금까지 저의 멘토로서의 인연을 이어 가고 있습니다. 앞으로도 젊은이들의 멘토로서, 젊은이들에게 삶의 지혜를 전달하는 좋은 책들을 써 주시기를 소망합니다.

손희석 (전) 에어비앤비코리아 컨트리 매니저, (전) 우버코리아 모빌리티 총괄,
(전) 맥킨지 컨설턴트

프롤로그

가난하게도 마옵시고 부하게도 마옵소서

돈은 우리 삶의 필수 불가결한 요소다. 창조주께서 우리를 물질세계에서 살게 하셨기 때문이다. "사람이 떡으로만 살 것이 아니요"(마 4:4)라는 말씀 속에는 '떡은 기본적으로 필요하다'는 의미가 담겨 있고, 나아가 **모름지기 사람이라면 단지 먹고사는 문제에만 머물러서는 안 되며, 더 높은 가치를 추구해야 한다**는 의미가 들어 있다.

돈은 아주 솔직하다. 사람의 본성은 이 돈 앞에서 그 실체가 드러난다. 링컨(Abraham Lincoln)은 "사람에게 권력을 주어 보면 그가 어떤 사람인지 알게 된다"라고 말했다. 어떤 사람을 돈 앞에 세워 보면 그가 어떤 사람인지 명확히 알 수 있게 된다는 것이다.

금융 회사에서 33년간 일하면 돈에 관한 생각을 하지 않으려야 않을 수가 없다. 직업 자체가 돈을 다루다 보니 그렇다. 은행 지점에서는 고객들에게 예금과 대출을 권유하고, IT 부서에서는 고객의 돈을 1원이라도 틀리지 않도록 프로그래밍하고, 리스크 분야에서는 은행 자체의 현금 흐름을 관리하고, 대출을 받아 간 고객들이 돈을 안 갚을 확률이 얼마일까를 산출하고, 은행 내의 금융 사고들을 관리하면서 돈만큼 사람들의 본성을 잘 보여 주는 게 없음을 많이 경험했다. 일류 대학을 나와서 은행에 들어가 남부럽지 않은 급여를 받는, 장래가 유망한 젊은 사람들이 왜 더 큰돈에 욕심을 부려 자신의 인생을 망칠까? 열심히 일하고 저축하고 투자하고 관리하면 돈으로 인해 남에게 손을 벌리거나 원망하지 않고 살아갈 수 있는데, 왜 자신이 해야 할 역할은 하지 않고 돈이 주어지지 않는 현실을 탓하며 살아가는 것일까?

어릴 때부터 부모님을 따라 교회에 출석했지만, 기독교 신앙에 대해 진지하게 생각하기 시작한 시점이 은행에서 일하기 시작한 시점과 같아서, 나의 신앙의 성장 여정과 은행 업무 경력은 똑같다. 교회에서 배우는 창조주 하나님에 관한 지식과 은행에서 배우고 경험하는 돈의 세계는 자연스럽게 나의 생각을 이루는 두 개의 축이 되었고, 그러다 보니 한 번쯤은 이 둘의 관계에 대해서 정리하고 싶었다.

하나님은, 예수님은, 성경은 돈에 관해 무엇이라 말씀하는가? 하나님은 우리를 돈이 필요한 존재로 만드셨으면서 왜 동시에 돈에 관해 조심하라고 말씀하시는가? 돈은 적극적으로 벌고 관리해야 할 대상인가, 아니면 하나님이 알아서 주신다고 생각하고 뒤로 미루어 놓아야 하는 것인가? 이 기준만큼은 알고 싶었다.

"가난하게도 마옵시고 부하게도 마옵시고"(잠 30:8). 이 말은 성경 잠언에 나오는 '아굴'이라는 사람이 하나님께 드리는 기도의 내용이다. 아굴은 참 솔직한 사람이다. 하나님 앞에서 "저는 돈이 필요 없습니다. 하나님 한 분이면 됩니다"라고 말하지 않고, "돈이 없어 배가 고프면 하나님을 원망하지 않을 자신이 없습니다"라고 솔직히 고백한다. 그러므로 필요한 돈(양식)을 주시기를 기도한다. 또한 돈이 너무 많아 배부르면 세상에 아쉬운 것이 없어 하나님을 멀리할 수 있는 사람이 자기임을 알아서, 그러한 나태와 방종에 빠지지 않도록 적당한 수준의 돈을 원하는 솔직한 사람이다. 이 수준이 얼마인지는 사람마다 다르겠지만, 그 정신은 모든 경우에 동일하다.

성경을 읽고, 배우고, 연구하고, 가르치면서 예수님께서 다루셨던 주제 중에 가장 많은 것이 '천국'이며, 두 번째로 많은 것이 '돈'임을 알고 놀라움을 금치 못했다. 또한 이 영적인 천국의 원리를 돈의 원리를 이용해서 설명한다는 것이 더더욱 놀라웠다. 사랑이 무엇인지, 용서가 무엇인지, 재능이 무엇인지, 소유가 무엇인지는 돈의 관점에서 생각해 보면 그 원리가 명확해진다.

그때부터 약 20년간의 고민 속에서 이 책의 기본 내용이 될 수 있는 흐름이 정리되어 외환은행 신우회에서 처음으로 그 생각을 발표했고(2005년), 햇불트리니티신학대학원대학교에서 공부하면서 생각의 기반을 다졌고(2016년), 연세대학교 교양학부에서 '돈의 가치와 윤리'라는 과목으로 강의하면서 생각을 발전시킨 후(2019년), 처음 자료를 만들기 시작한 때로부터 18년이 지난 지금 다시 한 번 이 내용을 정리할 수 있어서 참 기쁘다.

이 책은 삶의 현장에서 돈을 벌고 투자하며 열심히 살아가는 젊은 청년들과 주제별로 토론하는 가운데 서로 인사이트(insight)를 얻는 것으로 구성되어 있다. 처음부터 누구 한 사람의 의견을 결론으로 하는 것이 아니라, 대화 가운데 자신의 결론을 도출해 가는 것으로 방향을 잡아서 나 역시 이 모임을 통해 많은 것을 배웠다.

이 모임은 오랫동안 꿈꾸어 왔던 것이다. 낮에는 치열한 삶의 현장에서 일하고, 가끔 또는 자주 야근도 하며, 틈틈이 공부도 하면서 숨 막히게, 바쁘게 살아가는 젊은 청년들의 열정으로 인해 모임이 중단 없이 지속되어 토론을 끝내고 내용을 정리했다는 것은 참여한 우리 모두의 승리임이 확실하다. 또한 불과 몇 개월 전만 해도 이것을 책으로 엮어 낼 거라고는 상상하지 못했는데, 이런 기회를 만들어 주신 눈에 보이지 않는 우리의 창조주, 하나님께 깊이 감사드린다.

이 책은 크리스천만을 위한 것은 아니다. 돈을 다루는 데 적용되는 원리는 크리스천이냐, 아니냐와 상관없이 돈에 대해 생각하거나 돈을 다루는 모든 사람에게 동일하게 적용된다. 돈에 관해 가장 잘 알고 가장 잘 가르치신 분이 예수님인데, 아이러니하게도 돈에 관해서는 교회보다 세상이 더 많이 가르친다. 교회와 세상은 서로 많이 배우며 함께 성장해야 한다. 이 책을 읽고 단 한 사람이라도 반짝이는 아이디어를 얻는다면 그보다 더 큰 보람이 어디 있을까.

마지막으로 함께 토론했던 멤버들에게 고마움을 전하고 싶다. 또한 추천사를 통해 격려해 주신 김상복 명예총장님과 김윤희 전 총장님을 비롯한 모든 분들과 한 글자, 한 글자 읽으며 손수 교정까지 봐 주신 권택명 장로님께 깊이 감사를 드린다. 그리고 부족한 책을 출판해 주신 두란노서원 모든 분들과 마지막으로 언제나 큰 관심과 응원으로 함께해 준 사랑하는 자녀들과 젊은 시절 나를 하나님께 인도하는 데 결정적 역할을 한 아내에게 마음을 다해 깊이 감사의 인사를 전한다.

2023년 9월
이상철

인트로

이 책은 지난 2022년 7월부터 9월까지 약 3개월 동안 일곱 명의 젊은이들과 함께 나누었던 돈에 관한 이야기들을 정리한 것입니다. 이 모임은 당시 제(이상철)가 근무하던 회사에서 만난 강민수 형제의 제안으로 시작되었는데, 그는 요즘 젊은 크리스천들이 신앙과 일과 돈의 경계에서 많은 고민을 하고 있고, 어떻게 하면 크리스천으로서 바른 재정관을 가질 수 있는지 답을 찾고 싶어 한다고 했습니다. 저 역시 한평생 은행원으로서 돈을 다뤄 왔고, 은퇴 후에는 목회자로서 이러한 고민들에 도움을 주고 싶었기에 흔쾌히 제안을 받아들였습니다. 그래서 강민수 형제가 다섯 명의 크리스천 청년들을 모임에 초대했고, 저는 비크리스천이지만 함께하면 좋을 한 명을 초대해 첫 모임이 이뤄졌습니다. 그럼 모임에 참여한 각사람의 자기 소개를 들어 볼까요?

강민수　안녕하세요. 이 모임의 기획과 운영을 맡게 된 강민수입니다. 저는 모빌리티 기업에서 앱 서비스 기획 업무를 하고 있고, 현재는 서울대학교 대학원에서 경영학을 공부하고 있습니다. 모임을 기획할 당시 돈과 관련된 문제에 전문성을 가지면서도 기독교적 영성을 겸비한 멘토를 찾게 되었는데, 우연히 직장에서 알게 된 이상철 멘토님 생각이 나서 이 모임을 제

안했고, 감사하게도 흔쾌히 허락해 주셨습니다. 아울러 청년의 시기에 돈과 신앙에 관해 자기만의 명확한 기준을 세우고 싶어 하는 이들을 찾았고, 다양한 배경의 멤버들이 이 모임에 참여 하게 되었습니다.

앞으로 이 모임은 크리스천 청년들의 '바른 재정관' 형성을 위해 '돈을 다스리는 방법', '돈을 뛰어넘어 하늘의 지혜로 살 아가는 방법'에 대해 함께 논의해 보고자 합니다. 우리가 살아 가는 이 시대는 돈 없이는 단 하루도 살 수 없습니다. 그러나 결 코 돈을 우상처럼 여겨서는 안 될 것입니다. 따라서 돈의 속성 을 공부해 지혜롭게 사용하는 방법을 배워야만 합니다. 공부를 착실히 한 학생이 시험을 두려워하지 않듯, 지금부터 잘 대비 한다면 돈과 관련한 막연한 걱정이나 두려움은 어느 정도 덜어 낼 수 있을 것이라고 생각합니다.

단, 어떤 질문에 대한 정답을 단 하나로 규정하진 않을 것입 니다. 오히려 다양한 의견이 있음을 인정하고 그 속에서 자신 만의 해답을 찾고 정의하는 데에 목적을 두려고 합니다. 그래 서 이 모임에 참석한 우리 모두의 영적, 경제적 지경(territory)이 넓혀지는 은혜가 있기를 소원합니다.

권용수　저는 방송국에서 해외 사업 개발 직무를 맡고 있습니 다. 완성된 콘텐츠를 유럽, 동남아시아 등 해외 방송국과 플랫 폼에 판매하는 업무를 하던 중 부서를 이동해서 해외 플랫폼사 와 해외 참가자가 출연하는 K-POP 오디션 프로그램을 공동 제작하는 업무를 맡게 되었습니다.

참여 동기는, 여느 직장인이 그렇듯 투자와 재테크에 관심이 많으면서도 크리스천으로서 이런 것에 관심을 깊게 가지는 것은 너무 속물적인 것이 아닌가 하는 고민이 많았는데, 그런 문제들을 나누고 논의해 볼 수 있는 자리가 있다고 해서 참여하게 되었습니다.

　기대하는 점은, 앞서 말했던 부분들에 있어서 저만의 해답을 찾을 수 있는 시간이 되었으면 좋겠고, 다른 토픽들에 대해서도 허심탄회(虛心坦懷)하게 이야기해 볼 수 있었으면 좋겠습니다. 예를 들면, 대출이라는 게 사실 빚을 내는 건데, 과연 이것이 성경적으로 옳은 것인가 하는 질문에 나만의 생각을 정립할 수 있는 시간이 되지 않을까 하는 기대감이 있습니다.

임재문　저는 공대를 졸업한 취업 준비생입니다. 저는 '크리스천'이라는 단어에 꽂혀서 이 모임에 참여하게 되었습니다. 저에게 크리스천은 쉽게 말해 '예수쟁이'입니다. 콕 찌르면 예수를 이야기하고, 예수에 대해서 생각하고, 예수를 바라고 예수로 가득한 것입니다.

　제가 이 모임을 제안 받았을 때 먼저 생각난 것이 있습니다. 재정 관리라는 명목으로 하나님을 섬긴다고 하지만 실상은 돈을 바르게 사용하는 '나'를 섬기기 위한 모임이 되어 버리는 것은 아닐까…. 그래서 제 참여 동기는 솔직한 말로 그 실상을 그저 관찰하고자 함입니다.

　한편 정말로 그러할까? 어쩌면 하나님 안에서 죄와 부둥켜안고 싸우는 사람들 그리고 그 행위들에 대해 내가 너무 쉽게 재

단하려는 것은 아닐까? 이처럼 나아가서는 관찰을 통해 종국
에는 저의 마음이 깨졌으면 좋겠습니다. 이렇게 제 생각이 조
금이라도 변화되기를 원하는 것 또한 제가 기대하는 바, 참여
동기입니다. 마지막으로 요청 사항이 있다면, 죄에 대해서, 특
히 돈과 관련한 죄의 속성들에 대해서 보다 면밀히 토론하는
시간이 있었으면 하는 바람입니다.

유병욱   모빌리티 회사에 재직하며 테크 스타트업 투자와 신
사업 기획을 맡고 있습니다. 입사할 때는 하드웨어 개발로 시
작해 사내 스타트업 조직에서 소프트웨어 개발과 서비스 기획
역할도 수행한 바 있습니다.

개인적으로는 재정관에 대해 궁극적인 답이라 생각하는 몇

가지 명제가 있습니다. 이를테면 '돈을 버는 것은 당연히 나쁜 게 아니다', '종교가 있다고 가난해질 필요는 없다', '당연히 돈을 추구할 수 있다. 하지만 돈을 추구하는 과정에서 우선순위는 너무도 쉽게 바뀔 수 있다', '하나님과 돈의 위치가 바뀌는 상황을 경계해야 한다'와 같은 것입니다.

궁극적으로는 돈의 영향에서 초탈한 상태를 지향해야 한다고 생각합니다. 제가 가장 이상적으로 생각하는 경제 구조는, 능력을 가진 사람들이 최선을 다해 돈을 벌면 그 돈을 필요로 하는 사람들이 그것을 사용하는 체제입니다. 최선을 다해 돈을 벌되 소유권을 주장하지 않으며 필요한 곳에 돈이 쓰이도록 하는 것입니다. 많은 가정이 이런 체계를 갖고 있고, 초대 교회도 이런 형태였습니다. 커리큘럼을 훑어봤을 때 각각의 세부 주제에 대한 구체적인 아이디어는 없는 것 같은데, 함께 답을 모색하며 개념을 잘 정립하고 싶습니다.

또 한 가지 발굴하고 싶은 것은 자본주의의 대안에 대한 힌트입니다. 자유주의가 가장 진보된 경제 체제라는 것이 역사적으로 판명된 상황이지만 여전히 많은 문제를 안고 있습니다. 더구나 AI의 등장으로 노동의 경제적 가치가 점차 상실되는 상황에서 자본주의의 대안이 필요하다는 생각을 계속하고 있습니다. 세상의 논리에서 벗어나 새로운 시각의 답을 제시할 수 있는 힘은 기독교밖에 없다는 《제국》(이학사 역간)의 저자 안토니오 네그리(Antonio Negri)의 생각에 요즘 꽂혀 있어 이 모임에서 그 가능성을 찾아보고 싶습니다.

윤제나   안녕하세요. 윤제나라고 합니다. 한국경제매거진에서 〈한경MOOK〉(비정기 간행물)를 만듭니다. '은퇴하고 뭐 하지?'라는 주제로 책을 꾸리면서 은퇴 후 제2의 삶을 사는 분들을 취재했는데, 그때 인터뷰이로 만난 이상철 감사님의 추천으로 들어오게 되었습니다.

처음에는 돈과 재정을 주제로 한 크리스천 모임이라고 하기에 망설였습니다. 기독교 신자도 아니고 무신론자인 제가 이 모임에 기여할 수 있는 것이 무엇일까를 생각했을 때 없을 것 같았습니다. '나의 무지함만 널리 퍼뜨리는 계기가 되지 않을까, 스스로 어떤 의미를 찾을 수 있을까' 하는 의심도 들었습니다. 그렇지만 잘 모르는 사람과 서로의 재정관을 진지하게 나눌 수 있는 기회가 많지 않잖아요. 돈을 잘 벌고 싶어 모인 커뮤니티는 많지만 돈이라는 본질에 대해 가치관을 공유하는 자리는 거의 없죠. 정답은 없지만 나만의 답을 만들기 위해서 왔습니다. 제 삶의 작은 가치들도 여러분의 답을 짓는 데 작은 도움이 되기를 바랍니다. 마지막으로 바보 같은 이야기를 하더라도 무지해서 그런 것이니, 부디 너그러이 용서해 주시기 바랍니다.

이하은   안녕하세요. 경영 기획자의 커리어를 밟고 있는 이하은입니다. 저는 아이들을 좋아하고 교육에 관심이 많아 첫 직장으로 교육 기업을 선택하여 재직했습니다. 최근 회사가 합병되어 전보다 상대적으로 큰 규모의 기업이 되었는데, 그중 전략 기획과 신사업 업무를 담당했습니다. 신사업 기획을 담당하면서 업무의 과부하가 걸렸는지 번 아웃이 심하게 와 현재는 잠깐 쉬고 있는 상태이며, IT기업 재직을 희망하고 있습니다.

모임의 참여 동기는, 5개월 뒤에 제가 '유부의 세계'로 진입하는데, 그 안에서 가정의 재무 관리를 지혜롭고 현명하게 하고 싶다는 생각이 들었습니다. 그리고 매일 루틴대로 회사를 다니다 보니 '경제적 자유'와 '시간적 자유'를 함께 가지고 싶다는 생각이 들었습니다. 아침부터 저녁까지 약 8시간을 회사 안에 있으면서 맡겨진 업무를 이행하고 있지만 제가 원하고 바라는 것을 아무것도 할 수 없다는 상황이 괴로웠습니다.

그러나 월급쟁이로 사는 것 외로 경제적, 시간적 자유를 누릴 수 있게 된다면 지금보다 조금은 자유로움을 느낄 수 있지 않을까 하는 생각이 많이 들었습니다. 직장 안에서 보람을 느끼는 분들도 분명히 있을 수 있지만, 저의 경우에는 직장인의 삶이 꼭 현대판 노예와 같다는 생각이 듭니다. 제 시간을 팔아 돈을 버는 느낌을 받았고, 그래서인지 경제적, 시간적 자유에 대한 생각이 더욱더 절실했던 것 같습니다.

이러한 생각이 절실했기에 돈을 바라보는 관점, 태도, 습관을 기르는 게 먼저라는 생각이 들었습니다. 재무 강의를 통해 건강하고 지혜롭게 가정 그리고 저 자신의 재무적 방향성을 설립해 나가고 싶습니다.

김기범　안녕하세요. 저는 판교에 위치한 카카오모빌리티에서 택시 신규 사업 기획 업무를 맡고 있는 김기범이라고 합니다. 업무 외적으로는 '인세인래틀즈'(InsaneRattles)라는 인디 밴드의 리더를 맡아서, 하드록 음반을 내고 공연도 하며 강도 높은 취미 활동을 즐기고 있습니다.

사실 저는 어렸을 때 여름성경학교 몇 번 나가 보고, 중학교 1학년 때까지 교회를 다니다가 저희 집이 이사를 하면서 자연스럽게 크리스천의 삶과 멀어지게 되었습니다. 민수 형제로부터 이 모임에 참여해 달라는 제안을 처음 받았을 때는 크리스천들이 모여 토론하는 정기 세션 정도로 생각했으나, 이내 재차 설명하기를, 그냥 가볍게 투자 경험담을 공유해 주고 그 외에는 듣고만 있어도 된다고 해서 저도 큰 부담 없이 이 모임에 참석하게 되었습니다.

우리가 이 자리를 통해 나누는 모든 이야기가 다 중요한 주제를 담고 있고, 또 그로부터 각자 교훈을 얻어 가기를 기대하지만, 그보다도 이 자리에서 만난 우리들의 인연이 앞으로도 좋은 관계로 오래도록 이어지기를 더 기대합니다.

이상철 멘토　　저의 참여 동기는 우선 이런 모임이 너무너무 하고 싶었습니다. 우리가 이런 주제에 문제의식을 느끼고 또 갈급함을 갖는 태도는 하나님께서 진짜 좋아하시는 모습입니다. 어떤 면에서는 하나님의 말씀을 그냥 그대로 받아들이는 것이 아니라 반론도 제기해 보는 것인데, 이는 하나님이 좋아하시는 태도라고 할 수 있습니다. **하나님은 맹목적으로 무조건 순종하는 것이 아니라, 이것이 그러한가 계속 생각하고 따져 보기를 원하십니다.**

제가 좋아하는 말씀 중에 하나가 하나님이 '우리 변론하자'(사 1:18)[1]라고 말씀하시는 내용입니다. '변론하자'라는 것은

'논리적으로 따져 보고 정리해 보자'라는 것이죠. 마태복음에 보면 항상 대비되는 것이 제자들의 갈등과 그것에 대한 예수님의 답변입니다. 제자들은 예수님의 기적을 보고 가르침을 들으면서 자신들이 이해하고 있는 것과의 차이를 느끼고, 그것에 대해 질문하고, 때로는 오해하기도 하지만 나름대로 이해하면서 점점 성장해 가는 것이 마태복음의 중요한 주제입니다. 마찬가지로 이 과정을 통해 우리도 신앙이 자라나는 것은 물론, 지금 가지고 있는 모든 의문에 대해 열심히 파악하고 노력해서 답을 찾는 과정을 하나님께서 아주 좋아하실 것이라 믿습니다.

저는 은행 내에서 주로 IT 개발하는 업무를 담당했고, 지점장도 했고, 마지막 8년 정도는 금융 리스크 업무를 담당했습니다. 제 마음속에는 항상 세 가지 주제가 있었는데, 돈과 일과 신앙입니다. 은행에 다녔기 때문에 돈을 다루었고, 또 크리스천이면서 일도 해야 하니 '나에게 일과 돈과 신앙이라는 주제는 결코 놓칠 수 없는 세 가지 주요 토픽이다'라는 생각을 하면서 이것을 한번 정리해 보고 싶었습니다. 직장 생활을 하면 일 자체도 의미가 있지만, '이 일이 기독교적으로 나한테 무슨 의미인가'라는 생각을 많이 합니다. 앞서 나온 말처럼 내 시간을 팔아서 노동을 하고 먹고사는 것이라면 일할 이유가 없는 것이죠. 그렇다면 과연 일이라는 것을 어떻게 설명할 수 있나 하는 것들이 주제가 됩니다.

은퇴 후 연세대학교와 중앙대학교에서 강의를 하면서 조금 여유 있는 시간을 보내게 되었는데, 그동안 많이 생각했던 신학 공부를 제대로 해 보고 싶어졌습니다. 그래서 서울 양재동에 있는 횃불트리니티신학대학원대학교를 가게 되었고, 그렇게 목사가 되었습니다. 제가 목사이면서도 계속 일을 하는 이유는, 사실 일을 해 보면 알겠지만 직장만큼 생존 경쟁이 치열한 곳이 없습니다. 질투도 있고, 싸움도 있고, 음모도 있고, 그렇게 복잡한 환경 가운데 살아가는데, 저는 그게 진짜 '크리스천들이 살아야 되는 삶의 환경'이라고 생각합니다. 성경에도 그런 이야기로 가득 차 있고요. 그래서 직장을 떠나지 말고 그 속에서 치열하게 살면서 내가 생각했던 주제들을 잘 정리해 보자고 생각하고 있습니다.

우리가 다루고자 하는 여러 가지 주제들에 대해 저는 답을 직접 제시하지는 않을 것입니다. 물론 나름의 생각을 가지고 있지만, 그 생각이 과연 어떤 근거로 그렇게 이야기될 수 있는지를 각자가 이해한 성경의 내용을 토대로 같이 이야기하면서 정리해 나가는 가운데 결론을 내는 것이 중요하다고 생각합니다.

우리가 평생을 살아가면서 결국은 죽을 때까지 생각하고 실험해야 될 문제가 돈에 관한 이야기입니다. 예수님의 설교 주제를 보면 가장 많이 등장하는 키워드가 '천국'이고, 두 번째로 많이 등장하는 것이 바로 '돈'입니다. 그만큼 돈은 성경은 물론 예수님이 많이 다루신 주제입니다. 제가 대학 교수로서 꽤 오랫동안 강의를 해 왔는데, 그때 만났던 학생들하고 지금도 자주 만나서 대화하곤 합니다. 그러니 저와 대화하는 것에 부담 갖지 말고, 정말 편하게, 실수도 하면서 그렇게 모임을 진행해 가면 좋을 것 같습니다. 이 모임에 특별한 목적이나 이해관계가 있는 게 아니니 편하게 대화하고 참여했으면 좋겠습니다.

1. 돈,

어떻게 벌 것인가?

강민수 예수님이 가장 많이 사용하신 키워드 중에 첫 번째가 '천국'이고, 두 번째가 '돈'과 관련된 주제였다는 거, 알고 계셨나요? 이처럼 돈은 우리 생활에 중요하며 가장 많은 영향을 미치는 것이기도 합니다. 생각해 보면 누구나 돈을 벌고 싶어 하고, 돈에 대해 걱정을 하며 살아갑니다. 크리스천도 이 부분에서는 예외가 아닙니다. 돈 때문에 죄에 빠지기도 하고, 일용할 양식을 위해 기도하기도 하죠. 그중 적지 않은 이들이 돈에 대해 어떤 마인드를 가져야 하는지 혼란스러워하기도 합니다. 혹 돈에 대해 걱정하는 것이 마치 믿음이 없는 것으로 여겨져 일종의 죄의식을 갖기도 합니다. 성경은 **"아무것도 염려하지 말고 다만 모든 일에 기도와 간구로, 너희 구할 것을 감사함으로 하나님께 아뢰라"**(빌 4:6)라고 하는데, 왜 오늘날 크리스천들은 돈 문제로 힘들어하는 것일까요?

크리스천에게 돈 걱정이 더 부담스럽게 다가온 적은 없었는지, 돈 걱정의 근원은 어디서부터 시작되었는지 등 다양한 질문을 통해 구체적으로 이 문제에 대해 논의해 보고자 합니다.

Q. 돈 걱정의 근원은 어디서 시작되었는가?

유병욱   저는 존엄성 때문인 것 같습니다. 저희 어머니께서도 "사회생활하며 체면이라는 걸 유지하려면 돈이 들어간다"고 말씀하셨거든요. 결혼식에서 내는 축의금, 지인을 만나서 먹는 밥 한 끼, 이런 것들이 사회생활에는 수반됩니다. 사실 '나는 이 정도 물질적 수준으로 살아도 괜찮아!'라고 생각된다면 가난해도 상관없는 건데 말이죠. 신약 신학을 정립한 바울도 '비천에 처할 줄도 알고 풍부에 처할 줄도 아는 자족'을 이상적 상태로 이야기하지 않습니까(빌 4:11-12)?[2] 그렇게 가난에 불만이 없고 돈이 많고 적음에 달관한 상태면 힘들 것도, 걱정할 것도 없죠. 하지만 실제로 그런 신앙을 가진 분들도 의연하기는 어렵습니다. 스스로 괜찮다고 해서 체면이 차려지는 건 아니거든요.

강민수   제 생각에 돈이란 생존에서부터 탐심으로까지 이어지는 욕망인 것 같습니다. 실제로 저희 집이 가난할 때는 생존에 대한 욕구로 가득 차 있었기 때문에 돈 걱정은 일상의 삶에 실재하는 것이었습니다. 그런데 최근에는 생존에 대한 욕구보다는 그 자리를 미래에 대한 걱정이 차지하게 되었어요. 막연하게 불안하고, 그러면서 더 잘살고 싶은 욕망으로요.

저는 생존이라는 측면에서의 돈 걱정은 매우 선한 것이라고 정의를 내렸습니다. 개인이 생존하기 위해서 촉발된 아주 자연스러운 현상일 뿐 아니라 사회적으로도 좋은 결과를 만들어 낸다고 봅니다. 왜냐하면 돈 걱정의 대부분은 경제적 활동으로 이어지기 때문이죠. 일반적으로 '경제를 돌린다'라는 표현을 쓰잖아요. 생존이라면 노동이 수반되는 거고, 이게 경제를 움직이는 원동력이라면 이런 걱정은 좀 선한 것이 아닌가? 저는 그렇게 봅니다.

사회적으로 봐도 돈 걱정은 되게 자연스러운 것 같다는 생각이 들어요. 20대의 고민은 취업, 30대는 결혼, 40대 이상은 노후가 가장 큰 인생의 고민거리라는 이야기를 들은 적이 있어요. 제가 유럽에 있을 때 느낀 게, 유럽 사회는 사회 보장 제도가 정말 잘 발달되어 있다는 점이에요. 물론 세금도 엄청나게 셉니다. 소득세, 특히 부가가치세는 우리나라보다 거의 두 배인 나라가 많습니다. 유럽의 국가들이 의료나 교육 등 복지 체계가 잘 갖춰져 있는 반면, 우리나라의 국민연금은 과연 받을 수 있을까 싶은 상상 속 숫자에 불과하다는 생각이 들어요. 게다가 우리는 아직 대학 교육이 무상이 아니죠. 비싼 등록금을 내야 합니다. 상대적으로 유럽 사람들이 돈 걱정을 얼마나 하는지는 모르겠지만, 확실한 건 우리나라 사람들이 진짜 돈 걱정을 많이 한다는 것과 여기에는 사회 구조적으로 발생할 수밖에 없는 시스템적인 부분도 있지 않겠나 하는 생각을 해 봅니다.

이상철 멘토　　저도 돈 걱정을 많이 했어요. 지금도 안 한다면 거짓말이죠. 경제적으로 어느 정도 여유 있는 형편이 되었지만, 여전히 돈 생각을 안 할 수는 없습니다. 자녀들까지 생각하면 걱정을 안 할 수 없죠.

반면, 돈이 주는 **자유라는 측면도 무시할 수 없습니다.** 예를 들어, 돈이 좀 여유가 있으면 주위 분들 결혼식에 축의금도 좀 더 할 수 있고, 필요한 물건을 살 때도 걱정하지 않고 살 수 있죠. 제가 좋아하는 유럽의 전설적인 투자자, 앙드레 코스톨라니(André Kostolany)라는 분이 투자를 잘해서 돈을 좀 벌었는데, 그분의 저서인《돈, 뜨겁게 사랑하고 차갑게 다루어라》(미래의창 역간)를 보면 자기가 돈을 버는 이유는 딱 한 가지, 자기의 자유를 위해서라는 것입니다. 이때의 자유는 방종은 결코 아니며, 자신의 삶을 주도적으로 살 수 있는 자유를 말하죠.

유병욱 맞습니다. 그리고 다른 이유들도 복합적으로 작용하는 것 같아요. 저는 한국 사람들이 자신만의 아이덴티티, 브랜드 같은 게 빈약해서 객관적 지표인 돈을 더 추구하는 것으로 보입니다. 삶에 대한 스토리텔링, 중요하게 여기는 고유한 가치들이 상대적으로 빈곤하다 보니 집, 차, 명품과 같은 겉으로 보이는 화려한 것들을 추구하며 서로를 비교하고, 그러다 보니 그만큼 돈 걱정도 많아지는 것 같습니다.

이상철 멘토 우리가 돈에 대한 염려를 자연스러운 거라고 이야기했지만, 한편 그러한 인식을 너무 쉽게 받아들이면 오히려 지나칠 정도로 많은 염려를 할 우려가 있어요. 우리나라 사람들은 특히 남과의 비교 차원에서도 돈을 많이 가지고 싶어 하고, 돈으로 자기를 과시하고 싶어 하는 면이 크죠. 그건 분명히 잘못된 가치관이에요.

저는 성경을 읽을수록 핵심 키워드가 '균형'(balance)이라는 생각이 들어요. 우리는 건강해야 하고, 일도 잘해야 하고, 자기 일에 성공도 해야 하고, 신앙생활도 잘해야 하는 등 많은 영역이 있는데, 이 모든 것을 망라하는 삶의 균형을 맞추는 문제가 아주 중요합니다.

우리 삶 가운데 내가 걱정하거나 염려해서 해결할 수 있는 분야가 있고 그걸 넘어서는 부분이 있는데, 넘어서는 부분(out of my control)은 걱정한다고 해도 어떻게 할 수 없는 것이잖아요. 이 두 영역을 명확하게 구분해서 내가 어떻게 할 수 없는 부분은 걱정하지 않고 하나님께 맡겨 버릴 수 있어야 합니다.

정리하면, 내가 할 수 있는 만큼만 염려하고, 노력하고, 그 이상은 할 수 없는 것이므로, 내가 아무리 염려해도 무한대 수준으로 돈을 벌 수 있는 건 아니라고 생각해야 한다는 거예요. 그래서 나에게 주어진 환경 속에서 최선을 다해야 하는 것이고, 그 결과는 하나님께 맡겨야 하는 것입니다. 이 부분이 우리의 신앙이 필요한 영역이고, 내가 염려하지 않아야 하는 영역이 됩니다.

예수님께서 말씀하신 비유에서 공중의 나는 새들[3]을 생각해 보면, 새들이 결코 먹이에 대한 염려를 안 하는 건 아니죠. 그래서 새들은 열심히 먹이를 찾아다닙니다. 새들이 열심히 먹이를 찾아다니지만 하나님이 먹이를 준비해 놓지 않으시면 새들의 노력은 아무 결과를 만들어 내지 못하죠. 먹이를 깔아 놓는 것은 하나님의 역할이고, 그것을 주워 먹는 것은 새의 역할입니다. 새들이 생각하기를 '벌레가 한 마리도 없으면 어떡하지?' 이런 걱정을 할 필요가 없다는 거예요. 이 경우 새들이 지나치게 걱정을 많이 하는 것이죠. 즉 염려를 하는 것입니다. 새들이 생각하고 염려할 것은 '어떻게 열심히 찾을까' 하는 것입니다. 그건 자기의 능력이죠. 만약 '벌레가 하나도 없으면 어떡하지' 하고 걱정한다면 이는 지나친 걱정이라는 것입니다.

'아프리카의 사람들이나 우크라이나의 전쟁을 위해 내가 할 수 있는 게 뭐지?' 하며 관심을 갖고 생각하다가 단돈 만 원이라도 보내 볼까 하는 결심을 한다면 그것까지가 내가 할 수 있는 부분이죠. 내가 오늘 후원금을 보냈다고 해서 아프리카의 빈곤 문제가 해결되는 것은 아닙니다. 우크라이나 전쟁 역시 마찬가지입니다. 내가 할 수 있는 게 무엇인가까지만 생각하는 것입니다. 그 염려를 지나치게 하고 그것을 자기의 책임인 것처럼 받아들이기 시작하면 자기가 망가지는 것이죠.

국민연금도 마찬가지입니다. '나중에 내가 받을 연금이 없으면 어떡하지?'라는 걱정은 국민연금 담당자들이 열심히 생각하고 염려해야 할 부분입니다. 우리가 개인적으로 지나치게 걱정할 필요는 없다고 생각해요. 현재 상황으로 보면 조만간 국민연금이 '고갈될 것이다'라는 말도 있지만, 이것은 어디까지나 지금 수집 가능한 범위 내의 데이터에 근거할 뿐입니다. 우리가 예측할 수 없는 일들이 계속 벌어지고 있기 때문에 실제 어떤 영향이 있을지는 아무도 모르는 거예요.

윤제나　　먹이를 깔아 놓는 것은 하나님의 역할이고 그걸 주워 먹는 것은 새의 역할이라고 하셨는데, 성실하게 내가 할 수 있는 일에 최선을 다하면 자연스럽게 돈(먹이)이 따라온다는 뜻으로 이해해도 될까요? 그렇다면 돈 걱정하는 크리스천은 믿음이 부족해서인가요? 하나님이 해결해 주실 텐데요.

이상철 멘토　　그렇게 생각되나요? (웃음) 그래서 이 같은 모임이 필요한 거죠. 방금 말한 것처럼 크리스천들 역시 이러한 하나님의 역할과 우리의 역할에 대해 명확한 이해가 부족한 경우가 많습니다. 또한 하나님께서 자신의 역할을 확실히 하실 것이란 믿음이 부족한 경우도 있죠.

　그런데 이것이 논리적으로는 의심의 여지없이 맞는데, 현실에서 쉽지 않은 것도 사실이에요. 새가 먹이를 먹으러 나갔는데 정작 눈에 먹이가 보이지 않으면, '하나님이 오늘 내 먹이를 준비해 놓지 않으신 게 아닐까' 하는 의심이 살짝 들거든요. 또는 먹이를 준비해 놓으신 것은 알겠는데 정작 내가 잘 찾지 못하고 있다는 느낌이 들 때 자신에 대한 실망감이 들면서, '역시 나는 안 되나 봐' 하는 섣부른 피해의식을 갖기도 하죠.

강민수　　멘토 님이 균형을 말씀하셨는데, 이게 어려운 일 같아요. 이걸 해결할 수 있는 유일한 해결책은 성령 하나님의 도우심, 그 지혜밖에 없거든요. 우리에겐 균형을 잡는 지혜가 필요해요. 균형을 잡는 것과 관련해서 저는 '문지방을 넘나든다'는 표현을 자주 쓰는데, 예를 들어, 투자냐 투기냐 이런 부분도 균형을 잘 잡지 못해서, 그 문지방을 아주 교묘하게 넘나듦으로써 발생하는 것이라고 생각해요.

이하온　　저도 그 균형에 관해 많은 고민을 했었습니다. 균형을 맞춘다는 말은 곧 중심을 기준으로 양쪽의 무게를 같게 한다는 말인데, 하지만 저는 그 중심, 곧 기준을 어떻게 수립해야 하는지 잘 모르겠어요. 어떠한 기준이 저에게 최선인지도 고민이 되고요. 혹, 그 기준을 잘못 잡아서 균형이 한쪽으로 기울어지면 어떡하지 하는 두려운 생각도 듭니다.

임재문　　우리가 기준점을 정할 때 지혜를 말하고 성경을 말했는데, 성경이 말하는 지혜는 예수 그리스도이시기에 곧 예수야말로 기준점이지 않나 생각합니다. 또 앞에서 언급한 생존에 관해 덧붙이자면, 예수 그리스도라 함은 결국 믿는 자들을 영생하도록 하시는 분이잖아요. 따라서 크리스천에게 기준이라면 예수에 관해, 생존이라면 영생에 관해 보다 신중하게 고민해 봐야 하는 것은 아닐까 생각됩니다.

유병욱　　저는 지향해야 할 좌표/중앙선이 있다기보다는 바운더리(boundary), 즉 경계선이 있는 것 같아요. 본래 죄의 의미도 선(善)의 경계선 밖으로 벗어난 상태를 지칭하는 데 가깝잖아요. 히브리어로 죄의 원어인 '하타'(חטא)도 "쏘아진 화살이 과녁을 벗어났다"는 뜻이고요. 율법의 기능은 바운더리를 벗어났음을 감지하는 것이고, '바운더리 안에 있을 때 우리에게는 자유함이 있다'는 것입니다. 그 안에서, 어떤 지향점이 있다기보다, 무엇이든 추구할 수 있다고 생각해요.

이상철 멘토　　빙고! 정답입니다. 맞습니다. 그러면 두 번째 질문이 그 바운더리를 어떻게 정할 것이냐는 거죠. 바운더리를 알기 위해서는 하나님의 사랑을 알아야겠죠. 하나님이 허용하신 범위 내에서는 자신의 마음이 움직이는 대로 정하면 된다는 의미입니다.

강민수　　우스갯소리입니다만, 저는 이 부분에서 성령의 감동이 있다고 보는 거예요. 예를 들면, 헌금 시간에 지갑을 보면서 수많은 생각이 오고가죠. 물론 하나님께 기쁨으로 드렸고, 기쁘게 받으셨을 거라고 저는 생각하지만, 경험상 첫 번째 감동에 따라 헌금했을 때가 좋더라고요. 금액 차원의 문제가 아니라 그 감동대로 하면 되는 거죠.

이상철 멘토　　일상생활에서도 똑같은데, 결혼 축의금을 낼 때 10만 원을 낼 것인가, 5만 원을 낼 것인가 자신 나름대로 기준을 세우죠. 사실은 10만 원이나 5만 원이 그 당시에는 차이가 나지만, 길게 보면 결국 같은 건데, 제가 살면서 느낀 경험은, 그런 갈등이 생길 때는 약간 여유 있게 하는 게 훨씬 더 좋다는 것입니다. 친구들한테 밥을 사 줄 때도 조금 더 여유 있게 쓰는 게 마음도 편하고 모든 것들이 잘 풀리더라고요.

　그런데 잘 생각해 보면, 사실은 모두 내 바운더리 안에 들어 있는 거예요. 즉, 결혼 축의금 10만 원과 5만 원이 다 내 바운더리 내에 있다는 것입니다. 내 바운더리를 넘어서는 것이라면 처음부터 안 되는 거니까 갈등하지도 않겠죠. 그래서 갈등을 느낄 때는 약간 여유 있게, 특히 남들에게 베풀 때는 그렇게 하는 게 옳다고 생각해요. 주변에 많이 베풀라는 것이 성경적 원리이니까요. 그 바운더리도 우리가 알고 있는 그 상식적 수준을 벗어나지 않습니다. 바운더리는 각자가 살아가면서 성경을 이해하는 가운데 스스로 만들어 가는 게 맞으니, 앞으로 토론하면서 스스로 찾아가 봅시다.

Q. 크리스천이 돈 걱정해도 되는가?

윤제나   크리스천이라서 돈 문제로 고민하는 것이 죄스럽다, 부끄럽다고 말하는 것이 잘 이해되지 않습니다. 재정적 여유를 쌓고 더 많은 선행을 베풀면 되지 않나요? "곳간에서 인심 난다"는 말도 있잖아요. 개인적으로 물질적 결핍의 부재가 도덕적, 윤리적 여유를 형성하는 부분도 있다고 생각합니다. 제가 일하면서 만난 상류층, 돈 걱정 없이 살아온 사람들은 서민의 삶에 대한 현실 감각이 없다고 느낄 때가 있었는데요. 예를 들어, 팔다리가 잘려 지하철 역사에서 구걸을 하는 사람에게 막노동이라도 해야 하는 것 아니냐고, 노숙자 쉼터에 가면 되는데 그렇게 하지 않는 것은 당신의 선택이라고 훈계하고, 지금이 아니면 기회가 없을 것 같은 불안감에 상급자의 부당한 지시를 수행하는 것을 자존감이 낮아서라고 말하죠. 반대로 그들의 존엄과 품위는 어디서부터 기인했는지를 생각하게 되더라고요.

권용수   그렇게 생각할 수도 있겠네요. 사실 살다 보면 우리 모두 경제적인 문제에서 자유로울 수가 없잖아요. 돈이나 일이 인생에서 뗄 수 없는 고민임에도 대부분의 크리스천들은 나름의 훈련과 교육을 통해 '모든 염려를 다 하나님께 맡겨 놔야 된다', 그렇기 때문에 이러한 '세속적인' 문제를 내 힘으로 어떻게 하려고 하는 것 자체를 '부끄럽게 생각해야 한다'라는 생각이 박혀 있는 것 같아요.

유병욱 크리스천은 '하나님을 최고선으로 상정하겠다'라고 결심한 사람들입니다. 하지만 대개 돈을 추구하면 그 과정에서 너무나 쉽게 돈을 최고로 여기게 됩니다. 이를 돈이 우상이 되었다고 표현합니다.

강민수 우상이 된다는 건 상당한 힘과 권력과 능력이 있다는 걸 의미하는데, 실제로 우리가 살다 보면 그런 게 돈의 속성으로 보이죠. 그런데 근원적으로 돈 자체가 선이냐, 악이냐의 문제에 답하기 위해서는 어떻게 돈이 발명되었는지를 확인해 봐야 한다고 생각해요. 돈은 인류가 만들어 낸 발명품이죠. 아주 효과적인 교환 매개체이자 현재의 경제 시스템을 굴러가게 하는 수단이에요. 저는 그래서 하나님이 인류에게 지혜를 주셨기에 이런 효과적인 시스템을 만들어 낼 수 있었을 거라고 생각해요. 따라서 돈 자체는 결코 악한 것이 아니죠. 다만 바르게 쓸 수 있음에도 불구하고 일종의 탐심과 욕심 및 각자의 욕망으로 잘못 쓰이는 것이 문제라고 생각합니다.
　　그리고 기독교는 은둔의 종교라기보다는 적극적으로 사회

교류도 하고 사람들도 만나고 이웃을 사랑하는 등 사회를 변혁시키는 철학과 아이덴티티를 가지고 있기 때문에 적극적인 종교라고 봅니다. 주변 환경에 영향을 미치기도 하고 또 쉽게 받는 특성이 있어서 돈 걱정이라는 것은 자연스러운 것이라고 생각해요. 자아실현이든, 노후 걱정이든, 생존이든 이건 세상 사람들도 하는 것인데, 우리도 그 안에서 살아가고 있기에 크리스천으로서 하는 돈 걱정에 대한 부담은 좀 덜 가져도 되지 않나 생각합니다.

그런데 현재와 미래에 대한 지나친 염려, 경제 상황에 대한 과장된 평가, 자신에 대한 불신 등은 불필요한 돈 걱정을 야기하죠. 이는 경제적 기회를 박탈시킬 뿐만 아니라 영성에까지 부정적인 영향을 미친다고 생각해요.

임재문　일단 돈에 대한 제 견해부터 말씀드리자면, '돈은 하나님과 경쟁 관계다'라는 입장에 일부분 동의해요. 말하자면 '돈은 죄의 투사체다'라는 정도로. 그러니까 돈이라는 것이 단순히 죄 그 자체라기보다는, 다만 죄를 그 무엇보다 적나라하게 투사해 주는 투사체 정도의 역할이라는 생각이에요. 그래서 저는 돈이 가치중립적이라는 입장에도 동의해요. 돈이 죄의 편에 서서 하나님과 경쟁하는 것처럼 보이지만, 그 자체로는 죄가 아닌 중립적 투사체일 뿐이라는 것이죠. 따라서 우리가 정작 싸워야 할 대상은 투사체 따위가 아닌 죄 그 자체이므로 그것에 초점을 맞추자는 얘기입니다.

강민수　　재문 형제님이 매우 재미있는 말씀을 해 주셨는데요, 저는 돈이 가난한 자를 착취할 수도, 또 우리의 마음을 하나님으로부터 떠나게 할 수도 있는 것이라고 봐요. 그러나 동시에 하나님께 영광을 돌리고, 궁핍한 사람들을 도우며, 긍휼히 여기는 마음으로 자신의 재산을 아까워하지 않고 흘려보낼 수도 있죠. 돈에는 엄청난 양면성이 존재해요. 결국 돈 그 자체가 가치 판단의 영역이 아닌, 그것을 쓰는 사람의 가치가 투영된다고 보는 게 정확할 것 같네요.

이상철 멘토　　신앙인으로서 염려 때문에 느끼는 죄책감이 있을 수 있는데, 저는 그 문제는 반드시 해결하고 갈 필요가 있다고 생각합니다. 우리가 믿음을 가지면서 죄책감을 느낀다는 것은 반대로 하나님이 주시는 자유를 오히려 '놓치고 있는 것'이라는 생각이 들어요. 왜냐하면 빌립보서 4장에서 바울이 말했던 것처럼 '아무것도 염려하지 말라'라는 내용도 있고, 또 예수님께서 말씀하신 '공중의 나는 새를 봐라. 심지도 않고 거두지도 않는데, 너희들은 무엇을 걱정하느냐' 하는 내용도 있잖아요. 저도 이 내용들을 생각하면서 고민을 참 많이 했습니다. 염려하지 말라고 말씀하시는데 나는 왜 염려하나, 이런 죄책감이 드는 거죠.

　　그런데 바울이 빌립보서에서 아무것도 염려하지 말라고 했지만, 바울이 쓴 성경 속에서 '염려'라는 단어를 키워드로 찾아보면 바울도 염려를 아주 많이 합니다. 실제로 그는 교회를 위해서 염려하기도 하고,[4] 또 아파서 병든 제자를 염려하기도 하는 등[5] 바울이 생각보다 염려를 굉장히 많이 하는 것을 알 수 있습니다. 아니, 바울은 아무것도 염려하지 말고 기도와 감사함으로 주님께 구하라고 그랬는데 본인은 왜 염려하는 거야, 이 생각이 들면서 과연 염려가 무엇일까라는 생각이 들었어요.

또 예수님이 공중의 나는 새를 보라고 말씀하셨는데, 그 말씀만 보면 공중의 날아다니는 새가 아주 편하게 먹고사는 것 같아요. 그런데 다큐멘터리에서 보는 것처럼 야생에서 동물들이 먹고사는 게 쉬운 게 아니거든요. 사자라고 먹을 것을 쌓아 놓고 먹지 않아요. 때가 되면 온 신경을 다 곤두세워가지고 사냥을 해요. 마찬가지로 공중의 나는 새들도 엄청나게 노력을 하잖아요. 그래야 먹고살죠. 꽃들이 먹고살기 위해서, 물을 빨아들이기 위해서 얼마나 뿌리를 깊게 퍼뜨리는지 보세요. 이런 것을 보면서 예수님께서 하신 말씀이 '모든 것을 하나님께 맡기고 편안하게 있어라' 하는 얘기가 절대 아니구나 하는 생각이 들었어요. 따라서 우리가 염려한다는 것은 '아주 자연스러운 것이다'라는 생각을 하게 되었어요.

예수님이 천국 다음으로 돈에 대해서 많이 말씀하신 이유는 우리가 영적인 진리를 깨우치기를 바라시는 거죠. 영생, 속죄, 구원, 용서, 사랑 등은 추상적인 명사들인데, 사실 추상적인 명사들은 피부에 잘 와 닿지가 않아요. 그런데 돈이라는 것은 굉장히 피부에 잘 와 닿잖아요. 예수님이 돈을 말씀하실 때의 주제를 보세요. 예수님은 천국, 즉 영적인 진리에 대해 말하고 싶은데 듣는 사람들이 잘 이해를 못하니까 그 속에서 영적인 진리를 보다 쉽게 발견할 수 있도록 돈을 비유로 가져와서 말씀하신 거죠. 대표적인 것이 마태복음 25장의 달란트 비유입니다.

우리가 돈을 다루는 게 왜 중요하냐 하면, 돈 그 자체도 현실에서 중요하지만, 돈을 다루는 과정 속에서 하나님이 말씀하신 용서가 무엇이며 자유가 무엇이며 구속이 무엇인지, 그런 영적 원리들을 돈을 다루면서 더 피부에 와 닿게끔 깨달아야 한다는 것입니다.

Q. 돈 때문에 힘들었던 적은 없는가?

유병욱　돈으로 남을 도울 수 있다는 얘기가 있잖아요? 내가 더 가진 게 있다면 그만큼 남에게 베풀 수 있는 여력이 있다고 할 수 있죠. 그리고 이 여력이 소진되지 않고 존재하는 한, 내가 최선을 다하지 않고 이 여력을 외면하고 있는 것 같은 신앙적 콘텍스트(context)의 부채감이 있을 수 있습니다. 내가 도울 수 있는데도 돕지 않고 있다는 부채감은 궁극적으로 가난해져야 해소될 수 있죠.

강민수　어쩌면 그런 감정을 느낀다는 게 신앙적으로 보면 좀 건강한 것일 수도 있어요. 일반적으로 베푸는 것, 그 행위 자체에 만족하는 경우가 많은데 나눠야 된다는 일종의 부채 의식을 느낀다는 것 자체가 이웃을 사랑해야 된다는 성경의 가르침과 동일하기 때문에 저는 그런 것을 자각한다는 것 자체가 신앙적으로 건강한 것이 아닌가 하는 생각이 듭니다.

유병욱 한 가지 질문이 있습니다. "돈을 많이 벌 수 있는 능력, 돈을 많이 벌고 있는 상태를 악하다고 말할 수는 없다. 그렇지만 돈을 쌓아 두고 있는 건 그렇지 않다. 돈이 막 들어오는 흐름은 악하다 말할 수 없지만, 돈이 나가는 흐름을 막아 쌓고 있는 것은 악하다 말할 여지가 있다." 저는 이 말에 일리가 있다고 생각하는데 다른 분들은 어떻게 생각하시는지 궁금합니다.

이상철 멘토 《돈의 철학》(길 역간)이라는 책이 있어요. 막스 베버와 동시대의 철학자인 게오르그 짐멜(Georg Simmel)이 쓴 방대한 책입니다. 이 책에 보면, 화폐가 나오기 전 물물 교환 시대에는 부의 편중이 잘 안 이루어져요. 부자들이 곡식을 많이 쌓아 두게 되면 창고도 지어야 하고, 시간이 지나면 썩기도 하고, 그래서 어느 정도 쌓고 나면 나누어 줘야 해요. 그런데 이게 화폐로 바뀌면서 축적이 훨씬 쉬워졌어요. 모아야 할 창고도 필요 없고, 나아가 축적을 하면 이자까지 생기죠. 그래서 화폐가 만들어지면서 부의 축적이 가속화되는 것입니다.

질문으로 돌아가 보면, 돈의 흐름을 막는 것이 악한가 하는 부분에서 금융이라는 단어가 생각나요. 저는 금융인 출신이라 이 금융이라는 단어를 많이 생각해 보는데, 금융은 '돈이 흐른다'는 뜻이에요. 돈이란 흘려보내야 계속 들어오는 거거든요. 신기하게도 돈을 쌓아 두면 돈이 잘 안 들어와요.

이 말은 자본 축적을 하지 말자든가 소비해 버리자는 것이 아닙니다. 저축을 통한 자본 축적은 돈을 관리하는 데 아주 중요한 문제입니다. 저축이 미래를 위해 필요하다는 것인데, 성경도 이를 지지합니다. 그 대표적인 예가 창세기에 나오는 이집트 총리 요셉의 이야기입니다. 하나님이 꿈을 보여 주셔서 미래의 흉년을 알게 된 요셉이 그때를 대비해서 곡식을 모아 두죠. 그는 절대로 "하나님이 다 먹여 주실 텐데 무슨 걱정이야. 창고를 지을 필요도 없고 곡식을 모아 둘 필요도 없어요. 하나님이 다 해 주실 거니 걱정하지 맙시다!" 하지 않아요. 염려를 하고, 창고를 짓고, 거기에 잘 모아 두죠. 하나님이 미래에 흉년이 온다고 말씀해 주셨는데 우리 인간이 염려하지 말자고 해서 방심하면 하나님의 말씀을 무시하는 거죠.[6]

우리가 앞에서 말했던 것처럼, 미래에는 나의 노후도 있고, 자녀들도 키워야 하고, 다 눈에 보이는 것들이에요. **하나님이 가르쳐 주셨는데 사람들이 거기에 대해 하나님이 해 주실 거라고 생각하고 대비를 안 하면 그것은 하나님을 무시하는 것이라고 생각해요.** 곡식 창고를 어느 정도 크기로 쌓을 건지, 나중에 곡식을 풀 때는 누구에게 얼마나 줄 것인지를 정하는 문제는 하나님이 요셉에게 위임하신 것이어서 요셉 자신의 지혜로 알아서 할 문제예요.

그다음 여기서 '흘려보낸다'라는 것은 낭비나 소비가 아니라, 두 가지 측면, 즉 주변 사람들을 돕는 것과 미래의 수익을 위해 투자하는 측면을 말합니다. "돈은 흘려보내야 한다." 이것은 조선 시대에 중국을 상대로 인삼 장사를 했던 거상 임상옥이 한 말입니다. 임상옥이 쓴 《가포집》에 보면 "돈은 흘려보내야 하는 것이다"라는 말이 있고, "장사는 이익을 남기는 것이 아니라, 사람을 남기는 것이다"라는 말이 있어요.

임상옥이 말한 '돈을 흘려보낸다'는 것은 돈을 혼자서만 독차지하고 꾹 움켜쥐고 있는 것이 아니라, 돈을 벌어서 필요한 곳에 쓰는 것, 곧 직원들에게 급여를 주고, 투자를 해야 한다는 의미입니다. 경제학적으로도 돈의 흐름이 원활할 때 경기가 좋다고 말하고, 돈의 흐름이 어려울 때 경기가 불황이라고 말합니다. 이렇게 적절하게 돈을 흘려보낼 때 경제는 좋아지고, 그 사람은 점점 부자가 된다는 뜻이지요. 그래서 단순간의 이익을 얻기 위해 사람을 잃어버리는 것이 아니라, 상대방을 적절히, 약간 여유 있게 대해 줌으로써 사람을 얻게 되고, 사람을 얻는 것이 장사의 성공 비결이라고 말합니다. 저는 임상옥의 "장사는 이익을 남기는 것이 아니라, 사람을 남기는 것이다"라는 말이 뇌리에 완전히 깊이 새겨졌습니다. 실제 저의 경험으로 봤을 때도 이는 진리입니다.

중요한 것은 내가 어느 정도의 돈을 쌓아 두고 어느 정도의 돈을 흘려보내야 하는지 그 정도를 아는 것인데, 그게 다 다르잖아요. 이런 판단은 정답이 있는 게 아니라 각자의 양심에 따라 하나님 앞에서 스스로 정하면 돼요. 자신이 양심껏 결정한 수준이기 때문에 그것에 대해 왜 쌓아 두고 다른 가난한 사람에게 주지 않느냐고 아무도 말할 수 없죠.

윤제나 크리스천에게 양심의 기준은 하나님의 말씀인 건가요? 내가 옳다고 느끼는 기준과 사회적인 압력 사이에서 타협해야 할 때는 어떻게 하나요?

이상철 멘토　　맞아요. 크리스천의 양심의 기준은 하나님의 말씀이죠. '자기가 옳다고 느끼는 기준'이 하나님의 말씀이라고 한다면, 그 기준과 사회에서 요구하는 기준이 다를 때 어떻게 해야 하느냐는 질문이라고 생각돼요. 이 갈등 해소는 성경이 가르치는 핵심이라고 보아도 돼요. 그만큼 어마어마한 질문을 한 거예요. (하하)

성경 전체의 가르침이니 이 주제만으로도 오래 토론해야겠지만, 간단히 요약하면 이렇게 생각할 수 있습니다. **첫째는, 내가 알고 있는 성경의 진리, 즉 하나님의 말씀 또는 그 말씀에 근거한 나의 양심이 과연 옳은가를 다시 한 번 깊이 생각해 봐야 해요.** 왜냐하면 내가 잘못 알고 있을 수 있으니까요. 이 목적을 위해서 우리는 성경을 연구해요. 단지 읽는 것이 아니라 공부하고 연구해요.

둘째는, 내가 알고 있는 것과 사회적 기준이 다를 때 그 차이가 무엇에서 오는지 생각하고, 사회가 잘못하고 있는 경우에는 용감하게 사회를 계몽하면서 이끌려는 노력이 필요해요. 물론 쉽지 않죠. 이럴 때 중요한 태도는 사회를 비난하거나 무시하는 것이 아니라, 겸손한 자세로 사랑하는 마음을 가지고 이끌려고 해야 하며, 사회도 성경의 진리를 따를 때 진정한 유익을 누릴 수 있음을 잘 설득해야 하죠. 이것은 인류 역사적으로 제도가 개선되고, 노예가 해방되고, 남녀평등 등으로 나타나죠.

셋째는, 이렇게 사회를 이끌고 싶은데 능력이 부족해서 잘 안될 때는 하려는 노력을 계속하면서 때를 기다릴 수 있어야 해요. 이렇게 말하니 너무 교과서적인 것 같죠? 이러한 사례들은 또 기회가 있을 때 얘기해 보죠.

다시 돈 문제로 돌아와 보면, 하나님의 진리의 경우에도 하나님은 큰 원칙의 진리를 가르치시되 그 범위 안에서는 사람들이 직접 정할 수 있는 상당한 범위의 재량권이 있다는 말씀을 드리고 싶어요.

유병욱 과부의 두 렙돈이라는 말을 들어 보셨을 거예요.[7] 성전에서 부자들이 많은 돈을 냅니다. 그리고 가난한 과부가 얼마 되지 않는 돈을 내는 거예요. 이를 보고 예수께서 부자보다 과부가 더 많이 내었다고 말씀하십니다. 왜냐하면 부자들은 자신의 일부분을 내었지만, 과부는 자신의 전부를 내었기 때문입니다. 이게 상당히 강렬한 멘트여서 일종의 캐치프레이즈처럼 사람들의 인식에 박혔습니다. 그래서 우리도 과부처럼 가진 전부를 내야 되나 보다 생각하게 됐죠.

하지만 성경은 앞뒤 문맥을 파악하면서 이성적으로 읽어야 하는 책입니다. 예수는 종교 지도자들이 과부의 가산을 삼키는 것을 비판하고 계셨습니다. 이후 두 렙돈을 내는 과부에 대해 언급하시고, 이런 성전은 무너져야 한다고 말씀하십니다. 대중적으로 알려진 바와 같이 과부의 두 렙돈을 칭찬하고 계신 게 아니라, 콘텍스트상 가난한 자를 착취하는 시스템에 대해 비판하고 계셨던 거죠.[8] 두 렙돈에 대한 통념에 가까운 오해를 바로잡고 싶습니다. 좋은 헌금이 무조건 재산을 다 소모해야 하는 것이 아님을 말씀드리고 싶어요.

권용수 　조금 다른 얘기를 해 보자면, 내가 속한 준거 집단에서 벗어나고 싶지 않다는 불안 심리가 있잖아요. 저는 그런 것 때문에 힘들었어요. 같이 살거나 내 주변에 있는 사람들과 비슷한 환경을 누리면 좋겠는데, 그게 가능할까 하는…. 조금 솔직하게 오픈하자면, 저는 교육열이 치열한 동네에서 사교육도 많이 받고, 대학교 학비 걱정이나 생활비 걱정 없는 상대적으로 풍족한 환경에서 자라 왔어요.

　이런 좋은 환경을 누리다가 사회인이 되어 돈을 벌다 보니 실제로 체감되는 게 너무 다르더라고요. 내가 과연 부모님이 사랑으로 베풀어 주셨던 환경들을 내 자녀들에게도 베풀어 줄 수 있을까? 비슷한 환경에서 자라 온 고등학교 친구들과 앞으로도 비슷한 환경 속에서 지내려면 나 또한 어느 정도 이상의 소득 수준과 경제적인 능력을 갖춰야 하는 건 아닐까 하는, 제 마음속에 세팅해 놓은 준거 집단을 벗어나고 싶지 않다는 약간의 두려움이 좀 섞여 있었던 것 같아요.

　사회 초년생일 때만 해도 이런 생각을 해 본 적이 없고, 이런 게 표면적으로 많이 드러나지 않았는데, 나이가 들고 친구들이 하나둘씩 결혼하다 보니 그게 너무 더 선명하게 보이더라고요. 그러다 보니 내가 속한, 혹은 지키고 싶은 준거 집단을 위해 다양한 경제적인 투자 활동에 관심을 기울이며 지켜보고, 심하게는 좀 절박하게 매달리게 되는 부분도 생겼던 것 같아요.

대표적으로 부동산을 그런 식으로 시작했는데, 제 주변에는 유독 부동산에 일찍 눈을 뜬 친구들이 많았습니다. 그들 같은 경우는 이미 2019년부터 2020년 사이에 무리하게 레버리지(leverage: 자산 투자로부터의 수익 증대를 위해 부채를 끌어다가 자산 매입에 나서는 투자 전략을 총칭)를 당겨서라도 혹은 회사나 여러 자원들을 이용해서라도 이미 다 부동산을 하나씩 마련했더라고요. 그러다 보니 저도 자연스럽게 '어? 나도 지금 부동산을 어떻게든 마련하지 않으면 벌써부터 격차가 벌어지는 건가? 너무 겁이 나는데?'라는 두려움에 스스로 부동산 공부도 하게 되고, 매물과 주택담보대출을 찾아보게 되는 요인들이 됐던 것 같아요.

유병욱 한국의 경제 발전이 시작된 이후 처음으로 부모보다 가난한 세대가 등장할 예정인 상황이라 더 어렵죠.

Q. 부자에 대한 이미지가 부정적인 이유는 무엇이라고 생각하는가?

이상철 멘토 과거에는 부자들이 윤리적이지 않은 부분들이 많았으니까 아무래도 이미지가 부정적이죠.

유병욱   부자들의 시초가 친일파인 경우가 많아서 그런 건 아닐까요?

강민수   저는 주변 이웃들과 나누지 않아서라고 생각해요. 이제는 더 이상 사회가 가만히 있지 않을 거라고 봐요. 부자들이 자발적으로 나누지 않으면 사회(정부, 시민 등)가 강제로 일정 부분을 가져가게 될 겁니다. 그전에 경제적으로 부유하고 가진 자로서의 사회적 책임을 다하는 '선한 부자'가 많이 나왔으면 좋겠습니다. 물론 개인적으로 그 주인공이 크리스천이면 더 좋겠습니다.

이상철 멘토   이 책에서 말하고 싶은 것은, 진짜 이웃 사랑은 기업 활동을 통해 이웃을 돕는 거라는 것입니다. 예수님의 비유에 나오는 선한 사마리아인이 강도 만난 이웃을 도울 때 첫째는 불쌍히 여기는 마음인데, 그 마음을 표현할 수 있는 게 돈이죠. 주막 주인에게 잘 돌봐 달라고 부탁하고 비용이 더 들어가면 돌아오는 길에 갚아 주겠다고 합니다. 이 비유 속에서 선한 사마리아인이 자신의 힘과 체력으로 강도 만난 사람을 돌보는 게 아니라, 잘 보살필 수 있는 환경에 있는 주막 주인에게 부탁하고 돈으로 보상하는 게 정말 재미있습니다.

　실제 이웃 사랑은 교회에서보다 직장에서 더 현실적인 경험을 많이 할 수 있습니다. 우리는 직장에서 가치관이 전혀 다른 사람들과 같이 살아가는데, 그 현장은 죽느냐 사느냐의 전쟁터입니다. 그래서 내가 하나님을 신뢰한다고 할 때 하나님을 신뢰하는 것을 경험하는 곳은 교회가 아니라 바로 직장이라고 생각할 수 있어요. 다윗의 시편들을 보면, 그가 하나님을 신뢰한다고 말할 때 다윗은 성소가 아니라 전쟁터에 있어요.[9] 우리 역시 삶의 현장인 직장에서 이 말을 할 수 있어야 하는 것입니다.

교회에 헌금을 하면 그 헌금을 통해 가난한 사람을 돕기도 하고, 전도 현장에 사용하기도 하고, 나름 훌륭한 일을 많이 합니다. 그런데 교회보다 더 효율적으로 가난한 사람들을 돕는 것은 사실상 기업들이 많이 합니다. 그냥 돈을 주는 것이 아니라, 사업을 일으켜 일할 자리를 만들어 주고, 그 일을 통해 돈을 벌게 합니다. 물론 이 과정에서 정직하지 못하게 돈을 벌기도 하고, 일한 만큼 충분한 보상을 하지 않는 경우도 발생합니다. 그래서 정직한 크리스천 사업가들이 중요합니다.

핵심은 자기만을 위해 돈을 쌓는가, 함께 나누는 정신을 가지고 돈을 쌓는가의 자세입니다. 자기만을 위해 돈을 쌓는 부자는 당연히 비난의 대상이 됩니다. 왜냐하면 그 돈을 버는 일에 알게 모르게 많은 사람들이 기여를 했기 때문이죠.

누가복음에 나오는 부자 삭개오는 예수님을 만난 후 제일 먼저 한 신앙의 고백이 '자신의 재산의 절반을 가난한 자에게 주겠다'는 것이었습니다. 혹시 남을 착취한 것이 있다면 네 배를 갚겠다고 합니다.[10] 삭개오가 전 재산을 주겠다고 말하지 않은 것도 재미있는 포인트입니다. 예수님께서 과부의 두 렙돈의 헌금을 칭찬하신 것이 전 재산을 헌금했기 때문이 아니라는 이야기를 유병욱 형제가 했는데, 삭개오의 경우도 그러합니다. 삭개오가 절반을 주겠다고 했을 때 예수님께서는 "왜 전체가 아니고 절반이냐"를 묻지 않으셨습니다. 그 비율은 삭개오가 자신의 형편에 따라 스스로 정한 것이고, 예수님은 그 마음을 칭찬하십니다. 이러한 자세를 가진 자, 그 사람이 바로 참된 의미의 부자입니다.

Q. 예수 믿으면 복 받는다는 '기복 신앙'에 대해서 어떻게 생각하는가?

강민수 "사랑하는 자여 네 영혼이 잘됨같이 네가 범사에 잘되고 강건하기를 내가 간구하노라"(요삼 1:2). 부는 하나님의 축복이고 구원의 강력한 증거 중 하나라고 생각합니다. 물론 부라는 것은 상대적인 개념이죠. 하나님이 필요한 사람에게 공급하실 것이고, 하나님의 마음을 잘 알고 관리할 사람에게 더 크게 맡기실 것이라고 생각합니다. 그리고 극단적으로 부자는 천국, 가난한 사람은 지옥, 이런 건 아니라고 봅니다. 구원은 오직 예수 그리스도를 믿는 믿음으로 선물로 받는 것이죠. 한국 교회에서 장로는 부자여야만 할 수 있다는 잘못된 생각이 이런 극단적인 생각에서 잘못 왔다고 봅니다.

성경의 인물 중 우리가 자주 듣는 사람이 누군지 떠올려 보면 다윗, 솔로몬, 요셉과 같은 사람들이죠. 이들은 하나님께 쓰임받은 당대의 인물이라는 공통점이 있는데, 당대의 리더이자 부자였고, 영향력 있는 인물이었습니다.

저는 사람들의 '성공이라는 희망 사항'이 그 속에 들어 있다고 보는데, 과연 예수를 잘 믿는다면 '부자여야 되는가', '부자가 되는 게 맞는 것인가' 하는 부분이 고민 포인트입니다. 소위 전통적인 교회에서는 기복 신앙이라고 해서 많은 비판을 하는 부분이기도 하죠. 저 개인적으로는 과연 영과 육이 따로 갈 수 있겠나 하는 생각이 있습니다. 이 부분은 뒤에서 좀 더 추가적으로 논의해 보려고 합니다.

임재문   개인적으로는, **"성경이 말하는 축복은 성령뿐이다. 성령이 우리 안에 오시는 것이 축복이며, 또한 그 성령은 '예수 그리스도를 주'라 시인하게 하시는 분이다. 따라서 축복은 예수 그리스도가 우리의 주 되심이다"**라고 정리하고 싶어요. 그래서 우리가 이 힘든 상황 속에서도 그 기쁨을 붙들고 살아갈 수 있는 것 같아요. 그리스도가 우리가 받은 유일한 축복이기에 그 믿음 안에 거한다면 내가 돈이 없어도 축복, 그러다 돈이 생겨도 축복, 다시 돈을 다 잃어도 축복인 거예요. 주님과 함께하는 그 사실만으로 하늘나라 평안이 임하는 거죠.

권용수   돈과 성공, 그러니까 돈과 축복을 연결 짓는 것 자체가 매우 기복 신앙적이고, 원시적인 수준의 신앙이 아닌가라는 생각이 들었어요. 이건 마치 정확한 인과 관계가 있는 것처럼 '내가 하나님 앞에 올바른 행실을 보이고 행위를 했으니, 하나님도 나에게 재물과 복을 주셔야 돼!' 하면서, 마치 은행에 예금을 예치하고 이자를 요구하는 것처럼 느껴져서 불편한 마음이 들었어요.

심지어 교회에서 직분자가 되려면, 암묵적이지만 '감사 헌금' 같은 것을 내야 하는데, 왜 그래야 하는지 이해가 안 돼요. 경제적으로 부담되는 사람도 많을 텐데 말이죠. 그것이 누군가에게는 큰 금액이 아닐 수 있지만, 경제적인 어려움으로 당장 끼니를 걱정해야 하는 사람도 있거든요. 하나님을 믿는 열정만큼은 누구보다 커서 직분자로 충분히 잘 섬길 수 있음에도, 그런 부분들이 섬김의 자리에 나아오지 못하게 하는 일종의 허들(장애물)이 되는 게 아닌가 하는 반발심이 들더라고요.

아직까지 한국 교회 곳곳에 경제적인 축복을 하나님의 절대적인 축복으로 추앙하는 모습이 남아 있는 것 같아 아쉬워요. 이러한 부분이 세상으로부터 교회가 비판받는 데 크게 일조하지 않았나 싶습니다. 한국 교회가 양적 팽창을 넘어 질적 팽창을 이루고 성숙한 모습으로 비춰지기 위해 풀어야 할 숙제가 아닐까 생각합니다.

이상철 멘토 여러분들이 교회의 중추적 역할을 하게 될 나이가 되면 반드시 해결해 주시길 바랍니다. 일부 그런 분위기가 수정되어 가고 있지만, 그 문제는 한국 교회의 큰 전환점이 될 변수 중 하나라고 생각합니다. 다만, 현실적인 문제로 아직 그렇게 못 하는 경우도 많고, 또 소수의 교회는 반대로 기업화되는 느낌이 있지요. 장로, 집사가 계급화 되어 가는 느낌, 헌금액이 사람들의 믿음을 판단하는 기준이 되는 느낌, 그런 느낌이 바로 한국 교회가 기업화 되어 가는 안타까운 모습이 아닐 수 없습니다.

권용수 　 정말 양 날의 검인 것 같다는 생각도 들었어요. 대형 교회가 여러 모습으로 비판을 받기도 하지만, 대형 교회의 갖추어진 시스템으로 인해 좋은 부분도 분명히 있다고 생각해요. 오히려 재정적인 부분에서는 교인들이 십시일반 내어놓은 헌금을 가치 있게, 허투루 쓰이는 곳이 없도록 투명하게 관리할 수 있고요.

이상철 멘토 　 맞습니다. 대형 교회의 장단점이 있지요. 기복 신앙에 대해 말하자면, 부자가 되는 것은 올바르고 성실한 삶의 결과여야지, 부자가 삶의 목표가 되면 안 되는데, 기복 신앙이란 바로 부자가 삶의 목표, 나아가 믿음의 목표가 되는 것이므로 올바르지 않습니다.

　성경은 우리 삶의 환경에 대해 말합니다. 우리가 어떻게 만들어졌으며, 왜 만들어졌으며, 삶의 원리는 무엇이며, 삶의 목적은 무엇인가에 대해 말합니다. 경제적 관점에서도 같은 이야기를 할 수 있죠. **성경에서 말씀하고 있는 원리를 따라 살아가다 보니 하나님의 뜻하심 속에서 부자가 되는 것이지, 부자가 되기 위해 성경의 원리가 무엇인지를 찾는 식이 아니라는 것입니다. 아브라함과 이삭이 부자가 된 것은 그들이 부자가 되기 위해 하나님을 찾은 것이 아니라, 하나님이 말씀하신 대로 살았더니 결과적으로 자연스럽게 부자가 되었다는 것입니다.**

　성실하게 일하고 낭비하지 않으면 자연스럽게 우리는 부자가 될 수 있습니다. 제가 말하는 부자는 절대 일정 금액 이상을 가진 것을 의미하는 게 아닙니다. 자기 스스로 일해서 충분히 먹고살 수 있으며 어느 정도는 남에게 베풀 수 있는 수준을 말합니다. 그러나 현실에서 보면 이것도 결코 쉽지는 않습니다.

권용수 그게 바로 '가난하게도 마옵시고 부하게도 마옵소서' 이겠군요.

이상철 멘토 네, 맞습니다. 우리가 막스 베버의 프로테스탄티 즘에서 논의하겠지만(특강 1 참고), 기독교적 가치관이 먼저고, 부 는 그 결과로 주어진 것임을 잊어서는 안 되죠.

윤제나 그런데 성실하게 열심히 사는데도 불구하고 가난할 수 있잖아요. 그런 사람들은 하나님의 뜻하심대로 살지 못해서 일까요? 불우 이웃 돕기로 몇 천만 원씩 기부하는 어르신들, 취 재해 보면 폐지 모으면서 어렵게 사는 분들일 때가 많아요. 주 변만 봐도 전력을 다해 아등바등하지만 좀처럼 앞으로 나아가 지 못하는 사람도 많고요. 하나님이 돈을 많이 벌 수 있게끔 해 줄 수 있지 않나 하는 생각도 들어요.

이상철 멘토 그런 모습을 볼 때 하나님에 대한 의문이 슬쩍 들 죠? (하하) 특히 믿지 않는 사람들이 볼 때 하나님을 잘 이해할 수 없는 부분이 바로 그런 부분일 수 있어요.
　성실하게 살아가지만 현실적으로 가난한 경우도 제법 많은 것 같습니다. 그런데 그 가난하다는 판단은 우리가 쉽게 할 수 없죠. 그분은 성실히 살아가는데 특별히 건강이 좋지 않거나, 환경이 아주 나쁘거나 또는 부모가 엄청나게 큰 빚을 물려줬거나, 주변 사람들이나 가족들의 사업을 돕느라 과다한 돈을 지출했을 수도 있습니다. 또는 (쉽게 판단할 수 없지만) 돈을 관리하는 요령이 없어서 그럴 수도 있습니다. 아니면 주변의 나쁜 사람들 때문에 사기를 당했을 수도 있습니다.

일반적인 환경 아래서는 성실하게, 상식적인 수준에서 관리한다면 어느 정도의 적절한 수준, 넉넉하지는 않아도 약간의 여유 있는 삶을 살 수 있습니다. 어쩌면 우리 눈에는 가난하게 보여도 실제로는 가난하지 않을 수도 있죠. 하나님의 경제 질서는 내가 노력한 만큼 받는 것이기 때문입니다.

성경에 보면 진정한 물질적 복은 '내 손이 수고한 대로 받는 것'입니다. 시편 128편에 나오는 구절인데,[11] 내가 수고한 만큼 보상을 받는 것이 참으로 행복하다는 뜻입니다. 내가 수고한 것보다 훨씬 더 많이 받는 것이 복이 아닙니다. 동시에 내가 수고한 만큼 받지 못하는 것도 복이 아닙니다. 참으로 지혜의 말씀이죠.

우리는 일확천금을 노려서는 안 되며, 어리석게 자신의 노력을 나쁜 사람들에게 빼앗겨서도 안 됩니다. 우리가 좋은 아이디어로 성실하게 사업해서 돈을 벌었다면 그것은 일확천금이 아닙니다. 그것은 정당한 노력의 대가인 것입니다.

Q. 우리 사회에서 부자의 일반적인 기준은 무엇인가?

강민수 2021년 6월 20일, 〈한국경제신문〉에 실린 통계청 자료에 의하면 은퇴 이후 순자산(자산-부채) 기준, 대한민국 상위 1퍼센트는 26억 원, 상위 0.1퍼센트는 73억 원 수준입니다. 물론 통계청 자료이니 통계에 잡히지 않은 부자들이 있을 수 있겠지만, 우리가 생각하는 영화 속의 부자는 사실상 극소수의 부자인 셈입니다.

권용수　어쩌면 돈은 잘 못 벌어도 착하고 성실하게 사는 사람들이 더 큰 축복을 받아야 한다는 그릇된 인식이 우리에게 있지 않나 생각됩니다. 그래서 '축복은 무조건 금전적인 여유로 이어져야 한다'고 생각하는 것 같아요. 저는 축복의 잣대를 돈으로만 평가해서는 안 된다고 생각합니다. 자신이 성실히 노력한 것에 비해 금전적인 여유는 없을지언정, 하나님께서는 분명 다른 식으로 그에게 축복을 부어 주셨을 거예요. 예를 들어, 삶을 대하는 긍정적이고 여유로운 태도를 하나님이 허락하셔서 삶의 만족도가 더 높을 수도 있고, 여러 가지 알 수 없는 다른 부분도 있을 거라고 생각합니다.

윤제나　그렇죠. 부가 아닌 다른 부분으로 베푸실 수도 있겠죠. 행복이라든지 삶의 충만함 같은 것. 제 말은, 성실하게 산다고 자연스럽게 부자가 되는 것은 아니지 않나 하는 생각이에요.

이상철 멘토　그래서 '부자의 기준' 그 자체가 중요한 거죠. 내가 성실하게 열심히 살아왔고, 지금 현재 갚아야 할 빚이 없고,

먹고사는 데 큰 어려움이 없고, 이 모임에 올 때 커피나 빵을 조금 사 올 정도의 여유가 있다면 충분히 나는 부자라고 생각할 수 있죠. 이것은 주관적인 착각이 아니라, 경제 통계에서도 그렇게 말하고 있으니 맞다고 볼 수 있습니다. 아무리 돈이 많아도 남을 위해 사용하지 못하고 돈에 매여 있다면 부자라고 할 수 없을 것입니다. 그런 점에서 부자라는 개념도 상당히 상대적이라고 할 수 있습니다. 그래서 잠언에 나오는 것처럼 "가난하게도 마옵시고 부하게도 마옵시고"라는 지혜가 필요한 것 같습니다.

임재문　저도 "가난하게도 마옵시고 부하게도 마옵시고"라는 말씀에 대해 생각해 보았는데요. 이 말씀이 지혜를 이야기하는 잠언의 말씀이잖아요. 한편 고린도전서 1장 24절에도 지혜에 대해서 말하는 부분이 있거든요. 간단명료하게 말해서 '지혜는 곧 예수 그리스도'라는 거예요. 따라서 "나를 가난하게도 마옵시고 부하게도 마옵시고 오직 필요한 양식으로 나를 먹이시옵소서"(잠 30:8)라는 말씀을 통해서도 '우리에게 오직 필요한 양식이란 예수 그리스도뿐이다!'라는 사실을 도출할 수 있습니다.

필요한 양식인 예수 그리스도가 우리에게 주어졌을 때, 우리는 마침내 가난해도 되고 부해도 되는 자들이 된다는 복음의 비밀을 발견하게 됩니다. 이 복음만 알면 가난하든 부하든 그게 다 무슨 의미가 있겠느냐는 것입니다. 저도 굳이 가난해지고 싶지는 않습니다. 그래도 이따금씩 예수 그리스도가 정말 너무 좋다고, 그 예수만 더 알고 싶다고 생각되면 돈이 없는 것도 나쁘지는 않은 것 같습니다. 사실 지금 돈이 없거든요. 그래

서 딴 짓 안 하고 성경만 보기에는 최고의 상황입니다. (하하)

이상철 멘토   그런 행복도 있지요. 그런데 지금 우리는 돈을 벌어서 가족을 위해 사용하고 자녀들 교육도 시켜야 하는 입장이기에, 그런 경우에는 현실적으로 돈이 필요한 거죠.

강민수   부해도 좋고 가난해도 좋고 예수 그리스도만 있으면 된다, 이게 참 부담되는 고백입니다. 실제 가난을 경험해 본 사람들은 이런 얘기가 쉽지 않아요. 감사하게도 제가 믿은 하나님은 가난한 삶 속에 있는 저와 제 가정을 향해 끊임없이 축복해 주셨기 때문에 경제적인 어려움을 극복할 수 있었어요. 제가 보고 경험하고 체험한 이 신앙은 가난에서 벗어나 경제적으로 축복을 받았다는 것을 부정할 수 없는 것 같아요. 그래서 누군가가 예수 믿으면 경제적으로 축복받느냐고 물어본다면, 저는 망설이지 않고 예스(YES!)라고 얘기할 것 같아요.

처음에는 우리 모두 어린아이와 같은 신앙을 가지고 있다고 생각해요. 어린아이는 그저 먹을 것을 주면 좋은, 그런 거잖아요. 어린아이에게 어떤 철학을 얘기할 수 없듯이 단계가 있고 성숙의 과정이 있는 것이지, 이걸 한 번에 다 하는 것은 욕심이라고 봐요. 사실은 우리가 얘기하는 신앙의 본질이 단순히 돈의 축복만이 아니라 더 많은 것들이 있지 않습니까? 더 성숙한 부분으로 나아가야 하고, 궁극적으로 균형 잡힌 시각을 가질 수 있을 것이라고 보고 있어요. 그래서 실력 있고 정직한 부자 크리스천이 많이 나와서 사람들이 "나도 진짜 예수 믿으면 당신처럼 살 수 있느냐?" 이런 말을 진짜 많이 했으면 좋겠습니다. 저 역시 "그렇지? 당신, 예수 믿는 사람 맞지!" 이런 말을 듣는 사람이 되고 싶어요.

임재문   성경에서 바리새인들이 예수님께 표적을 보여 달라고 하잖아요. 그럼 내가 당신을 믿겠다고…. 사실 예수님은 그 시점에 이미 오병이어의 표적도 행하셨고, 물을 포도주로 바꾸는 표적은 물론 가난한 사람들의 병 고침 등 이미 많은 표적을 행하셨어요. 그런 예수님께서 "이제 와 내가 너희들에게 보여 줄 표적은 요나의 표적밖에 없다"는 말을 하셨던 게 생각나요. 요나의 표적은 한 선지자가 죽었다가 살아난 표적인데, 그러니까 예수님의 말씀은 "이제 와 내가 너희들에게 보여 줄 표적, 너희들이 나를 이해할 표적은 죽음과 부활의 표적밖에 없다"는 말씀으로 들리는 것이죠. "내가 가난한 사람들을 기적으로 먹여 주어도 너희는 제대로 안 믿잖아. 그래서 내가 이제 죽어야만 한다." 따라서 그런 말들이 조금 경계가 되는 것 같습니다. 예수 잘 믿어서 오병이어 배불리 먹은 사람을 보고 믿어지는 믿음이라면 결국 이후 요나의 표적이, 십자가가 필요 없는 믿음이었던 것이 아닐까 하는 경계심이죠.

이상철 멘토   하나님은 우리에게 복을 주고 싶어 하세요. 하나님은 우리의 몸을 건강하게 만들고, 우리가 선한 방법으로 돈을 벌게 하고 싶어 하세요. 그런데 그냥 주시지는 않아요. 어떻게 해야 하나님이 주시는지 그 방법을 가르쳐 주시고, 우리가 순종함으로 그것을 얻기를 바라시죠. 그래서 우리의 준비, 하나님의 섭리, 하나님의 타이밍 등의 이유로 기다리십니다. 요한삼서에 나오는 것처럼, 하나님은 우리의 영혼이 잘되고, 육체도 건강하고, 우리가 모든 일에 축복을 받기를 원하시므로 우리가 "그것 없어도 됩니다"라고 말할 이유나 필요는 없어요. 오히려 "감사히 받겠습니다"라고 말하는 것이 더 바람직한 태도입니다. 그런데 이 삼중의 축복을 받기 위한 목적으로 하나님을 따른다면, 그 순간에 이 좋은 진리가 왜곡되는 거랍니다. 바로 기복 신앙이 되는 것이죠. 우리가 하나님을 따르는 이유는, 그분이 진리이기 때문이에요. 우리는 그분이 설령 물질적인 복을 주시지 않는다 해도 그분을 따릅니다. 왜냐하면 '진리'이기 때문이죠. 그런데 그 진리의 결과로 영혼과 건강과 물질적인 면들이 조화롭게 건강해지는 것은 너무나 자연스러운 것이에요. 건강한 음식을 적절한 양만큼 잘 먹고 운동을 적절하게 하면 몸이 건강해지는 것과 동일한 원리입니다. 돈도 그러합니다.

Q. 성경에서 부자에 대해 경계하는 내용은 어떻게 이해해야 하는가?

이상철 멘토   부자가 천국에 들어가기 어렵다는 말[12]을 우리가 잘 이해해야 합니다. 중요한 성경 말씀이죠. 성경을 해석할 때는 전후 문맥이 정말 중요한데(아무리 강조해도 지나치지 않습니다), 이 말을 예수님이 어떤 상황에서 하시는가를 같이 봐야 합니다.

문맥을 보면 이 말씀은 부자 청년에게 하신 것으로, 그 청년이 물어보기를 "어떻게 해야 영생을 얻겠습니까"라고 했고, 예수님이 "율법을 지켜라"라고 했더니, 청년이 "다 지켰습니다"라고 답을 합니다. 그랬더니 예수님께서, "너는 모든 것을 다 지켰구나. 훌륭하다. 그리고 돈도 많이 가지고 있으니, 가난한 사람들에게 나누어 주어라"라고 하십니다. 하지만 청년은 그렇게 못 하죠. 즉, 그 청년은 진리보다 돈이 더 중요했던 것입니다. 어떻게 하면 영생을 얻을 것인가를 물었던 청년은 실제로는 돈이 영생보다 더 중요하다고 생각하는 사람인 거죠. 그런 부자는 천국에 들어가기가 어렵다는 뜻입니다. 하나님보다 돈이 더 우선순위에 있는 사람에게 하신 말씀이고, 그런 부자라면 당연히 천국에 들어가기가 어렵죠. 아니, 어려운 차원이 아니라 들어갈 수 없습니다.

그러므로 여기서 부자는 모든 부자를 말하는 것이 아닙니다. 당연한 것이 아브라함, 이삭, 다윗, 욥 모두 부자입니다. 만약 그 청년이 둘 중 하나를 버려야 했을 때 "나는 기꺼이 돈을 포기하고 진리를 따르겠습니다(영생을 추구하겠습니다)"라고 했다면 그는 멋진 부자 청년입니다. 돈이 많고 적고의 문제가 아니라, 우선순위가 명확한가가 핵심입니다.

성경 본문의 취지를 더 충실하게 설명하면, 돈이 100억 원이 있어도 나는 돈보다 하나님이 더 중요하다고 생각하면서 그 돈을 합당하게 벌고 올바른 일에 잘 사용한다면 그는 착한 부자이고, 돈이 5천만 원밖에 없어도 나는 돈이 하나님보다 더 소중하다고 생각하며 돈을 제대로 관리하거나 벌지 않고 자기 마음 대로, 자신의 욕망대로 사용한다면 그 사람은 나쁜 부자이죠. 즉, 돈의 많고 적음이 천국에 들어가고 못 들어가고의 기준이 되는 것은 아니라는 의미입니다.

강민수   반대로 가난한 자들은 다 천국에 가느냐? 아니겠죠. 가난한 자, 부유한 자가 중요한 것이 아니라 예수 그리스도를 거치지 않은 자는 누구도 천국에 들어갈 수 없다는 말이라고 이해했습니다. 아울러 과거 (고) 이병철 회장과 한 가톨릭 신부 와의 질문과 대답이 참고가 될 수도 있을 것 같아요.

Q. 성경은 부자가 천국에 가는 것을 낙타가 바늘귀에 들어 가는 것에 비유했는데, 부자는 악인이란 말인가?

강민수   이 질문은 삼성그룹을 창업한 (고) 이병철 회장님이 제기한 의문입니다. 이 질문에 대해 가톨릭 사제인 차동엽 신 부님은 이렇게 답했습니다.

> "나눔을 강조한 예수 그리스도의 메시지이다. 부자에도 여러 종류 의 부자가 있다. 이웃과 더불어 사는 부자가 있다면 당연히 천국에 가지 않겠나. 우리는 매 순간 선택의 기로에 서 있으며 그 선택에 따 라 악인이 되기도, 선인이 되기도 한다"(차동엽, 《잊혀진 질문》[명진출판사]).

임재문   저는 성경에서 말하는 부자를 물질적인 것보다 자아라는 관점에서 바라보면 어떨까 싶은데요. 이병철 회장의 말처럼, 내가 이렇게 열심히 살았는데 왜 천국을 못 가느냐고 따진다면 저는 오히려 그 마음이 부자 같아요. 아직도 자기의 열심을 부정하지 못하는 자아의 부자…. 하나님 앞에서, "하나님, 제가 전 재산을 팔아서 가난한 사람들 왕창 먹여 줬고, 교회에 헌금도 이만큼 했으니, 저 천국에 갈 수 있죠?"라고 한다면 이 사람이야말로 오직 은혜가 아닌 자신의 행위에 값어치를 매기는 자아의 부자인 것이죠.

성경을 통해 예수님께서 믿음이 크다고 말씀하셨던 인물들은 항상 그랬던 것 같아요. "예수님, 저는 아무것도 아닙니다. 저를 기억이라도 해 주세요." 이와 같은 사람들이 곧 돈이 아무리 많고 적더라도 참으로 주님이 찾으시는 빈자(貧者)이지 않을까 생각합니다. 성경에서 이러한 빈자의 예시로 자주 언급되는 부류가 세리와 창기잖아요. 창기야 돈이 없을 수 있다고 쳐도 세리는 대부분 돈이 많은 자들인데 그들을 마음이 가난한 자의 대표적인 예시로 비유하잖아요. 그러니까 저는 부자와 빈자의 구분이란 물질보다도 마음, 자아의 빈부 여하에 따라 판단하는 것이 맞지 않을까 생각해요.

이상철 멘토   방금 말씀하신 것처럼, 나는 열심히 살아서 돈을 많이 벌었으니 나는 그 돈으로 천국에 갈 수 있지 않겠는가라고 생각한다면 어리석은 부자인 것이고, 아무리 돈이 많아도 그 돈은 하나님이 주신 것이므로 내가 잘 사용해야 하는 것이라는 생각이 명확하다면 좋은 부자입니다.

돈은 마치 무사의 '명검'(名劍)과 같습니다. 세상에서 가장 강력한 무기가 바로 돈이죠. 도구로 치면 돈만큼 강력한 무기가 없습니다. 그런데 무사가 그 검을 정의롭게 잘 사용하면 정말 좋은 도구인 것이고, 그 검을 악한 일에 사용하면 정말 나쁜 무기가 되죠. 돈은 아주 잘 드는, 모든 것을 벨 수 있는 '명검'과 같습니다. 그 명검이 누구의 손에 들어가는가가 중요합니다. 우리 크리스천들이 이 명검을 가져야 하며, 잘 사용할 수 있어야 합니다. 명검을 갖기 전에는 잘 사용하려고 각오했는데, 정작 명검을 가진 후에 욕심이 발동해서 나쁜 인간이 될 수도 있습니다. 조심해야죠!

그 반대의 경우는 저의 지나친 걱정일 수 있는데, 노파심에서 말씀드린다면, 자신이 가난한데 왜 가난한지를 생각하지 않고 개선할 생각도 없이 믿음 때문에 힘들게 살아간다고 쉽게 정당화해서도 안 됩니다. 건강을 생각하면 쉽습니다. 내가 건강관리를 대충 해 놓고 주님께 열심히 봉사하다 보니 건강이 나빠졌다고 한다면, 그것은 하나님께 책임을 전가하는 것과 같습니다. 학생으로 치면 성적도 마찬가지죠? 자신이 관심을 가지고 노력하지 않아서 건강이든, 돈이든, 학업 성적이든 좋지 않은 결과가 왔을 때, 하나님께 열심히 하다 보니 이랬다라고 하면 하나님께 책임을 전가하는 것입니다.

'의를 위해 박해를 받는 자가 복이 있다'[13]는 말씀, 또는 '좁은 문으로 들어가라'[14]라는 말씀을 가끔 이렇게 오해하는 경우도 봅니다. 이 말씀은 불필요한 고생을 사서 하라는 것이 아닙니다. '박해를 받는다'는 것은, 진리를 추구하는 일은 그렇지 않은 사람들에 의해 필연적으로 저항에 부닥친다는 의미이며, '좁은 문'이란 그렇게 진리를 따라 살아가려는 사람이 많지 않다는 의미입니다.

이 두 말씀 모두 산상 수훈[15]에 나오는 예수님의 가르침으로, 산상 수훈은 성경 중에서 가장 많이 읽히는 말씀입니다. 기독교를 믿지 않는 사람들도 이 산상 수훈을 아주 좋아합니다. 대표적으로 인도의 성자, 마하트마 간디(Mahatma Gandhi)를 예로 들 수 있습니다. 간디는 산상 수훈의 높은 윤리적 기준을 너무 좋아했고, 이 진리에 따라 비폭력 저항 운동을 주도했습니다.

그런데 존 스토트(John Stott) 목사님이 쓴 《산상수훈》(생명의말씀사 역간)에 보면, 이 산상 수훈은 성경 전체에서 가장 많이 오해되고 있는 부분이라고 합니다. 즉, 이 산상 수훈을 문자적으로 해석하는 경우죠. 그렇게 되면 그 정신이 왜곡됩니다. 방금 말한 두 성경 구절도 그렇지만, '오른편 뺨을 때리면 왼편 뺨을 돌려 대라'라는 말이나 '네 속옷을 갖고자 하면 겉옷도 내주어라'라는 말씀이 많이 오해됩니다.[16] 이 말씀들은 모두 사회생활에서 대인 관계에 대한 것을 말합니다. 정당하게 하되 상대방과 동일한 수준으로 대응하지 말고 조금 너그럽게 양보하는 마음을 가지라는 것이지, 일방적으로 손해 보라는 의미가 아닙니다. 이 글자 그대로 행동하면 이상한 사람이 됩니다. 바울은 산헤드린 공회에서 재판을 받을 때 자기의 뺨을 때리는 사람을 향해 다른 뺨을 돌려 대는 것이 아니라, 그 행동이 부당하다고 항거하며 왜 치는가를 묻습니다.[17]

이처럼 우리는 돈에 지나치게 욕심을 부려서도 안 되지만, 지나치게 소극적으로 대응해 불필요하게 가난을 초래해서도 안 됩니다.

느낀 점

이하온　이 토론의 시간을 통해 크게 얻을 수 있었던 것은 바로 '염려하는 게 자연스러운 것이다'라는 마음가짐입니다. 저에게 참 의미 있는 말이었거든요. 저는 어렸을 때부터 돈 걱정을 굉장히 많이 해 온 것 같아요. 주변에 돈이 많은 친구들과 저 자신을 비교하면서, 앞으로 돈이 없는 내 삶은 어떻게 될까 하는 생각과 함께 괴로웠던 순간이 많았습니다. 그런데 이 시간을 통해 돈 걱정도 자연스러운 생각이라는 말씀에 기존에 가진 강박관념을 조금 내려놓을 수 있었던 것 같습니다. 더불어 밸런스의 바운더리를 지혜롭게 설정하여 나아가는 것도 중요하다는 인사이트를 가지게 된 것이 오늘의 큰 배움이라 생각합니다.

강민수　정말 여러 가지 지식과 지혜가 우수수 떨어져서 제가 주워 먹기에도 참 바빴는데요. 필요한 만큼 염려한다는 것과 우리 노력으로 해결할 수 없는 부분(out of control)은 하나님께 온전히 맡겨 드려야 한다는 점을 가슴에 새기고 싶습니다.

권용수　　저는 동물이나 새도 한번 사냥감을 잡을 때 모든 신경을 곤두세우는데, 인간으로서 먹고살 염려를 한다는 것은 자연스러운 일이라는 점과 자유는 방종과 다르고, 돈은 마치 '무사의 명검'처럼 가치중립적이며 하나님이 인간에게 주신 도구 중 가장 강력한 무기라는 점이 인상 깊었습니다. 또 많이 고민했던 부분 중 하나인 '바운더리를 어떻게 설정해야 하는가' 하는 부분에 있어서 헌금이나 축의금은 조금 더 넉넉하게, 여유 있게 하는 게 성경적이라는 점이 항상 마음속으로 고민하던 문제였기에, 앞으로는 제가 내린 저만의 답으로 정하면 될 것 같다는 생각이 들었습니다.

특강 1 ___ 막스 베버의 프로테스탄트 윤리와 자본주의 정신:

- 프로테스탄티즘(청교도 정신)은 근대 자본주의 형성에
  어떠한 영향을 미쳤는가?

이상철 멘토

● **특강의 목적**

막스 베버의 《프로테스탄트 윤리와 자본주의 정신》은 우리 토론 주제와
아주 밀접한 관계를 가지고 있습니다. **돈에 대한 크리스천의 자세, 돈에
대한 성경적 접근 방법을 가장 잘 설명하는 책**이라고 생각합니다. 좀 어
려운 내용이지만, 함께 잘 들으면서 생각해 보면 좋겠습니다.

　이 제목에서 말하는 프로테스탄트(Protestant)는 청교도, 요즘 말로 하
면 개신교 신자들을 의미합니다. **프로테스탄트가 가지고 있는 기독교
윤리가 있는데, 이 윤리와 자본주의 정신 사이에는 아주 밀접한 관계가
있다는 것, 즉 상관관계가 아주 높다는 것이 핵심 결론입니다.**

　이 책의 저자인 막스 베버는 지금으로부터 한 100년 정도 전 사람인
데, 1864년생으로 56세에 사망했습니다. 독일 사람으로 법학, 경제학,
재정학, 철학, 역사학을 공부하고 마지막에는 사회학 교수로 재직했는
데, 이 글 자체도 사회학자 입장에서 쓴 것입니다.

　이 책은 모든 대학이 필독서로 선정했지만 대학생들은 잘 읽지 않습
니다. 읽지 못하는 이유는 너무 어려워서인데, **이 책은 출판을 위해서 만**

들어진 것이 아니라 논문으로 쓰인 것입니다. 우리가 의학 논문을 읽어 봐야 무슨 말인지 하나도 모르는 것처럼, 이 책은 전문가들을 위한 논문이기에 어느 정도 배경 지식이 있어야 이해가 되는 것입니다.

이 책이 발표되고 난 다음에 엄청 격렬한 논쟁이 일어났다고 합니다. 막스 베버도 그 논쟁에 참여해서 많은 토론을 했죠. 이 토론을 '자본주의 정신 논쟁'이라고 부릅니다. **논쟁이 많다는 것은 학문적으로는 아주 좋은 것입니다.** 그만큼 화두를 많이 던지는 거니까요. 이 책을 해설한 김덕영 교수님은 "논쟁은 지적 행위의 꽃이다"라는 말씀을 하십니다. 그래서 우리도 지금 논쟁을 많이 하잖아요. 우리의 모든 활동이 꽃입니다.

● **책의 의의와 핵심 내용**

이 책의 의의는 통합적 관점인데 과학, 종교, 사회, 법학, 경제학, 재정학과 같은 것들을 다 어울러서 쓴 논문이라 굉장한 의의를 가지고 있습니다. 그래서 막스 베버의 결론이 맞다, 맞지 않다를 떠나서 이러한 시도와 관점이 굉장히 학문적으로 의의가 있다고 이해하면 됩니다.

근대 서구 시민 계층 중에 합리적인 인격 유형의 사람들이 있는데, 그 사람들의 **인격과 행동 및 생활양식 등이 '금욕적 프로테스탄티즘'이라는 종교와 관계가 굉장히 깊다는 사실**을 막스 베버가 증명해 내는 것입니다.

이 책에 나오는 재미있는 단어가 **'금욕적 프로테스탄티즘'**입니다. 우리가 프로테스탄티즘에 대해서는 좀 알지만, '금욕적이다'라고 하니 무슨 뜻인가 싶죠. **우리는 금욕이라고 하면 쾌락을 자제하거나 산에 들어가서 수행을 닦는다는 뉘앙스가 있잖아요. 여기서 말하는 금욕은 그런 의미가 아닌, 일상생활을 하는 데 탐욕을 부리지 않고 나에게 주어진 일을 굉장히 건전하게, 열심히, 게으르지 않게 한다는 의미에서의 금욕입니다. 그래서 이것을 '금욕적 프로테스탄티즘'이라고 부르는데, 신기하며, 시사하는 바가 큽니다.**

청교도들의 기본적인 생각은 자기의 쾌락을 추구한다기보다는 절제된 금욕적인 삶을 살아간다는 것입니다. 이것이 자본주의, 즉 '자본의 축적'과 관계가 깊다는 것을 증명해 내는 과정을 사회 과학적 차원에서 추적해 들어가는 것이죠. 특히 칼뱅주의가 프로테스탄티즘의 핵심을 이루고 있기에 칼뱅주의 청교도주의의 특징이 무엇인가, 이것이 근대 세계에 미치는 문화적 의미는 무엇인가, 사회 전반에 미치는 영향은 어떤 것인가 하는 것을 연구하는 것이죠. 그래서 **'베버 패러다임'**이라는 학문적 용어가 생겨났습니다. 이 말은 '베버처럼 생각한다'는 의미입니다. 즉 베버와 같은 접근 방식을 취한다는 뜻입니다.

핵심은 한 차원에서만 무엇을 바라보는 게 아니라 경제, 법학, 종교, 사회 등 아주 복합적인, 다차원적으로 하나의 현상을 파악하는 것입니다. 그래서 이것이 사회과학이 갖춰야 할 요소를 아주 잘 보여 주고 있다는 평가를 받는 것입니다.

막스 베버는 '어떤 특이한 사회 현상이 있다'는 것을 보게 되었습니다. 사회학자인 그는 그 사회에 이루어지는 현상을 보면서 '저것의 원인은 무엇일까'를 연구했습니다. 당시 사회에는 **'돈 자체를 추구하지 않으면서 열심히 일하여 돈을 축적해 가는'** 신기한 현상이 있었는데, 그는 도대체 그 현상의 근본 원인이 무엇인지에 관해 연구한 것입니다.

'돈 자체를 추구하지 않는다'는 것은, 일반적으로는 돈을 벌어서 어떻게 사용하고 싶다는 목적이 있습니다. 생활을 편하게 만들고 지위가 높아지는 등 자신의 유익을 위한 목적이 있는데, 그러한 목적이 전혀 없으면서도 돈을 버는 그 자체에 의미를 두고 열심히 하는 부류의 사람들과 그러한 사회 현상이 있다는 것입니다. 그런데 그 현상이 특정 종교적 종파와 계층에서 발견된다는 것입니다. 기독교의 모든 종파에서 이런 현상이 나타나는 것이 아니라, **특정 종파와 계층에서 발견된다는 것**, 이것이 핵심입니다. 그 종파가 바로 프로테스탄트인데(우리가 쉽게 이해하는 용어로 표현하면 칼뱅주의), 그러면 프로테스탄트의 어떤 기독교적 윤리가 이런 현상을 만들어 내느냐는 것입니다.

막스 베버가 분석한 바에 따르면, 프로테스탄트들의 종교적 신념이 직업윤리에 반영된다는 것입니다. 하나님을 믿고 따르는 종교적 신념이 교회 활동에 반영되는 것이 아니라, 그 사람들이 가진 직업에 반영되는 것입니다. 그 사람들은 자신들의 종교적 신념을 직업윤리에 투영시켜 **직업윤리를 통해 돈 자체를 추구하지 않으면서도, 즉 탐욕을 부리지 않으면서도 근면히 일하고, 이로 인해 돈**(자본)**이 축적되면서 근대 자본주의의 발전이 이루어진다고 설명하는 것입니다.** 막스 베버가 사회 현상을 보고 원인을 파악해 보니 이렇다라고 했는데, 이에 대해서 '맞다, 틀리다' 엄청난 찬반 논란이 일어난 것입니다.

이러한 현상은 좀 더 세부적으로 들어가 보면 마르틴 루터(Martin Luther)의 종교 개혁으로부터 시작되었다고 설명합니다. 1517년, 마르틴 루터로 인해 시작된 종교 개혁은 종교에만 영향을 준 게 아니며, 사회 전반의 모든 곳에 영향을 준 것이라고 설명합니다. **우리나라에서는 마르틴 루터의 '종교 개혁'**(Religious Reformation)**이라고 부르잖아요?** 개혁 앞에

'종교'라고 붙여서 종교의 영역에 국한된 개혁이라고 보는 것이죠. 그런데 **유럽은 그냥 '개혁', 정관사를 붙여서 '그 개혁'(The Reformation)이라고 부릅니다.** 저는 이 자체가 모든 것을 설명한다고 느꼈어요. 유럽에서는 모든 사회 구조와 윤리 의식까지 다 바뀐 개혁인 것입니다.

제가 2017년에 종교 개혁 500주년을 맞이해 독일에 갔었는데, 입국할 때 여행 가이드가 제일 먼저 이것을 말했어요. "여러분, 한국에서는 '종교 개혁'이라고 부르죠? 이곳 독일 및 유럽에서는 '종교'라는 단어가 원래 없었고, '개혁'이라고 부릅니다." 시사하는 바가 무척 큽니다. **종교적 윤리는 종교에만 반영될 것이 아니라, 우리의 삶 모든 분야에 적용되어야 합니다.**

막스 베버가 마르틴 루터보다 약 300년 뒤 사람인데 그런 것을 증명하는 것이죠. 그래서 우리가 이 책을 보기 위해서 알아야 할 핵심 키워드는 개혁, 프로테스탄티즘, 직업, 소명, 자본주의와 같은 용어들입니다.

이 책의 목차는 서문이 있고, 1부 제목은 '문제'인데 이 내용은 1904년에 발표된 논문이고, 2부 제목은 '금욕적 프로테스탄티즘의 직업윤리'인데 이것은 그다음 해인 1905년에 발표된 논문입니다. 두 편의 논문을 합해서 이 책으로 발표한 것이랍니다.

각각의 소제목을 보면, 1부의 소제목은 (1) 종파와 계층, (2) 자본주의 정신, (3) 루터의 직업 개념-탐구 과제이고, 2부의 소제목은 (1) 현세적 금욕주의의 종교적 토대, (2) 금욕과 자본주의 정신입니다. 우리처럼 크리스천적인 백그라운드를 가지고 있어도 좀 어려운 주제들인데 그것을 잘 모르는 사람들은 정말 저 내용들을 이해하기가 쉽지가 않습니다.

● 자본주의의 발달

이제부터는 책의 내용을 요약합니다. 막스 베버가 말하는 **자본주의는 지속적이면서 합리적으로, 요즘 기업에서 말하는 것처럼 지속 가능한 이익 추구의 형태로 발전했다**는 것입니다. 쉽게 말해서, 동양 같으면 한 시대에 한 사람이 돈을 많이 벌어서 부자가 되었다고 할 때 그게 몇 대가 지나면 그냥 끝나 버리는데, 서구에서는 발달하면서 기업이 만들어지기에 요즘 우리가 보는 것처럼 오너가 바뀌고 경영자가 다 바뀌어도 기업은 계속 이어져 가는 것입니다.

이런 식의 체계적 발달은 지금의 기업과 같은 것을 만들어 냈고, 이렇게 체계적으로 발달하는 것은 유럽에서 이루어진 것이다, 그런 식의 발달은 막스 베버 자신의 시대보다 100년 전에 시작되었고, 그런 것들을 자본주의라 부르면서 발전하고 있었다는 것입니다. 그리고 이게 **자본주의적 경제 행위**라고 정의를 내립니다. 또 화폐가 만들어지면서 그것이 더 발달되는 것이죠.

막스 베버의 주장에 의하면, 서양에서 발전되는 **자본주의의 특징**을 보면 두 가지 중요한 요소가 있는데, **첫째, 가계와 사업이 분리되는 것입니다.** 요즘 식으로 말하면 법인이 만들어지는 것입니다. 주식회사가 만들어지면 법인이 되는 것인데, 이 회사 자체에 권리와 의무를 부여합니다. 회사에 근무하는 사장님이나 직원과 별개로 회사 자체에 권리와 의무를 부여하고, 법인이라고 부르는 것입니다.

권리와 의무의 주체가 되게 하는 것을 '인격을 부여한다'라고 표현하고, 법인(격)이라고 부릅니다. 사람은 태어나면서부터 당연히 권리와 의무의 주체가 됩니다. 그래서 자연인이라고 부르죠. 회사는 사람이 모여서 만들어진 건데 자연스럽게 권리와 의무의 주체가 되는 것이 아니라, 법으로 그 회사에 마치 사람인 것처럼, 회사 자체에 권리와 의무를 부여하는 것이죠. 그래서 법인이라고 부릅니다.

개인이 사업을 하면 개인사업자라고 부르죠. 아직 주식회사는 만들어지지 않았습니다. 이 경우 그 개인사업자와 개인은 동일체이고, 모든 법적인 의무와 권리가 그 개인, 즉 자연인에게 부여됩니다. 그런데 개인이 주식회사를 만들고 대표이사가 되면, 주식회사 자체에 의무와 권리가 부여됩니다. 즉 회사의 대표이사가 아니라, 회사 자체가 은행 대출의 주체가 되고, 대출을 갚아야 할 의무자가 됩니다. 대표이사는 회사에서 고용한 직원으로서 회사를 대표할 뿐입니다.

만약 회사가 은행에 10억 원의 대출을 받고 갚지 못하면 회사에 속한 재산을 처분해서 10억 원을 갚아야 하며, 만약 회사의 재산이 8억 원밖에 되지 않으면 8억 원만 갚게 되고 은행온 2억 원의 손해를 봅니다. 대표이사에게 설령 개인적인 재산 20억 원이 있다 해도 그 재산 20억 원은 개인의 재산이지 회사의 재산이 아니어서 은행은 대표이사의 재산을 처분하지 못합니다. **이것이 개인과 법인이 분리된다는 의미**입니다.

그런데 동양에서는 집안의 가업으로서 부자가 되기도 하는데, 그 돈은 그 주인의 재산이 되는 것이어서 회사와 개인이 분리가 안 됩니다. 반면 유럽에서는 주식회사가 만들어지면서 돈 많은 개인은 회사의 주주가 되고, 주주의 의무와 회사의 의무는 다르게 되는 것이죠. 주식회사와 개인의 분리는 이런 제도를 말합니다.

이런 주식회사(법인)의 장점은 많은 사람의 자본을 모아서 큰 회사를 만들 수 있다는 것인데, 여기에 참여한 **각 개인**(주주라고 부르죠)**은 자기가 투자한 범위까지만 책임**을 집니다. 우리가 어떤 회사의 주식을 사면 바로 주주가 되며, 그 회사의 사업 실패에 대해서는 투자한 돈 만큼만 손해의 책임을 지고 그 이상의 책임은 지지 않습니다. 이를 **주주들의 유한 책임**이라고 부릅니다.

개인들로서는 만들 수 없는 큰 회사가(자본이 많은 회사가) 여러 사람의 돈이 모여서 만들어지게 됩니다. 요즘 우리가 말하는 IPO(Initial Public Offering, 기업공개)가 이루어지는 것입니다. 기업의 규모가 커지면 규모의 경제로 인해 원가가 절감되고 좋은 제품을 저렴한 가격에 만들 수 있게 되죠.

둘째는, 회계 시스템입니다. 회계는 회사의 재무 상태(재산 상태)를 아주 객관적으로 보여 주는 것으로, 지금 우리가 보면 당연한 것이지만, 막스 베버가 조사한 바에 따르면, 그런 체계는 막스 베버 이전 마르틴 루터의 종교 개혁을 기점으로 해서 만들어지기 시작했고 발전해 왔다는 것입니다. 물론 그전부터 초기 아이디어들은 있었을 것입니다. 그래서 노동과 돈이 합리적으로 결합되어 자본주의적이고 조직화된 기업이 탄생합니다. 그러면서 **'일정한 종교적 관념이 경제적 정신 혹은 경제 체계의 에토스(Ethos)의 발전에 미치는 영향이 크다'**라고 말하며 이것을 연구하는 것이 막스 베버 자신의 논문의 목적이라고 말합니다.

이 책에서 설명하는 것은 아니지만 이해를 돕기 위해 부연 설명을 하면, 같이 생각해야 할 단어가 **에토스(Ethos), 파토스(Pathos), 로고스(Logos)**입니다. 세 개의 용어는 모두 그리스어인데, 에토스는 정신, 윤리 같은 것을 말하고, 파토스는 감정이고, 로고스는 이성이라고 쉽게 정리할 수 있습니다. 우리가 어떤 사람을 설득하려면 이 세 가지가 다 있어야 된다고 합니다. 저는 이것을 설교자와 연결시키고 싶은데, 설교자가 듣는 사람을 설득하려면, 즉 설교가 효과가 있으려면 이 세 가지를 충족시켜야 한다고 합니다. 설교하는 사람의 윤리적 삶이 있어야 하고, 설교자가 호소할 때 감정적인 요소가 필요하고, 세 번째는 설득할 수 있는 논리 같은 것이 필요하다는 것입니다.

막스 베버가 '에토스'를 말하는 이유는, 바로 이게 **프로테스탄티즘의 윤리**라는 것입니다. 윤리가 에토스인데 그것이 경제 활동에 투사되어 경제를 발전시키는 요인이 되었다는 것이 베버가 하고 싶은 이야기입니다.

저는 이 책의 결론을 그냥 받아들인다기보다는 개인적으로 생각해왔던 것들하고 너무 맞는 게 많아서 이 책에 엄청 큰 박수를 보내고 있습니다. 또한 제가 성경에서 이해하고 있는 삶의 모습과 너무 잘 맞아서 무척 좋더라고요.

● 기독교의 종파별 돈에 대한 태도

이제 본문으로 들어가 종파 이야기를 시작합니다. 이 내용은 상당히 지루하기도 하고, 머리가 아픈 부분입니다. 이 책을 읽다가 사람들이 포기하고 싶어지는 부분이 바로 이 부분이에요. 마치 우리가 처음 성경을 읽으면 마태복음에서 예수님 족보를 읽다가 포기하는 거랑 비슷합니다. (하하)

막스 베버는 당시 기독교, 장로교, 침례교, 감리교 등 우리는 잘 모르는 종파까지 얘기하면서 그 종파가 가지고 있는 특징들을 정리합니다. 지금은 시대가 지나서 종파들이 나름대로 정리되었지만, 막스 베버 시대로 돌아가 보면 이 연구도 대단한 것입니다. 그러면서 막스 베버는 이 종파들 가운데 프로테스탄트, 그러니까 칼빈(칼뱅)주의의 특징이 자본주의와 관계가 깊다는 결론을 도출합니다.

우리나라의 경우에는 장로교가 칼빈주의에 바탕을 두고 있습니다. 칼빈주의가 유럽의 종교 개혁을 지배하면서 자본주의가 만들어진 토대가 만들어졌다고 합니다. 그러면서 종파 중에서 가톨릭과 비교를 많이 합니다. 종교 개혁이 당시 가톨릭에 대한 반발이잖아요? 그래서 이름도 저항하는 사람이라는 의미인 프로테스탄트이고요.

여기서 아주 재미있는 이야기를 하는데, 우리가 이해하기로는 가톨릭이 사회 전반을 지나치게 많이 지배하면서 부작용이 많아져 종교 개혁을 통해 그것을 교황으로부터 분리하는 거잖아요. 베버의 연구에 따르면, **사회 현상 겉으로 볼 때는 가톨릭이라는 종교가 사회의 모든 생활을 지배하는 것 같아 보이지만, 내용을 보면 가톨릭이 세속적인 활동에 영향을 주지 못했다고 합니다. 오히려 프로테스탄티즘이 사회적인 활동에 더 많은 영향을 줬다고 해요.** 풀어 설명하면, 가톨릭이 종교적으로는 굉장히 많은 영향을 가지고 있는 것처럼 보이지만 그것이 실제 가톨릭**을 믿는 사람들의 직업윤리나 일상적인 삶에는 영향을 별로 주지 못했다**는 것입니다. 그런데 종교 개혁이 되면서 종교가 사회 속의 삶의 영역에 더 깊이 파고 들어왔다고 합니다. 그래서 가톨릭으로 남아 있는 국가들, 스페인이나 이탈리아에 비해서 프로테스탄트를 받아들였던 독일, 영국과 같은 나라들이 유럽 내에서 막스 베버 시대에도 경제적으로 더 잘산다고 말하죠. 이것은 사실입니다. 베버도 왜 그럴까 하는 의문을 가지고 있었는데, 이것의 원인으로 프로테스탄티즘이 가지고 있는 청교도 정신의 윤리적인 면이 그 경제 발전을 이루어 내는 원동력이었다는 사실을 주장하고 있고, 그것을 사회 과학적인 방법으로 증명해 내는 것입니다.

종교 개혁가들은 기존 가톨릭에 대해, 가톨릭은 삶에 대한 교회적,

종교적 지배가 과다한 것이 아니라 부족하다고 비판했다고 합니다. 우리가 언뜻 이해하기 힘든 새로운 접근법이죠. 저도 이 책을 읽는 동안 제가 기존에 알고 있던 것과 다르다고 느끼면서 무슨 의미인가 하는 의문이 들었습니다.

이 의문이 해소되면서, 한국 교회도 이름은 프로테스탄트지만 가톨릭스러운 느낌이 들었던 것이 이런 이유 때문이구나 하는 것을 깨달았습니다. 무엇이냐 하면, **우리가 일주일 가운데 일요일에 신앙과 교회 활동을 강조하고 경제적 활동도 강조하지만, 월, 화, 수, 목, 금요일에 직장의 치열한 현장 가운데서 어떻게 기독교적 정신으로 일할 거냐 하는 문제는 지금까지 별로 이야기해 보지 않았다는 것입니다.** 막스 베버의 연구에 따르면, 월요일부터 금요일까지 자신의 일상생활(직업 생활) 가운데서 기독교 정신을 발휘하도록 만들어 가야 한다는 게 원래 프로테스탄트들이 했던 종교 개혁이었다는 것입니다.

근대 노동의 정신, 진보의 정신의 발전은 단순히 세속성이나 계몽주의적 의미가 아니라 완전히 종교적 성격으로 봐야 한다는 것입니다. 즉, 프로테스탄트의 기독교적 윤리가 배경이 되는 것이지, 계몽주의와 같은 내용들이 그 출발점이나 바탕이 될 수 없다는 것입니다. 다시 한 번 말하지만, 기독교 중에서도 특정 계층에서 프로테스탄티즘의 정신이 강하고, 그곳이 경제의 발전과 밀접한 관계가 있다고 합니다.

● 자본주의 정신

그다음 두 번째 주제로 가면 자본주의 정신이 무엇이냐 하는 것을 파악하고자 합니다. 막스 베버가 이 책에서 말하는 자본주의 정신은 근대 자본주의 정신입니다. 주로 서구적 또는 미국적 자본주의에 대해서 이야기합니다.

막스 베버가 자본주의 정신의 예로 든 사람이 벤저민 프랭클린 (Benjamin Franklin)입니다. 벤저민 프랭클린은 우리가 알고 있는 것처럼 미국의 100달러 지폐에 얼굴이 나와 있는, 미국 초기에 가장 대표적인 미국 사람이라는 평가를 받는 사람입니다. 베버보다 약 160년 앞 시대의 사람이죠(벤저민 프랭클린은 1706년생, 막스 베버는 1864년생). 벤저민 프랭클린은 "신용이 돈이다", "시간이 돈이다"라는 말을 했습니다. **"신용이 있다면 모든 사람의 돈은 다 나의 돈이다.** 왜냐하면 사람들은 내가 필요할 때 기꺼이 나에게 돈을 빌려줄 것이기 때문이다. 나의 신용을 믿으므로. 돈은 번식력을 갖는 것이고, 결실을 맺는 것이고, 돈을 잘 갚는 사람이 신용이 좋고, 그 사람이 모든 사람의 돈의 주인이다"라고 말했죠. 이 사람이 자본주의 정신을 잘 보여 주는 대표적인 사람이라고 막스 베버는 설명합니다.

이것이 300여 년 전 프랭클린이 그리고 150여 년 전 막스 베버가 말한 자본주의 정신입니다. **자본주의는 직업으로서 체계적이고 합리적으로 정당한 이윤을 추구하려는 정신적 태도**라고 말하는 것이고, 중요한 포인트는 내가 돈을 많이 버는 목적이 돈을 벌어서 잘살아 보자는 것에 마음이 있는 것이 아니라, **돈을 벌어 가는 과정 그 자체를 중요하게 생각한다**는 뜻입니다. 돈을 벌어 가는 과정 자체를 신성시하고 중요하게 생각하는 것이지, 돈을 많이 벌어 은퇴 후에 편하게 살자고 생각하는 것이 아니라는 거예요. 오히려 정반대 생각을 하는 것이죠.

아무리 돈이 많아도, 나이가 많이 들어도 돈 버는 행동 그 자체를 자기 직업으로 삼고 계속해 나가는 것입니다. 그게 막스 베버가 말하는 자본주의 중 윤리적인 면입니다. 우리는 보통 그렇지 않고 약 50억 원을 벌면 은퇴해서 편하게 살 거라고 말하죠. 이건 자본주의 정신이 아니라는 것입니다. 막스 베버가 말하는 탐욕이죠.

● 직업의 개념

그래서 자연스럽게 다음 주제인 마르틴 루터가 갖고 있는 직업 개념이 무엇인가로 넘어갑니다. 우리가 알고 있는 것처럼 직업은 콜링(calling)이라고 부르죠. 즉 소명(하나님의 부르심)입니다. 독일어로는 베루프(Beruf)라고 부릅니다. 소명이란 신으로부터 부름 받는 것입니다. **신부나 목사만 신의 부름을 받는 것이 아닙니다. 내가 어떤 회사에서 일하고 있으면 하나님이 나를 그곳에 보내셨다고 여기죠.** 왜냐하면 나는 나의 적성을 따라 그 회사에 갔지만 적성은 하나님이 주신 것이고, 그 회사에 가게 된 환경도 하나님이 주신 것이라고 생각하는 것입니다.

이렇게 말하는 게 이제는 우리도 조금 익숙해졌는데, 막상 처음 이 생각을 하고 사람들에게 가르친 사람이 마르틴 루터입니다. 마르틴 루터는 독일 농부에 대해서 "너희들이 곡괭이를 들고 땅을 파는 행위 자체가 하나님이 주신 적성을 따라 일하는 것이고, 현재 하나님이 주신 부르심이다. 신부가 설교하듯이 똑같은 사명을 가지고 그렇게 일을 하라"고 했죠. 이것은 결코 현실에 안주하고 더 좋은 일을 위해 희망을 갖지 말라는 취지가 아니라, 앞으로 계속 발전해야겠지만, 현재 그 일 자체가 신성한 것이므로 자부심을 가지라는 취지이고, 현재 하고 있는 일이 그만큼 소중하다는 뜻입니다.

당시 가톨릭에는 이런 가르침들이 없었다는 것입니다. 그런데 프로테스탄트가 지배하는 국가들에는 그런 개념이 다 존재하는데, 이것은 마르틴 루터가 말한 것이고, 막스 베버가 마르틴 루터의 책들을 다 찾아보니 그가 성경에 근거해서 명확히 말했다는 것입니다.

이 내용을 학문적 용어로 정리해서 막스 베버가 표현한 것을 보면, **"세속적 직업에서의 의무 이행을 도덕적 자기 증명이 가질 수 있는 최고의 내용으로 평가한다"**라고 합니다. 그러니까 **네가 하나님을 잘 믿느냐, 종교 및 도덕적으로 훌륭한 사람이라는 것을 무엇으로 증명할 거냐고 묻는다면, 세속적 자기의 직업에서 자기에게 주어진 의무를 잘 이행하는 게 하나님 앞에 나의 믿음을 보여 주는 증거라는 것입니다. 나의 믿음을 증명하는 것은 십일조나, 예배 생활이나, 전도도 되겠지만 더 중요한 것은 나에게 주어진 직업, 우리가 다니는 회사에서 주어진 일을 도덕적으로 성실히 수행하는 것이 세속적 자기의 직업에서 하나님으로부터 선택받은, 구원받은 사람의 증거라는 것입니다.**

저는 이 연구가 놀랍고, 이 내용에 전적으로 동의합니다. 제가 믿음생활하면서 고민하고 생각했던 것을 어쩜 이렇게 150여 년 전에 정리할 수 있었을까 하고 생각하며 너무 좋았습니다. 우리가 가진 직업을 단지 돈을 벌기 위해서 마지못해 하는 것이라고 생각하지 않아야 하며, 빨리 은퇴하고 싶어 하지도 않아야 합니다. 하나님이 주신 사명에는 은퇴가 없습니다. 하나님을 기쁘시게 하는 유일한 방법은 수도승적인 금욕주의를 통해 현실적 도덕을 경시하는 것이 아니라, **현실적 의무를 완수하는 것**이고, 그것이 바로 우리에게 주어진 직업이라는 것입니다.

이 말에 동의합니까? 막스 베버가 마르틴 루터의 주장을 인용해서 보여 주는 것입니다. 사람들이 이것을 따라하면서 그 사회에서 자본주의가 발달했다는 것을 막스 베버가 학문적으로 증명하는 것입니다.

● 책 내용에 대한 중간 토론

유병욱   저는 이제까지 직장을 신앙과 대립되는 존재로 생각해 오지 않았나 하는 생각이 듭니다. 우리가 일터로 나아가야 된다고 말하는 것 자체가 직장을 타자성을 가진 진출 대상으로 여긴다는 것이죠. 근래 비슷한 맥락으로 워라밸이라는 말이 부상하고 있는데, 워크와 라이프를 분리하고 신앙은 라이프의 영역으로, 직장은 워크의 영역으로 생각한 것 같습니다.

이상철 멘토   성경의 창세기 1장에서 하나님이 인간을 창조하고 난 다음에 그들이 에덴동산에서 타락하기 이전에 먼저 일을 주셨잖아요. 그 일은 모든 것을 다스리라,[18] 요즘 말로는 경영하라는 것이었어요. 동물들 이름도 지어 주면서 잘 관리하라고 하셨죠. 그러나 **에덴동산에서 타락하면서 인간은 하나님을 버렸지만, 일의 성격 자체도 타락했습니다. 즉 일의 성격이 타락해서 우리가 일을 단지 돈을 벌기 위한 수단으로만 생각해, 가능하면 적게 하고 싶고, 일과 신앙을 분리해서 생각하는 방향으로 나아가는데, 이것이 성경적 의미에서 일의 타락입니다.**

유병욱   그러게요. 직장은 마치 좀 견디다 오는 곳 같은 느낌이 있잖아요. 마치 신앙이라는, 교회라는 성역, 곧 하얀 곳을 벗어나 검은 곳에 갔다 오는 느낌. 검은 곳에서도 최대한 흰 상태를 유지하는 노력. 직장 생활하며 바쁘지만, 틈틈이 Q.T.도 하고 기도도 하며 자신을 하얀색으로 유지할 수 있는 활동들을 하라는 식으로 이야기되고 있는 만큼, 일과 영성을 극심하게 대비시켜 생각하는 것 같습니다.

한편으로 저는 이 부분에 있어서 서구 사회와 한국이 다를 수밖에 없다는 생각이 듭니다. 서양은 기본적으로 기독교가 문화적 베이스로 깔려 있습니다. 일에 대한 기독교 철학이 창시됐을 때 사회에 적용되는 것이 자연스러웠을 것 같습니다. 모두가 하얀 땅의 문화적 콘텍스트를 갖고 있는 상황에서 그 문법에 맞는 열심을 내는 것은 수용되기 쉽죠. 하지만 한국에는 불교도들도 있고 유교 문화도 있습니다. 직장은 일종의 중립 지대입니다. 이곳에서 기독교적 콘텍스트를 가진 열심은 이해되기 힘들죠. 그래서 일터와 신앙을 합일하기가 상대적으로 어려운 것 같습니다.

이상철 멘토　그럼요. 네, 맞아요. 그래서 한국이 이런 문화가 잘 안 만들어지는 것입니다. 우리나라는 기독교 역사도 짧고, 들어올 때 종교로만 들어왔지 사회 전반의 가치관으로 들어온 게 아니니까 그런 어려움이 있죠.

강민수　직장에서 소명과 일하는 의미를 모르는 청년들이 많은 것 같습니다. 그러나 크리스천들은 이런 시대적 문화에 동조하지 않아야겠다는 생각이 들었습니다. 결국 중요한 건 삶의 현장이잖아요. 믿음의 눈으로 바라보면 실제로 직장, 직업, 능력까지도 하나님이 선물로 주신 것이니까, 세상의 흐름에 묶이지 않고, 돈에 목매지 않고 주어진 일을 성실히하며 완전히 새로운 문화를 만들어 가는 것이죠.

그래서 저는, 지금 우리는 청년들이 예수를 믿지 않는 시대를 살아가고 있지만, 변화하는 시대에 새로운 영성과 지성으로 세상을 변화시키는 크리스천 리더들이 많이 나왔으면 하는 것입니다. 우리 다 일당백이잖아요. 그죠? 각자의 회사를 붙잡고 그냥 다 끌어안읍시다.

이상철 멘토　막스 베버의 이야기로 돌아가 보면, 그는 예정설에 대해서도 이렇게 설명합니다. **예정설의 핵심은 인간이 신을 위해 존재하는 것이지, 신이 인간을 위해 존재하는 게 아니라는 것에서 시작**합니다.

하나님이 인간을 예정(선택)한다는데 이 사실을 우리가 어떻게 아느냐는 것에 대해 막스 베버는 1,500년 전 위대한 신학자인 어거스틴(Augustine)의 말을 인용합니다. "신은 스스로 돕는 자를 돕는다." 이 말을 통해 하고 싶은 이야기는, **자기 자신을 개발하고 열심히 살려고 노력하는 사람은 하나님이 도와주시는데 그 자체가 선택된 사람이라는 증거라는 것입니다.** 자기의 삶을 잘 다듬어 가려 하고 열심히 노력하고 발전하려는 의지가 있다면 그 의지 자체가 하나님이 선택하셨다는 증거라고 위대한 신학자 어거스틴이 말했다고 합니다.

그리고 괴테(Johann Wolfgang von Goethe)가 쓴 글에도 보면 다음과 같이 말합니다. "인간이 어떻게 자신을 알게 되는가? 결코 관찰을 통해서가 아니라 행위를 통해서이다. 너의 의무를 실행해 봐라. 그러면 너는 네가 누구인지 알게 된다. 너의 의무란 무엇이냐. 바로 너의 일상의 일이다." 그래서 종교적 신앙 고백과 같은 것으로 설명하고 있는 게 아니라 일상생활의 삶을 통해 내가 선택받은 사람임을 증명한다는 것입니다.

● 금욕과 자본주의 정신

이제 책의 마지막 부분인 '금욕과 자본주의 정신'의 내용을 보겠습니다. 막스 베버는, 신이 원하는 것은 노동 그 자체가 아니라 어떻게 그 노동을 합리적으로 하느냐가 중요 포인트라고 말합니다. 일을 할 때 무조건 열심히 하는 게 아니라, 어떻게 효율적으로 하느냐가 중요하다는 것입니다. 어떻게 하면 Input 대비 Output을 극대화할 것인가라는 합리적 행동을 하는 것이 하나님이 원하시는 우리의 일하는 태도라는 것입니다. 이익을 추구하기 위한 기업의 활동 자체를 탐욕이다, 나쁘다고 치부할 것이 아니라, 그것을 합리적으로 해 나가는 과정 그 자체가 하나님이 주신 사명이고, 하나님은 그것을 기뻐하신다고 이야기하는 것입니다. 육욕과 죄를 위한 것이 아니라, 신을 위해서라면 부자가 되기 위해 노력하는 게 좋다는 것이죠. 기독교가 부의 추구를 허용할 뿐만 아니라 명령한 것이라고 합니다.

그런데 그 부의 추구에 대해 오해하면 안 되는 것이, 이것은 탐욕하고는 완전히 별개입니다. 탐욕을 추구하는 게 아니라, 돈을 벌어 가는 합리적 과정에 따라 성실하게 일하는 것, 체계적으로 일하는 것, 이런 것 자체를 하나님이 명령하신 것이라고 합니다. 그래서 빈곤해지는 것은 병드는 것과 같고, 이웃 사랑에 위배되는 것이라고 합니다.

우리나라는 부자를 바라보는 시각이 부정적입니다. 돈을 버는 방식이 비윤리적인 부분이 있기에 그렇습니다. 윤리적 부자에 대해서는 유럽이나 미국에서도 상당히 인정받는 것이고, 성경에서도 그것을 많이 권장합니다. 모세의 율법에 나오는 구약 윤리는 프로테스탄티즘의 현세적 금욕과 일치하며, **모세의 율법에서 이웃을 돕는 것, 성실하게 일하는**

것들은 현세적 금욕주의와 딱 맞는 것이라고 말합니다.

탐욕을 부리지 않으면서도 열심히 일해서 돈을 벌고, 그것으로 자기와 가족들이 건실하게 생활하는 것들을 현세적 금욕주의라고 부르며, 이러한 태도가 자본주의의 발전에 영향을 주었다고 결론을 내립니다. 감리교의 창시자인 존 웨슬리(John Wesley)도 "벌 수 있는 모든 것을 벌어라. 절약할 수 있는 모든 것을 절약해라. 네가 베풀 수 있는 모든 것을 다 베풀어라"라고 했는데, 이런 말도 막스 베버의 말과 상당히 맥을 같이한다고 생각합니다. 정리하면 이렇습니다.

1. 프로테스탄트들의 현세적인 금욕주의는 재산 낭비적 향락에 반대한다.
2. 정당한 이익 추구는 신의 뜻에 합당한 것이다.
3. 재산의 비합리적 사용을 반대한다.
4. 자신만을 위한 이기주의적 소유를 반대한다.
5. 부유해지는 과정 자체를 목적으로 삼는 것이 막스 베버가 말하는 자본주의 정신이다.

이것이 이 책이 하고 싶었던 이야기입니다. 민수 형제가 술 안 마시고, 잠 안 자고 공부하는 것은 이런 차원에서 금욕적이라고 말할 수 있고, 거듭난 자와 그 신앙의 진실성에 대한 가장 확실하고 분명한 증거인 것이죠. 교회 활동이 거듭난 것을 증명하는 것이 아니라고 합니다. **물론 오해하면 안 되는 것은, 예수 그리스도를 믿지 않고 열심히 금욕주의적으로 일한다고 해서 거듭났다는 뜻은 아닙니다. 예수 그리스도를 믿음으로 구원받는데, 구원받은 자가 합당하게 살아가는 모습이 이래야 한**

다는 뜻입니다. 말로만 믿는다고 하는 것이 아니라, 믿는 자로서 합당하게 살아가는 방식이 이러한 삶이며, 이것을 통해 서구의 자본주의가 만들어졌다는 의미입니다. 물론 이제 자본주의도 타락의 기미가 있죠. 돈에 대한 탐욕이 생겨서입니다. 막스 베버도 예상했던 문제입니다. 종교적 윤리가 사라지고 영리만 추구하는 방향으로 나갈 위험이 있다는 것, 탐욕으로 갈 위험이 항상 존재한다는 것입니다.

● 책 내용에 대한 토론

유병욱   사실 돈은 그 자체의 내재적 가치는 없고 교환 가치로서만 그 의미를 갖는데, 부를 축적했을 때 결과물은 돈이 쌓여 있는 상태잖아요. 돈을 버는 행위에 정당성이 부여되기 위해서는 그 결과물에 대한 긍정이 있어야 할 텐데요. 쌓여 있는 돈 자체가 일종의 트로피가 되는 건가요? 아니면 어쨌든 궁극적으로는 부를 베풀어 선한 일에 사용한다는 전제가 깔려 있는 건가요?

　자본주의 활동의 궁극적 목표 자체가 돈이라고 하면, 행위의 윤리적 베이스/근거를 만들기가 어려울 것 같아요. 그래서 돈은 활용에 그 궁극적 방점이 찍힌다는 말씀이 좀 더 단단한 주장 같습니다. 돈 자체가 목적이 돼서 돈을 열심히 벌어야 한다는 논리는 약하다고 생각해요. 그래서 그런지 해외에서는 기업의 가치를 평가할 때 현금을 쌓아 두는 것을 별로 안 좋게 생각한다고 하더라고요. 그래서 최근 S사에 대해 엄청난 현금을 쌓아 놓고 그걸 왜 안 쓰고 있느냐는 얘기가 나오는 거죠.

이상철 멘토   자본주의 활동의 궁극적 목표가 돈 자체라는 것이 아니라, 그 돈을 벌어 가는 과정, 즉 합리적, 체계적 과정이 목표가 되고, 이를 위해 창의성, 열정, 성실성들이 활용됩니다. 즉 하나님의 형상을 닮은 사람의 좋은 면들이 활성화되는 것입니다. 하나님의 형상을 닮은 사람의 이러한 특성이 기업의 활동을 통해, 자본주의를 통해 실현된다는 뜻입니다.

돈을 모으는 것만으로 끝나는 것이 아니라, 당연히 돈을 어떻게 쓸 것인지, 그 돈을 쓰는 과정에서도 사랑, 공평, 배려, 기부와 같은 정신들이 발현되어야 하겠죠. 기업 내에 이익으로 돈이 쌓이면 투자를 해야죠. 돈 자체는 수익을 만들어 내는 것이 아니니까, 정당한 투자 자체가 또한 기업이 해야 할 본연의 업무이죠.

국민의 작은 자금들이 은행에 예금으로 모이면 기업이 이 돈을 대출을 통해 빌려가서 자본금 수십 조 정도의 큰 기업을 일으키고, 그것으로 직원을 고용해서 월급을 주고, 그다음에 또 새로운 투자를 해서 새로운 사업을 일으키며 돈을 계속 버는 것입니다. 이렇게 축적되는 자본은 더욱 큰 기업을 만들어 가고, 직원들을 추가로 고용하고 재투자하면서 돈을 계속 불려 나가는 것입니다.

이런 과정에서 기독교적 가치관들이 실제 모습으로 실현됩니다. 개인적으로는 성령의 아홉 가지 열매(사랑, 희락, 화평, 오래 참음, 자비, 양선, 충성, 온유, 절제)가[19] 실제로 눈에 보이게 나타나야 하는 곳은, 물론 삶의 모든 면에서 나타나야겠지만, 특히 돈을 벌고 쓰고 기업 활동을 하는 과정에서 나타나야 한다고 생각합니다. 교회 봉사나 전도할 때는 이러한 아홉 가지 열매의 정신을 생각하면서 활동하겠지만, **돈의 세계에서 이러한 정신을 실천한다는 것은 쉽지 않습니다.**

강민수   그런데 여기서 짚고 넘어가야 할 문제는, 언론에서 말하는 사내 유보금이 회사가 결코 쌓아 두는 것이 아니라는 점을 알았으면 합니다. 사내 유보금의 정의는 자본 잉여금과 이익 잉여금을 합한 회계적 수치입니다. 여기서 이익 잉여금은 회사가 영업 활동의 결과로 매년 벌어들이는 손익을 누적해 합한 총액인데, 당연히 좋은 회사인 경우에는 이익 잉여금이 계정에 많이 기록되어 있습니다. 그러나 대부분 현금으로 가지고 있는 것이 아니라 투자 활동 등으로 사용하고 있어요. 결코 회사에 쌓아 두는 것이 아닙니다. 정확하게 말하려면 현금 및 현금성 자산 계정을 확인해야 합니다. 언론에서 사내 유보금과 관련된 부정적인 기사가 많이 나와서 참고 삼아서 말씀드립니다.

유병욱   가난한 나라에 (현대화와 함께) 기독교가 들어오면 경제 성장이 일어나는 현상을 예수 믿어 물질적 복을 받은 것이라고 신앙적으로 해석하는 것을 많이 봤습니다. 구약적 패러다임을 적용시키는 것이죠. 그래서 나라에 복음이 전파되어 부자가 되는 은혜를 주신 것이라는 것이죠. 그런데 이런 기복 신앙적 신앙관과는 다르게 기독교가 들어오며 프로테스탄티즘이라는 메커니즘이 직업윤리와 자본주의 정신을 야기해 부를 축적하게 됐다고 설명하는 편이 상충되지도 않고 훨씬 설득력 있는 것 같습니다.

이상철 멘토   성경은 구약과 신약, 둘 다 돈에 관해 긍정적인 면, 부정적인 면을 많이 언급합니다. 기독교가 들어가면 당연히 잘살 수밖에 없는 것이, 막스 베버의 내용처럼 복잡한 이론을 말해 주지 않아도 근면하게 일하자, 과정을 중요하게 생각하자, 남을 속이거나 빼앗지 말자, 정직하게, 남이 보든 안 보든 개의치 말고 열심히 일하자, 도박 같은 일확천금을 꿈꾸지 말자는 것이 하나님이 기뻐하시는 일이라고만 해도 잘살게 됩니다.

강민수 국가적인 부유함 외에도 주변에 잘사는 사람이 많지 않습니까? 그 사람들 때문에 마음에 탐심도, 탐욕도 생기는 거죠. 그래서 미치는 거예요. 때로는 마음을 지키는 것이 쉽지가 않습니다. 그래도 이 세상 부의 주인이신 하나님이 신앙의 순수한 마음, 순전한 마음, 말씀으로 살고자 하는 이 마음을 좀 긍휼히 여겨서 복 주시지 않을까 생각합니다.

Q. 왜 가톨릭이랑 기독교랑 비슷한 면모가 많은데 가톨릭이 삶에 영향을 주지 않았다고 표현하는 것인가?

이상철 멘토 당시 유럽에는 종교가 두 개밖에 없었다고 봐야 합니다. 크게 볼 때는 비슷한 면모가 많은데, 아주 작은 차이처럼 보이는 것이 사실상 큰 차이를 만들어 낸다고 보는 것입니다. 종교는 기본적으로 금욕주의적인 성향을 띠게 됩니다. 욕망을 억제하는 방향으로요. 그런데 당시 가톨릭의 금욕주의는 세상을 등지는 방향으로 나아가면서 종교와 생활을 분리했는데, 프로테스탄트들은 금욕적 생각을 오히려 세상 속으로 가지고 들어온 것입니다. 세상 속에서의 삶을 강조하기 시작하고, **직업도 신부라는 직업만이 거룩한 것이 아니라 세상의 모든 직업이 똑같이 거룩한 것이라고 하니 종교의 정신이 삶에 아주 큰 영향을 주었다는 것이죠.** 가톨릭에서의 종교의 정신은 그냥 종교에만 머물러 있을 뿐이고, 특히 자본주의의 발달에는 영향을 미미하게 주었다고 보는 거랍니다.

Q. 막스 베버가 생각했던 자본주의 정신과 일반적인 사회적 통념의 자본주의 정신 사이에 근본적인 차이를 만들어 내는 것은 무엇인가?

이상철 멘토　　이윤 추구라는 것은 같지만, **이윤 추구의 목적이 다른 것**입니다. 세상에서 자본주의라고 하면 부정적이고 탐욕적인 이미지가 강한데, 막스 베버의 정신에 비추어 보면 타락한 자본주의가 탐욕적으로 변해 가는 것입니다.

Q. 일각에서는 국부를 결정하는 요소가 종교가 아니라 다른 지리적, 인종적(인적 자원 포함), 정치(정책)적, 사회적, 국제 정세 등 다양한 변수가 존재한다고 주장하는데 어떻게 생각하는가?

이상철 멘토　　학문적 연구로서 결과에 대한 원인을 분석할 때는 그 결과에 미치는 많은 요인이 있는데 그중에서 가장 큰 영향을 미친 것이 무엇인가를 찾는 것이므로, **그 중요한 요소 외에 다른 요소도 존재한다는 것을 부정하는 것은 아닙니다.** 통계에서 말하는 회귀 분석 과정을 보면, 결과와 가장 관계가 높은 원인을 찾고, 그 원인과 결과가 얼마나 긴밀한 관계에 있는가를 분석하는 것입니다. 간단한 예를 들면, 공부를 잘했다는 결과와 그것에 영향을 미친 공부 시간, 공부 방법, 부모의 태도 등 많은 요인이 있을 터인데, 어느 요소가 가장 큰 영향을 미치는가를 분석하는 것과 같은 것입니다.

임재문　　기독교에서 개혁주의를 표방하는 사람들이 왜 믿음이 아닌 결국 어떠한 행위로 조직의 정체성을 규정지으려 하는지 그게 항상 의문이에요. 그래서 우리가 나누는 이런 논의 이전에 개혁주의의 기초가 되는 성경 구절이 "오직 의인은 믿음으로 말미암아 살리라"(롬 1:17)라는 것이고, 추구하는 가치는 '오직 믿음, 오직 은혜, 오직 성경, 오직 예수, 오직 하나님께 영광', 이 다섯 가지면 충분한 것이 아닌가 하는 생각이 있어요. 그래서 왜 믿음에서 또다시 '행위'로 돌아가려 하는지, "오직 의인은 믿음으로 말미암아 살리라"만을 붙들며 매일 매일을 개혁해 나갔으면 좋겠다는 생각이었어요. "행해야 진짜 믿음이지"라고 언제나 피드백을 받곤 하지만, "행한다는 것을 믿어야지"라는 말로 언제나 꼭 이겨 먹고 싶은 심정이네요.

이상철 멘토 좋은 질문입니다. 성경의 원리를 가장 쉽게 이해하는 방법은 현실에서 부모와 자녀의 관계, 남편과 아내의 관계를 생각하면 됩니다. 이 관계들은 하나님의 아이디어죠. 하나님은 이 관계를 통해서 깊은 영적 진리를 깨닫도록 이끌어 주십니다. 우리가 가족을 사랑하면 말로만 사랑하는 것이 아니라 작은 선물이라도 하는 등 행동으로 보여 줍니다. **사랑하면 그 사랑에 합당한 행동이 나타나는 것입니다.**

지금 재문 씨가 아버지의 아들이 되기 위해서 노력할 수 있는 것은 아무것도 없어요. 그건 재문 씨가 할 수 있는 일이 아니죠. 다만 아버지의 아들답게 행동하려고 노력할 수는 있어요. 바로 이것입니다. **내가 아버지의 아들이라는 증거는 '내가 아버지의 아들답게 살려고 노력하는 것',** 바로 그것입니다. 나의 노력을 통해 아버지의 아들이 될 수 없다는 것이 오직 믿음으로 구원받는다는 의미이고, 나는 노력을 통해 아버지의 아들답게 살 수 있다는 것이 행위를 말하는 것이랍니다.

이 관계는 기독교의 진리를 이해하는 데 아주 필수적인 내용입니다. 영화나 드라마를 보면 이런 대사가 나오죠. "나를 사랑한다면서 어떻게 그런 행동을 할 수가 있어?" "나를 사랑한다면 그에 합당한 행동을 보여 줘!" 이런 대사들이 방금 재문 씨가 질문한 것에 대한 답이 됩니다.

강민수   제가 이해하는 방식은, 믿음이라는 것은 원래 하나라는 것입니다. 야고보나 바울이나 사실 다 같은 이야기를 하는 건데 한 사람은 믿음의 뿌리(믿음의 근본)를, 또 한 사람은 믿음의 열매(믿음의 증명)를 말하는 것이죠. 따라서 믿음이라는 건 하나인데 그걸 바라보는 뷰(view)가 다르다고 볼 수 있습니다.

이상철 멘토   예수님은 열매로 그 사람을 알 수 있다고 말씀하셨죠. 그 사람이 진정한 믿음을 가졌는지는 그 사람의 행동이 그것을 증명한다는 것입니다. 야고보서에서 말하고 싶었던 것은, 바울이 믿음으로 구원받는다고 설명했더니 사람들이 행동을 대충 해도 되겠다고 생각해서 야고보는 그것에 대해 경각심을 불러일으키는 것입니다.

● **느낀 점**

이하은   오늘 말씀해 주신 내용 중 가장 인상 깊었던 것은, '하나님을 기쁘시게 하는 방법은 나에게 주어진 것을 열심히 그리고 성실히 하는 것'이라는 말씀이었습니다. 어쩌면 쉬고 싶고 안주하고 싶은 현재의 저에게는 더욱더 채찍질과 같은 말씀이었지만, 그러면서도 이 말씀을 주신 하나님께 감사하다는 생각이 들었습니다.

권용수　저는 근대 자본주의 정신의 정수는 돈 자체를 좇는 것이 아니라 돈을 벌어 가는 과정 자체를 신성시하고 중요하게 여긴다는 것이라는 부분에서 큰 울림이 있었습니다. 제 경우를 좀 더 말씀드리자면, 지금 다니는 직장에 지원했던 동기는 순수하게 한국에서 만들어진 콘텐츠가 해외 사람들한테 조금 더 많이 알려지고, 그로 인해 한국이라는 나라를 해외 사람들이 조금 더 친숙하게 느끼고 좋아하는 데 기여하고 싶다는 마음이었습니다. 어떻게 보면 그 마음 자체는 근대 자본주의 정신에 가까웠던 것 같아요. (하하)

그러면서 저는 과연 지금도 세상과 다른 가치를 추구하고 있는가 하는 반성을 하게 되었습니다. 어느 순간부터 하나님이 주신 사명을 잃고 "직장 생활이 거기서 거기지. 어디 다른 회사는 돈 더 안 주나?" 이러면서 이직 시장도 괜히 기웃거렸던 제 모습을 돌아보게 되면서 본질적인 반성 그리고 원래 이 직업을 선택했던 목적을 찾아가는 시간이었습니다.

여러 회사를 지원해 보았고, 그중 한 곳에 최종 합격을 하게 되어 제반 서류들을 다 보내 놓고 처우 협상을 하고 있는 중인데, 계속 마음이 불편했습니다. 뭔가 개운치 않은 느낌이 있었는데, 왜 개운치 않았는지 오늘 들었던 강의를 통해 알게 된 것 같습니다. 지금 재직 중인 회사가 하나님이 주신 사명을 더 성실하게 이행할 수 있는 곳이라는 확신이 생겨서, 지금 다니는 회사에 다시 마음을 잘 다잡고 다닐 것 같습니다.

강민수　그쪽에서 돈을 세게 부르면 어떡하죠?

권용수　짓궂으시네요! 앞서 말한 것처럼 돈이 주가 되면 안 되겠지만,

정말 말도 안 되게 많이 준다고 하면 여러분들께 조언을 다시 구해 보겠습니다.

이상철 멘토　자신의 능력에 대한 시장의 정당한 평가와 본인의 정당한 이익 추구일 수도 있으니 잘 판단하기 바랍니다. (웃음)

유병욱　최근 재테크를 굉장히 잘하는 친구를 만나게 됐습니다. 재테크 모임도 이끌고 인생도 잘 즐기면서 사는 친구인데, 그게 무척 존중되면서도 한편으로는 제 스탠스(stance)가 그 친구와는 다르다는 것을 분명히 알게 됐습니다. '나는 돈을 얼마나 많이 벌고 즐길 수 있는지보다 얼마나 많은 과업을 성취할 수 있는지에 관심을 갖고 있는 존재구나.' 세상이 말하는 것과 다른 생각을 갖고 있어서 그것이 어디서 왔는지 궁금했는데 뿌리를 찾은 것 같습니다.

　열심히 살며 돈 많이 벌고 성공하고 싶은 크리스천들도 있고, 또 반대로 굉장히 금욕적으로 살려고 노력하는 크리스천들도 있는데, 저는 늘 그 사이 어디에선가 균형을 잡으려고 한 것 같아요. 오늘 이야기들이 굉장히 자연스럽게 받아들여졌고, 그러면서 약간씩 교정되는 느낌이었습니다.

2.   돈,

어떻게 관리할 것인가?

강민수   여러분의 돈은 안녕하십니까? 잘 관리되고 있나요?

금융이란, 표준국어대사전에 보면 "금전을 융통하는 일. 특히 이자를 붙여서 자금을 대차하는 일과 그 수급 관계를 이른다"고 나와 있습니다. 즉, 돈이 필요한 곳에 적절하게 공급되도록 하는 것입니다. 영어로는 파이낸스(finance)라고 하며 한글로는 자본 조달이라고 할 수 있습니다. 크리스천에게 금융은 역사적으로 불편한 존재였습니다. 과거 기독교 세계에서는 오랜 기간 금융업을 금지하기도 했는데 "너희가 거저 받았으니 거저 주라"(마 10:8b)는 성경의 가르침 때문이었습니다. 그러나 금융 없이는 경제를 이해할 수 없고, 현대 자본주의 시스템을 작동할 수 없습니다. 예수님의 달란트 비유에서 알 수 있듯이, 자신의 자산을 효과적으로 관리하기 위해서는 금융 교육과 투자가 필수적입니다.

이제부터 금융은 역사적으로 어떻게 변화했는지, 투자와 투기의 차이는 무엇인지 등 다양한 질문을 통해 크리스천이 어떻게 금융을 바르게 이해하고 활용할 수 있을지에 대해서 논의해 보고자 합니다.

Q. 금융이라고 하면 어떤 생각이 드는가?

유병욱　엔지니어 출신이라 그런지 금융은 일종의 사기 같다는 느낌을 받을 때가 있습니다. 새롭게 만들어진 무언가가 없음에도 가치가 창출되거든요. 물론 기회비용 같은 것을 치르겠지만요. 세상에 새로이 생성된 실물이 없는데 세상의 가격 총합은 상승하는 현상이 발생한다는 측면에서 그렇게 느껴집니다.

강민수　불로소득 같은 느낌인가요? 무엇인가 처음에 금융이라고 하면 부정적인 느낌 같은 게 있는 건 사실입니다.

유병욱　서브프라임 모기지 사태를 다룬 다큐멘터리 영화 〈인사이드 잡〉(Inside Job)을 보면 "금융 엔지니어링은 사기다. 그래서 소위 '버블'이 만들어진다. 달콤한 열매는 그들의 것이 되고, 망하면 세금으로 구제해 주기까지 한다"는 내용이 나오는데, 저 역시 공감이 됐습니다.

권용수　저도 어렸을 때는 금융에 대해 막연하게 생각했었는데(예를 들어, 이건 어떤 사기가 아닐까? 조금 어렵기도 하고, 성실함과는 조금 거리가 먼 숫자놀음 같기도 하고), 시간이 지나면서 관심을 가지고 들여다볼수록 '이것은 삶을 살아가는 데 매우 필요한 지식 중에 하나가 아닐까? 이런 것들을 잘 활용해서 지혜롭게 쓸 수 있다면, 운용 가능한 수준에서 과한 탐심을 부리지 않는다면 충분히 가치 있게 쓸 수 있지 않을까?' 하는 생각을 나이를 먹으면서 하게 되었던 것 같습니다. 예적금, 주식, 부동산 같은 다양한 금융 상품/자산들에 대해 자주 접해서 익숙해진 것도 있고요.

하지만 크리스천으로서 마음 한편에 금융에 대한 묘한 불편한 마음이 깔려 있는 것 같습니다. '이렇게 해도 되는 건가? 부동산, 주식 등 투자를 위한 레버리지라는 미명하에 빚을 져서 투자를 하고, 공모주를 위해 마이너스 통장을 끌어다 쓰는 등 이러한 금융 활동 자체가 혹시 비성경적인 것은 아닐까? 내가 너무 탐심을 부리는 것은 아닐까?' 하는 생각을 하면서도 남들보다 조금 더 부지런하게 수집하고 알게 된, 간단하고 쉬운 방법들을 통해 돈을 버는 기회를 놓치기에는 조금 아깝지 않은가 하는 생각도 드는 거죠.

유병욱   이전에는 노동 소득으로도 신분이 바뀔 수 있는 시대였지만, 한국도 경제가 팽창하는 시기를 지나고 부의 축적된 규모가 커지기 시작하니까 따라잡기가 어렵고, 가진 자들은 금융 소득으로 유의미하게 도망가기 시작했죠. 따라잡으려면 레버리지를 이용할 수밖에 없습니다. 이자 개념에 대해 생각할 수밖에 없는 시대입니다. 예전에는 '많이 벌고 아껴 쓰자'였잖아요. 하지만 이건 어디까지나 선형(linear)으로 쌓는 개념이죠. 지금은 부가 지수적(exponential)으로 증식되는 길이 아니면 '부의 추월차선'(엠제이 드마코[MJ DeMarco]의 책 제목)이 되지 못합니다.

강민수   금융에서도 파생 상품, 레버리지 등은 인간의 탐심이 만들어 낸 단어라는 느낌이 들어요. 올바르게 사용하면 좋겠는데 말이죠(이 부분은 MBA 이후 생각이 다소 바뀌게 되었다. 파생 상품의 주된 목적은 위험 관리라고 할 수 있다. 그러나 위험 관리는 또 다른 말로 위험을 감수하는 것이다. 위험을 줄이려는 시도는 반대로 그 위험을 감수하려고 하는 사람이 있을 때 비로소 그 거래가 성립할 수 있기 때문이다. 따라서 파생 상품에 투기 세력, 투자자 등의 플레이어 없이는 일정 부분 시장 성립이 어려울 수도 있다. 그들의 욕구가 있기 때문에 시장이 활성화되는 긍정적인 측면도 존재하는 것이다. 이는 주식 시장에서도 동일하게 적용되는데, 그 결과 끊임없이 자본 시장은 투기, 거품, 붕괴 등의 주기를 반복하며 적정한 수준의 균형을 이뤄 간다).

이하은   소위 '금융' 하면 많은 분들이 어렵게 느끼실 것 같아요. 범접하기 어렵고, 피하고 싶고, 공부를 통해 실력을 높여야만 금융을 안다고 말할 수 있을 것 같은 생각이 듭니다. 그래서 저도 교육 기업에 재직해 있을 때, 어린 시절부터 금융과 친해져야 어른이 되었을 때도 금융에 대한 두려움이 없겠다는 생각이 들었습니다.

　이러한 마음으로 아이들에게 경제 교육을 쉽고 재미있게 알려 주고 싶어 커리큘럼을 기획했고, 많은 고민을 했던 적도 있었습니다. 남녀노소 모두에게 금융은 어렵지만, 이를 쉽게 이해하고 싶다는 니즈는 충분하니까요. 그것을 교육적으로 생각했던 것 같습니다.

강민수　아이들에게 경제 교육을 하면 확실히 달라지는 것을 좀 느끼나요? 어때요? 정확하게 무엇을 가르치는 거예요?

이하은　주위 타 교육 기관을 통해 경제 교육을 먼저 받아 온 어린 친구들을 보면 화폐를 구분하거나 읽을 수도 있고, 돈을 무언가를 사기 위한 수단으로 인식하는 것 같아요. 가정에서나 마트에서, 또는 부모님을 통해 아이들이 용돈을 받고 물건을 구매해 보면서 돈의 가치를 알게 되거든요.

　개발한 커리큘럼의 결과에 대해 여쭤보시는 것이라면 바로 말씀드릴 순 없지만, 아이들이 돈에 대해 조금 더 친숙함을 갖지 않을까 하는 생각과 기대감은 있습니다.

이상철 멘토　유대인들은 어릴 때부터 돈에 관해 가르칩니다. 신앙과 함께 재물에 관한 교육을 철저히 시키죠. 그리고 경제적 문제를 스스로 해결할 수 있도록 기술을 하나씩 배우게 합니다. 바울은 사도 이전에 천막을 만드는 장인[20]이었습니다. 그 당시 천막은 가죽으로 만들었는데, 바울이 태어난 다소는 좋은 가죽이 많이 나는 지역이었죠. 그래서 바울은 어려서부터 가죽 만지는 기술을 배웠고 그만큼 잘 다루었던 것 같습니다. 바울이 자비로 전도 여행을 다닐 수 있었던 것도 이 같은 기술을 익혔기 때문입니다.

또 유대인들은 경제관념의 하나로 노동을 통한 돈의 가치에 대해 가르칩니다. 예를 들어, 쓰레기 분리 배출을 하면 그것에 대한 노동의 대가로서 용돈을 주죠. 노동을 하면 돈이 생기고, 노동을 하지 않으면 돈이 안 생긴다는 것을 알게 하려는 것입니다. 그렇게 돈을 모으고 관리하면서 돈의 가치에 대해서 알게 되는 거죠. 그래서 지금 전 세계의 금융을 유대인들이 장악하고 있는 것 아니겠습니까?

강민수　　스스로 먹고사는 법과 노동으로 돈을 벌고 관리하는 습관을 기르는 것이라고 정리할 수 있겠네요. 그런데 이 부분에서 혹자는 은혜의 원리에 위배된다고 반박합니다. 은혜는 "너희가 거저 받았으니 거저 주라"는 말씀처럼 '거저 주는' 것인데, 이것이야말로 세상 가운데 기독교 신앙을 드러내는 증표라는 것입니다. 그들의 의견을 정리하면 다음과 같습니다.

"은혜는 자격 없는 자에게 거저 주는 하나님의 사랑과 자비이며, 성도란 그 은혜로 구원받은 자들이다. 따라서 거저 받았으니 거저 주라는 주님의 명령에 따라 그렇게 살아가기로 작정한 사람들이다. '깨끗하게 벌어서 깨끗하게 쓴다'의 경제감은

고작해야 시민윤리의 변형일 뿐, 은혜의 원리는 결코 아니다."

이상철 멘토　저는 이런 말을 들을 때마다 화가 나요. (하하) 이렇게 성경을 오해할 수도 있나 싶은 거죠. 성경을 이해할 때는 항상 문맥이 중요합니다. 문맥은 생각하지 않고 필요에 따라 부분적으로만 가져다 쓰면 오해의 여지가 많아요. 위에서 말한 마태복음 10장 8절의 내용은 예수께서 제자들을 보내면서 전도를 시키시는 장면입니다. 그러면서 '너희들이 거저 받았으니 거저 주라' 하신 거예요. **전도할 때 각자가 받은 하나님의 은혜가 있기 때문에 그 은혜의 말씀을 전할 때 거기에 이익의 관념이 들어가거나 그걸 이용해서 돈을 취하겠다고 생각하면 안 된다는 것이 핵심입니다.**

　교회가 복음을 전하면서 돈을 버는 행동을 하면 안 되는 것과 같아요. 예수님이 제자들을 보내면서 능력을 주시는데, 귀신을 쫓아내는 능력과 병을 고치는 능력을 주십니다. 그래서 제자들이 그 능력을 가지고 나가서 병자를 고치고 복음을 전할 때 그 대가를 바라면 될까요, 안 될까요? 안 되겠죠. 왜냐하면 공짜로 받은 거니까요. 귀신을 쫓는 능력도 마찬가지예요. 공짜로 받은 것이기 때문에 남에게도 은혜로 베풀어야지, 귀신을 쫓는 능력을 사용해서 돈을 받으면 안 되는 거죠.

　이런 문맥에서 거저 받았으니 거저 주라는 것이므로 이 말을 경제 활동에 적용하면 완전히 성경을 잘못 해석하는 것이 됩니다. 직장에 출근해서 열심히 일하면서 내가 일할 수 있는 능력을 은혜로 받았으니 나도 거저 준다고 생각하며 열심히 일하고 월급을 받지 않는다고 생각한다면 말이 될까요? 어느 누구도 동의하지 않을 것입니다.

이에 대한 바울의 이야기를 들어 볼까요? 바울은 전도 여행을 다니면서 복음에 대한 대가로서 돈을 받지 않았습니다. 이것은 당시 문화로 보면 특별한 것입니다. 바울 당시(지금으로부터 약 2천 년 전, A.D. 50년경)는 그리스 문화권이었는데, 그리스 철학자들은 지방을 순회하면서 철학과 학문을 돈을 받고 가르쳤습니다. 그런데 바울은 무언가 신기한 학문을 가르치는데 전혀 돈을 받지 않습니다. 당연히 바울은 앞에서 말한 예수님의 가르침에 근거해서, 복음이란 하나님의 기쁜 소식이고 하나님의 은혜의 말씀이므로 돈을 받고 가르치는 것이 되어서는 안 된다고 생각했습니다.

그렇다면 바울은 가르침에 대한 대가가 아닌 먹고 자는 것과 같은 실제적인 비용들에 대해서는 보상을 받았을까요? 바울은 이에 대해 돈을 받을 수도 있다고 말합니다.[21] 어떤 일을 하면 일에 대한 대가를 받는 것이 어떤 면에서는 정당하니까요. 그러나 바울은 정당한 권리가 있음에도 불구하고 더욱 자유롭게 복음을 전하기 위해, 다른 사람들이 복음을 대가로 이익을 취한다는 오해를 하지 않도록 자발적으로 돈을 받지 않습니다.[22] 그리고 자신의 힘으로 텐트를 만들어 팔아서 그 비용으로 전도 여행을 다닙니다.

바울이 텐트를 만들어 무료로 제공했을까요? 아닙니다. 텐트에 대해서는 당연히 정당한 가격을 받았을 것입니다. 아마도 추측컨대, 바울이 만든 텐트는 최상위급이었을 것입니다. 바울

이 텐트를 대충 만들지는 않았을 것이니까요.[23]

Q. 금융을 어떻게 이해하면 되는가?

이상철 멘토   금융은 사람들이 이해하는 것보다 훨씬 더 중요합니다. 금융은 글자 그대로 돈의 흐름을 관리하는 업무라고 할 수 있습니다(금=돈, 융=흐름). 가장 적절한 예가 우리 몸에 흐르는 피라고 할 수 있습니다. 몸의 모든 부분에 필요한 영양소를 공급하는 피, 금융은 바로 돈의 흐름을 통해 돈이 필요한 기업들에게 돈을 공급하는 역할을 합니다.

경제 교육이 중요하다고 이야기했는데, 특히 금융은 사람들이 많이 오해하죠. 금융 회사는 직장으로서는 아주 좋으나 남의 돈으로 편하게 장사하는 곳이라는 인식이 강합니다. 금융은 쉽게 말하면, 대다수 개인들의 작은 돈을 모아서 큰돈으로 만들어 기업체가 세워질 수 있도록 지원하는 역할을 합니다. 돈을 공급하는 개인들은 대부분 짧은 기간 동안(예를 들어 1년) 돈을 맡기지만, 은행은 이 돈을 기업들에게 5년이나 10년간 장기 대출로 제공해서 마음 놓고 큰 사업을 할 수 있게 해 줍니다. 뿐만 아니라 기업들이 돈을 금방 안 갚더라도 개인들은 언제든지 돈을 찾아 쓸 수 있게 해 주는 눈에 보이지 않는 엄청난 역할을 한답니다.

이를 리스크 관리라는 측면에서 조금 전문적으로 이야기하면, 개인들은 은행에 돈을 맡긴 후 1년 정기 예금 계약을 했더라도 아무 때나 그 돈을 찾을 수 있습니다. 그 돈이 기업체에

1년 만기 대출로 나가 있다 하더라도 개인들은 1년까지 기다리지 않고 돈을 찾을 수 있습니다. 하지만 은행이 없다면, 즉 개인들이 직접 회사에 1년간 돈을 빌려주었다면, 회사는 그 돈을 1년 뒤에 갚을 것이기 때문에 개인들은 그 안에 돈을 찾을 수 없습니다. 이런 위험을 **유동성 위험**이라고 부릅니다. 이 유동성 위험을 개인이 지는 것이 아니라, 은행에서 부담합니다. 또한 예금이 기업에 대출로 나갈 경우, 그 기업이 대출을 갚지 않고 부도가 나더라도 개인들의 예금을 갚아 줍니다. 만약 은행이 없고 개인들이 직접 기업에 돈을 빌려주게 되면 기업이 부도날 경우 개인들은 그 돈을 회수할 수 없습니다. 이런 위험을 **신용 위험**이라고 합니다. 이 신용 위험도 은행이 대신 부담합니다. **은행이 예금을 받아서 대출을 해 주고 그 차이인 '예대마진'**(예금과 대출의 금리 차이로 인한 수익)**을 남기는 이론적 근거는 이러한 리스크를 은행이 대신 부담하는 것에 대한 보상입니다.**

우리가 많이 사용하는 "돌고 도니까 돈이라고 한다"라는 말처럼 돈은 '흐름'이 아주 중요합니다. 우리가 기업체를 평가할 때 그 회사에 돈이 얼마나 많은가도 중요하지만, 그 회사의 자금 흐름이 원활한가, 즉 현금 흐름(cash flow)이 좋은가를 많이 따집니다. 돈이 아무리 많아도 이 현금 흐름이 좋지 않으면 기업은 부도가 납니다. 개인도 마찬가지인데, 간단한 예를 들면, 다이아몬드 광산을 가지고 있는 엄청난 부자라도 당장 밥 먹을 돈 1만 원이 없으면 굶어 죽습니다. 즉 그 다이아몬드 광산으로부터 발생하는 현금 흐름이 없는 것이죠. 이런 주제로 쓰인 재미있는 단편 소설이 있습니다. 미국 작가인 프랜시스 스콧 피츠제럴드[24]의 《리츠 호텔만 한 다이아몬드》라는 소설입니다. 정말 큰 다이아몬드를 가지고 있어도 돈의 흐름이 만들어지지 않으면 아무것도 아니라는 주제를 담고 있습니다.

이 현금 흐름을 담당하는 것이 금융입니다. 기업체가 1년 뒤에 아주 큰돈이 들어올 계획이 있다 하더라도 직원들에게 당장 이번 달 급여를 줄 수 없으면 그 기업은 문을 닫아야 하지만, 그 1년 동안 기업에게 돈을 빌려 주어 급여를 주게 하고 1년 뒤 큰돈이 들어오면 다시 은행에 갚게 하는 것이 금융의 중요한 역할입니다.

돈이라 하면 사람들이 부정적 인식을 많이 하죠. 저는 돈을 아주 부정적으로 보게 하는 게 사탄의 전략이라고 봅니다. 왜냐하면 분명히 돈이 필요한데 돈에 관하여 적극적인 삶을 살아가는 것에 대해 굉장히 큰 스트레스와 죄의식을 느끼게 하는 마음을 심어 주기 때문입니다. 이 내용은 우리 토론의 마지막 부분에서 '돈과 신앙'(특강 3 참고)이라는 제목으로 특강할 때 조금 더 설명하겠습니다.

돈은 하나님과 대립하는 입장이 절대 아닙니다. 그건 말이 안 되는 게, 당연히 하나님이 최고이시죠. 다시 한 번 말하지만, 중요한 것은 탐심이지 돈 자체는 아니라는 말씀을 드리고 싶습니다. 돈이 있기 전부터도 사람들의 마음에는 탐심이 있었다는 것입니다. 돈을 탐내지 말라고 말하기 전부터 네 이웃의 것을 탐내지 말라, 네 이웃의 재물, 네 이웃의 아내 등을 탐내지 말라고 하셨죠.

예수님이 말씀하신 "너희는 하나님과 재물을 겸하여 섬길 수

없느니라"(눅 16:13)라는 말은 돈과 하나님을 같은 위치, 같은 우선순위로 생각하지 말라는 뜻입니다. 돈과 하나님을 같은 위치에 두는 순간 문제가 발생하고, 사실상 사람들은 이 순간 돈을 하나님보다 더 위에 두게 됩니다. 먼저 하나님이 계시고 돈은 그 밑에 있는 것이라는 명확한 인식을 하는 게 중요하죠. 이것이 성경이 말씀하는 바이고, 제가 봤던 전통적 신학자들이 말하는 결론입니다.

돈을 하나님 위에 둔다는 것은 무엇을 결정할 때 하나님의 뜻보다 돈이 더 중요한 결정 요소가 된다는 것입니다. 쉬운 예로, 사랑과 돈을 놓고 선택할 때 최우선 순위로 돈을 선택하면 바로 돈을 더 우위에 두는 것이죠.

하고 싶은 얘기는, 크리스천들이 이 돈 문제를 외면시하는 순간에 진짜 나쁜 사람들이 돈을 잘못 사용할 것이기 때문에 크리스천들이야말로 돈의 세계를 먼저 장악해야 된다는 것입니다. 그래서 올바르게 벌고, 올바르게 쓰는 문화를 만들어야 한다는 게 제가 정말 외치고 싶은 소리입니다.

강민수　멘토 님은 돈과 하나님은 경쟁 상대가 될 수 없다고 말씀하셨지만 다음과 같은 반론도 있다는 것을 공유해 드립니다.

"돈은 부정적인 속성이 있다. 돈은 인간의 욕망을 외화하고 투사한 대상물이다. 돈은 단순한 도구가 아니다. 돈은 하나의 영적 실체다. 본성상 모든 인간에게 복종과 충성을 받는 신적 대상이다. 인간의 합의로 만들어졌으나 스스로 움직이며 고유의 법칙을 갖게 되는 돈, 결국 사람이 돈의 결정을 따르게 된다. 사람이 돈의 가치를 판단하지 않고, 돈이 사람의 가치를 판단하는 세상에 살고 있다. 하나님과 경쟁관계이다. 우리에게 선택하라고 요구하신다"(자끄 엘륄[Jacques Ellul], 《하나님이냐 돈이냐》[대장간 역간]).

그리고 멘토 님이 돈의 세계를 장악해야 한다고 말씀해 주셨는데, 정말 맞는 얘기라고 생각합니다. 돈은 사용하는 사람에 따라 정말 달라질 수 있다고 생각해요. 금융을 공부해 보면 소위 '돈 넣고 돈 벌기' 식의 탐욕적 자본주의의 사례를 많이 접하게 됩니다. 효율적 자본 조달이라는 중요한 내재적 가치는 상실한 채 오직 투자 및 높은 기대 수익률을 만들기 위해 창조적인 금융 상품을 만들어 내고 때로는 기업, 사회에 안 좋은 영향을 미치게 됩니다. 크리스천들이 '돈은 이렇게 쓰는 거야'라는 것을 세상에 보여 줘야 한다고 생각하고, 저는 '사람을 살리는 곳'에 제 돈을 쓰겠습니다.

이상철 멘토 앞에서 말한 돈이 실제적 힘으로서 실존적인 실체가 있다는 표현들이 또 있죠. 소설가 조정래 선생님이 쓴 《허수아비춤》(해냄출판사)이라는 소설에 보면, "돈은 귀신도 부린다. 돈이면 지옥문도 여닫는다. 돈만 있으면 의붓자식도 효도한다. 돈은 살아 있는 신이다"라는 내용이 나옵니다. 중국의 역사책 《사기》를 쓴 사마천도 이런 말을 했습니다. "어떤 사람의 돈이 자기보다 10배 부자이면 그를 헐뜯고, 100배 부자이면 그를 두려워하고, 1,000배 부자이면 그에게 고용당하고, 10,000배 부자이면 그의 노예가 된다."

이처럼 돈의 힘은 무서운 것입니다. 그래서 예수님께서도 "너희는 하나님과 재물을 겸하여 섬길 수 없느니라"고 하셨는데, 이것은 우리 마음속에 있는 탐심이 하나님보다 앞설 수 있음을 조심하라는 경고의 말씀이지, 실제로 돈이 하나님과 경쟁상대가 될 수 있다는 뜻은 아닙니다.

Q. 이자를 받는 것과 거저 주는 것에 대한 문제는 어떻게 생각하는가?

강민수　초대 교회와 유대교, 가톨릭, 개신교 간에 돈(특히 돈의 이자)에 대해서 어떤 관점의 차이가 있었는지를 저 나름대로 이해하기 쉽게 비교표로 정리해 봤습니다.

구분	내용	비고
초대 교회	공동체적 경제관: 능력에 따라 일하고 필요에 따라 나누어 씀. * 예수 그리스도의 죽음 이후 조기 재림 기대 등 시대적 분위기, 성령의 감동으로 일치(코이노이아-일치, 친교)	공산주의와의 차이점 - 공산주의: 강제성 - 초대교회: 자발적
로마 가톨릭	이자 수취 금지: "이자 받으면 지옥 간다."(지하 경제 有) * 누가복음 6장 35절: "아무것도 바라지 말고 꾸어 주라."	종교 개혁 이후 이자 수취 인정(교황)
개신교	이자 수취 가능: "이자 받는다고 지옥 안 간다." * 천국은 오직 믿음과 삶의 소명에 따라 가는 것(루터)	누가복음 말씀은 가난하고 약한 자를 지칭함
유대교	고리대금업 진출: "우리는 신약을 믿지 않는다."(구약 경제관) * 선행을 많이 해야 하고, 선행을 하려면 돈이 필요하다는 관념	교회의 이자 수취 금지로 유대인의 주요 산업이 됨

참고로 유대인을 영어로 쥬이시(Jewish)라고 하는데, 이게 보석 (Jewelry)의 어근과 같다는 말이 있습니다. 어쩌면 유대인이 그 정 도로 보석과 같이 금전적인 것들을 아주 소중하게 여겼다는 것을 알 수 있습니다.

그리고 유대인에게는 50년마다 돌아오는 '희년'(Jubilee)[25]이라는 전통이 있어서 부채를 탕감시키는 제도를 운영했다고 하는데, 원래의 출발점으로 모든 상태를 회복시키는 것입니다. 현대 사회에서는 은행이 개인의 빚이 너무 과도할 경우 부채의 일부를 탕감해 주는 개인 파산 제도가 있는데 이와 유사하다고 할 수 있을 것입니다.

개인적으로는 지금도 초대 교회의 전통을 실천해 나가는 사람들이 있는데, 본받을 만하다고 생각합니다. 능력에 따라서 열심히 일하고, 교회가 힘들고 어렵고 도움이 필요한 사람이 있을 때 기꺼이 넘치는 감사로 나누는 이 전통은 오늘날에도 유효하다고 생각합니다.

이상철 멘토　　보충 설명을 좀 하면, 신명기 23장 19절도 동포에게 돈을 빌려주면 이자를 받지 말라고 나와 있기 때문에 이자를 안 받는 근거가 되는 구절입니다. 중동 지방의 이슬람 국가들은 이슬람교 자체가 유대교와 그 뿌리를 같이하기 때문에 이슬람 경전인 코란에도 성경과 유사한 내용이 많이 기록되어 있는데, 이자를 받지 말라는 가르침도 포함된다고 합니다. 그래서 실제로 이슬람 국가들은 은행 거래에서 이자를 안 받죠. 그러면 우리나라 은행들이 중동의 국가들과 대출 거래를 할 경우

이자를 안 받느냐 하면 그렇지 않습니다. 이자라는 이름만 안 붙일 뿐, 다른 명목으로 돈을 받지요. 사실상 이자를 받는 것입니다. 은행에서는 실제로 이렇게 거래해요.

이자에 대한 재미있는 표현은, 달란트 비유(마 25장)에서 세 명의 종에게 다섯 달란트, 두 달란트, 한 달란트를 주고 난 후 주인이 결산 시점에 한 달란트를 땅에 묻어 둔 자에게 "왜 땅에 묻어 두었느냐? 이자라도 받아 와야지" 하고 말했다는 것입니다.[26] 준 돈으로 사업을 못 하겠으면 은행에 맡겨 이자라도 받아야지, 한 달란트라는 큰돈을 줬는데 원금 보존하자고 가지고만 있으면(성경에서는 땅에 묻어 두면) 어떡하느냐는 것입니다. 이렇게 말씀하셔서 '이상하다. 예수님은 왜 이자를 받으라고 말씀하시지?' 하며 헷갈렸었습니다.

신명기 23장 19절의 이자를 받지 말라는 말씀에도 단서가 있습니다. '형제에게 꾸어 주거든 이자를 받지 말라'고 하고, 이어서 바로 다음 절에는 '타국인에게 돈을 빌려주면 이자를 받을 수 있다'고 합니다.[27] 따라서 유대인들은 이방인들에게 돈을 빌려주고 이자를 받았습니다.

돈을 빌려준다는 것은 내가 돈을 사용하고 싶을 때 사용하지 못하는 것입니다. 이를 돈에 대한 유동성을 포기한다고 말합니다. 유동성 포기에 해당하는 것만큼 이자를 받는 게 당연하죠. 현대에서 금리는 돈의 흐름의 속도를 조절하는 매우 유용한 수단입니다.[28]

신명기가 쓰일 당시 '이자'가 무엇을 의미하는지에 대해 신학자들이 연구해서 그 뉘앙스를 찾은 결과 그것은 유저리(usury)라는 단어이고, 이는 지나친 고리대금을 의미할 가능성이 크다고 합니다. 요지는, 경제적으로 힘든 사람을 높은 금리로 더 힘들게 하지 말라는 뜻입니다. 그건 우리도 마찬가지입니다. 만약에 친구가 급하다고 해서 돈을 빌려준다면 이자를 안 받을 거거든요. 이건 상거래상 정상적으로 발생하는 거래에서 이자를 받는 것하고는 차원이 다른 얘기입니다.

한 가지 추가로 설명하고 싶은 것은, 은행에서 대출을 받을 때 신용 등급이 나쁘면 대출 금리가 높아집니다. 그러면 이는 성경에서 말하는 것처럼 경제적으로 힘든 사람을 더 높은 금리로 힘들게 하지 말라는 것과 상충되는 것이 아닌가 하는 생각이 들 수 있습니다. 그러나 이는 정상적인 금리 내에서의 높은 금리를 말합니다. 신용 등급이 나쁜 사람에게 더 높은 금리를 받는 이유는, 그 사람이 그 대출을 안 갚을 확률이 그만큼 더 크기 때문입니다. 은행이 대출을 회수하지 못하면 은행을 믿고 예금을 맡긴 사람들의 예금을 갚지 못할 확률이 커집니다. 은행은 다른 사람의 예금을 받아서 대출을 하는 것이므로 예금을 한 사람들의 돈을 보호해 줄 절대적인 의무가 있습니다. 따라서 신용 등급이 나쁜 사람들, 즉 대출의 부도 위험이 큰 사람들에게는 그에 상응하는 금리를 높게 받아서 대출도 억제하고, 그 수익으로 미리 돈을 준비해서(이를 대손충당금이라 부름) 예금에 손실이 가지 않도록 합니다. 정상적인 금리가 아닌 고리대금은 우리가 흔히 말하는 사채업자들을 생각하면 됩니다. 법으로도 최고 금리는 제한되어 있습니다.[29]

은행에서 돈을 빌릴 때는 이자를 내야 하고, 은행에 예금할 때는 이자를 받아야 합니다. 은행에 예금하면서 "전 이자 안 받을 거예요" 하면 그것은 말이 안 되는 것입니다. 앞서 말했던 것처럼 주인이 한 달란트를 준 종에게 "원금만 주면 어떡하냐? 은행 이자(고금리가 아닌 정상 이자)라도 받아 와야지"라고 한 것도 이런 해석의 근거가 됩니다.

누가복음 6장 35절의 '아무것도 바라지 말고 꾸어 주라'는 내용도 이런 문맥 아래서 해석해야 합니다. **돈을 빌려줄 때는 그것을 통해서 무엇인가 보상을 바라거나 큰돈을 벌려고 생각하는 태도가 아니라, 남을 도와줄 때는 어떤 보답을 바라지 않고 도와주는 것이 맞다는 의미입니다. 정상적인 상거래를 부정하는 것이 아닙니다.** 누가복음 6장 35절의 배경을 이해하기 위해 전체 문맥을 보면, "오직 너희는 원수를 사랑하고 선대하며 아무것도 바라지 말고 꾸어 주라"는 것이기 때문에, 말씀 자체가 돈에 관하여 아무것도 바라지 말고 꾸어 주라고 하신 것이 아닙니다. 즉 돈에 국한해서 하신 말씀이 아니라, 사람들을 대할 때 원수를 사랑하고 선대한다는 기본자세를 말씀하는 것입니다. 내가 친절을 베풀 때 돈의 문제로 바라보는 것이 아니어야 한다는 의미입니다.

강민수 사실 칼뱅 같은 경우는 일반적인 상거래에서 어떤 적정한 이자를 받는 것은 정당하다고 본 반면, 가난한 자에게 이자를 받는 것은 상당히 부정적으로 봤습니다. 현대 사회에서는 오히려 경제적 취약 계층에는 고금리, 부자에게는 저금리 혜택을 준다는 점에서 약간의 문제의식을 가지며 질문을 던지고 싶습니다.

이상철 멘토   가까운 친구나 가족끼리 돈을 빌려주는 경우가 있습니다. "친구들끼리 돈을 빌려주면 돈도 잃고 친구도 잃는다. 그러니 차라리 조금 도와줄망정 빌려주는 것은 안 된다"는 의견도 있고, 반대로 "아니다. 친구가 얼마나 어려우면 돈을 빌려 달라고 하겠는가. 그러니 여유 있는 친구가 빌려주는 게 맞다" 이런 토론이 가능합니다.

이럴 때 핵심은 한도를 정하는 것입니다. 저는 그냥 주는 것도 좋지만, 빌려주는 것이 더 좋다고 생각합니다. 왜냐하면 빌려 가는 사람도 책임감을 느끼도록 하기 위함입니다. 그런데 빌려주는 사람은 돈을 빌려주되, 마음속으로는 그냥 줘도 될 정도의 수준으로 빌려주는 것입니다. 빌려주고 난 다음 혹 그 친구가 다 갚지 못해도 밤에 잠을 잘 수 있는 수준의 금액을 정하고 그 범위 내에서만 빌려주는 것입니다. 반드시 돌려받을 것이라 예상하고 가족이나 친구에게 돈을 빌려주면 대개 상처를 받습니다.

이렇게 가족이나 친구에게 돈을 빌려줄 때 그 친구에게는 이자를 받지 않습니다. 힘든 상황에서 돈을 빌리는 것이니까요. 이럴 때 이자를 받으면 나쁜 사람이죠. 성경에서 이자를 받지 말라고 한 것은 바로 이런 경우입니다. 즉 가난한 자에게 돈을 빌려줄 때 이자를 받지 말라는 것입니다. 그 당시는 아직 은행이 발달할 때가 아니기 때문에 제도적 금융이 없어 주변에 도움을 요청할 수밖에 없는데, 상대방의 가난함을 이용해서 돈을 버는 것이기 때문에 그건 나쁜 것입니다.

그러나 은행에서 돈을 빌려주는 것은 다른 얘기입니다. 개인적으로 돈을 빌려줄 때는 자신의 돈을 빌려주는 것이지만, 은행의 돈은 은행의 것이 아니죠. 따라서 돈에 관해 선량한 관리자의 역할을 해야 합니다. 돈을 빌려간 사람이 그 돈을 갚을 확률이 높으냐, 낮으냐에 따라서 이자를 차별화시켜야 돼요. 돈을 빌려줬는데 제대로 갚지 않을 확률이 높은 사람에게는 높은 이자를 받아야 하고, 너무 높아서 위험할 경우에는 대출해 주면 안 되죠.

이것은 은행에 돈을 맡긴 예금주들을 위한 관리자의 역할을 충실히 하는 것입니다. 그래서 신용 상태가 안 좋은 사람에게는 높은 금리를 부여해야 하는 것입니다. 은행은 자기 돈이 아니기 때문에 그렇습니다. 은행의 대출은 가난한 사람을 돕는 용도와는 다릅니다. 헷갈리지 마시길! 물론 가난한 사람이 일시적으로 돈이 필요할 때 빌려주는 '유동성 공급'은 금융의 중요한 기능이지만, 어디까지나 대출이 다시 회수된다는 전제하에서입니다. 대출은 가난한 사람에게 거저 주는 사회 복지가 아니라는 의미입니다.

Q. 투자는 어떻게 하고 있는가? 투자와 투기의 차이는 어떻게 정의할 수 있는가?

권용수   제가 금융에 대해 본격적으로 공부하고 관심을 가지기 시작한 건 군 복무 시절부터였습니다. 거창한 이유는 아니고, 멍청해지는 느낌이 너무 싫었던 차에 경제 신문을 구독하던 선임이 다 읽고 난 〈한국경제〉를 "너도 읽어 볼래?" 하며 던져 준 데서 시작했습니다. 시간이나 때우자고 읽기 시작했던 경제 신문을 통해 세상이 이렇게 돌아가고 있구나 하고 알았습니다.

그때 고민하다가 휴가 중에 들고 있던 군 적금을 깨 버리고 100만 원 정도 되는 돈을 주식에 넣었다가 복귀한 지 며칠 만에 50만 원이 되는 경험을 하면서 세상이 녹록지 않구나, 공부하지 않고 너무 만만하게 접근했구나 하면서 피터 린치(Peter Lynch)의 《전설로 떠나는 월가의 영웅》(국일증권경제연구소 역간)과 같은 입문서도 탐독하고, 신문도 더 꼼꼼히 보면서 나름의 주식 투자관을 정립했던 것 같습니다.

전역 후 학교를 졸업하고 사회인이 되어서부터는 주식 투자는 기본으로 하면서 연금 저축 같은 세테크류도 꼼꼼히 챙기고, 그 외 P2P 금융(랜딧), P2P 부동산(어니스트펀드, 테라펀딩 등)과 같이 기존 금융권이 해결하지 못하는 문제를 해결한다는 걸 표방하면서 나온 서비스에도 투자해 보고, 최근에 금융 당국의 경고를 받으며 문제가 되었던 뮤직카우 같은 서비스에도 투자해 보았습니다. 유행한다 싶으면 다 해 보는 성향이어서요.

그중에 뮤직카우는 직간접적으로 제가 몸담고 있는 산업과도 관련이 있어서 친숙한데, 조금 배경 설명을 드리자면, 작곡가가 자기가 쓴 곡을 가수나 기획사에 판매하게 되면 곡이 공개되었을 때 (상대적으로) 큰 단기 저작권 수익을 얻게 되고, 이후 매출이 하락 곡선을 그리다가 어느 정도의 일정한 수익을 롱테

일로 얻는 구조가 일반적입니다. 그런데 재미있는 건, 이 수익이 크지는 않아도 일정하다 보니 향후 10-20년간의 수익이 어느 정도 예측이 가능하다는 것입니다(물론 브레이브 걸스의 〈롤린〉의 경우처럼 역주행을 하는 경우도 있지만, 이건 아웃라이어니까요). 그러다 보니 사실 해외에서는 이미 힙노시스 송 펀드처럼, 거대 자본을 가지고 향후 수익이 어느 정도 예상되는 이 '금융 상품'을 작곡가들로부터 사들여서 금융 포트폴리오화하고 있어요. 저스틴 비버(Justin Bieber), 머라이어 캐리(Mariah Carey) 등 이름만 들으면 알 수 있는 뮤지션들의 유명 곡을 만든 작곡가들이 자신의 곡을 기꺼이 팔고 있고요.

뮤직카우가 특이한 점은, 이것을 자신들이 작곡가들에게 사들인 후 주식처럼 쪼개서 사람들이 사고팔 수 있는 장을 만들어 준다는 점이에요. 수요와 공급에 따라서 곡별로 주식처럼 가격도 다르고, 해당 권리를 산 사람들에게는 발생하는 저작권 수익을 배당해 주고요. 사실 두 형태 모두 수입이 일정하지 않은 창작자들이 마음 편하게 창작 활동을 할 수 있도록 해 준다는 점에서 매우 긍정적인데, 금융 당국에서는 인허가를 제대로 받지 않은 금융업이라고 해석해서 제도권 안에서 관리감독 받아야 한다는 유권 해석이 있었어요. 덕분에 가지고 있던 저작권의 가치가 반 토막이 나 버렸지만, 팔 생각은 아직 없습니다. 액수도 100만 원 미만으로 크지 않기도 했고요.

그리고 암호 화폐도 하고 있습니다. 일전에 한참 시끄러웠던 루나라는 코인에도 투자했었어요. 큰 폭락으로 어려움을 겪을 뻔하다가 극적으로 빠져나와서 인생에 공짜가 없다는 교훈도 다시 되새기게 되었고요. 마지막으로 부동산은 사실 너무 미지의 영역이어서 좀 겁이 많았고, 제 영역이 아니라고 생각했었습니다. 그런데 코로나가 가장 심했던 시기에 친한 친구들과 자주 얘기를 하던 중, 제 나이 또래인 친구들이 저 빼고 다 부동산을 가지고 있다는 사실을 알게 되었어요. 거기서 약간 충격을 받았습니다. 패닉이 온 거죠. 공론화해서 얘기하지 않았을 뿐, 다들 생각보다 젊은 나이 때부터 부동산에 관심을 가지고 준비하고 있었다는 걸 알게 되어, 부동산에 박식한 친척 어른에게 SOS를 보내 공부도 하고, 함께 임장[30]도 다니며 준비해서 몇 개월 전 대출을 끼고 구매하게 되었습니다.

전반적인 성과는 나쁘지 않은 것 같습니다. 물론 주식이 전쟁같은 불가항력적인 이슈들로 조금 마이너스 상태이긴 하지만, 이자도 아직은 버틸 수 있는 수준이고, 암호 화폐도 손실은 안 봤네요. 하지만 대출을 일으키면서 마음의 불편함이 밀려오는 건 어쩔 수 없더라고요.

강민수   개인적으로는 부채를 일으키는 것이 경제적인 부채 의식 말고 영적인 부채 의식까지도 연관이 되는 것 같습니다.

권용수   영적인 부채 의식이라는 말에 너무 공감합니다. 사실 제가 너무 욕심을 부리는 게 아닐까, 아무리 남들이 다 한다고 해도 그렇지, 대출이라는 게 어떻게 보면 빚을 지고 이자를 내야 되는 건데 너무 욕심을 부리고 있지 않나 하는 생각을 많이 했습니다. 물론 그 찔림이 오래가지는 않았지만요.

유병욱 　저는 사실 투자에 대해 별생각 없이 살고 있습니다. 그렇다고 아무것도 안 하긴 좀 그렇고, 경제를 이해하자는 차원에서 주식만 하고 있습니다. 주변에서 정보를 접하기 가장 쉬운 투자 방식이라는 점도 주요인이 된 것 같습니다.

　사실 투자에 큰 관심이 없었던 이유 중 하나는, 아직까지 금융 소득을 향상시키기보다는 연봉을 올리는 데 집중하는 것이 유리하지 않을까 하는 판단이었습니다. 어차피 가진 게 많지 않아서 굴려 봤자라고 생각한 거죠. 그리고 저는 사업을 하고 싶기 때문에 나중에도 투자보다는 내 사업이 잘 굴러가는 게 주 소득원이 되어야 하지 않나 싶기도 하고요.

　주식은 테크주 위주로 했었습니다. 아무래도 관심이 많이 가고 잘 알 수 있는 종목이라 생각해서요. 최근 큰 패착을 저지른 게, 제가 원래 단타를 쳤어요. 잘 치고 있었습니다. 뉴스 플로우 보고 심리전도 하면서 말이죠. 그런데 괜히 겉멋이 들어서 '나도 가치 투자를 해야겠다' 결심한 거죠. 단타용으로 매수한 것은 털고 공부하고 준비해서 전환했어야 했는데, 결과적으로 단타용 포트폴리오를 그냥 들고 있는 채로 불경기를 맞이하여 전환기에 엄청난 손실을 봤습니다.

강민수 　개인적으로 재테크는 근로자들한테 해당되는 말이라고 생각합니다. 기본적으로 돈을 벌겠다는 마음이 있다면 사실 재테크보다는 사업을 해서 돈을 버는 게 더 빠를 수도 있습니다. 투자에 신경 쓸 시간에 내 사업의 성공을 위해서 시간과 마음을 쓰는 게 훨씬 더 빠르고 효과적인 방법일 수도 있는 거죠.

그리고 병욱 형제가 처음에 투자에 관심이 없다고 하기에 성경에 있는 대로 "무엇을 먹을까 무엇을 마실까 무엇을 입을까 하지 말라" 이런 생각이구나 했는데 그건 아니었네요? (하하)

유병욱　기본적으로 그런 마인드가 깔린 것도 맞아요. 상대적으로 좀 자유합니다. 다만 그런 건 있어요. 저는 가난해져도 큰 상관이 없다는 거예요. 적어도 굶어 죽진 않을 것 같습니다. 그리고 정 안 되면 과외라도 하면 되니까요. 가난에 대한 두려움이 없는 게 제 무기일 수도 있습니다.

이하은　저는 투자를 위해 먼저 시드머니가 있어야 된다고 생각해 처음에는 열심히 모았습니다. 하지만 약 2년간 모은 시드머니를 결혼 준비 비용으로 사용해 주식, 부동산과 같은 곳에 투자할 수 있는 여력이 안 되더라고요. 정말 결혼 준비에 영혼을 끌어 모았습니다. 아직 젊으니 앞으로 차근히 돈을 모을 수 있지 않을까요? (하하) 이런 자신감과 함께 부지런히 모아 보려 합니다.
　아, 최근 들어 메타버스, 블록체인, NFT와 관련해서도 많은 기업이 관심을 가지고 바라보고 있는 것 같습니다. 기업들은 자신의 비즈니스 모델을 이와 연관 지어 신규 사업을 구상하고 싶은 니즈도 있는 것 같아요.

임재문　'투자냐, 투기냐'라는 주제에 대해 저는 둘 다 같은 의미로 봅니다. 투자와 투기 모두 '돈을 번다'는 가치중립적인 행위로 보자는 것인데요. 이것으로 투사되는 죄 중에 제가 달리

조준하고 싶은 것은 이런 생각들입니다. '나는 투기가 아니야. 나는 가치를 투자하는 것이고 이것은 세상을 선하게 만들기 위한 투자야.' 저는 단호하게 얘기하고 싶은 것이죠. 그건 그냥 거짓말이라고. 어쨌건 그냥 돈 벌려고 하는 거잖아요. '돈을 번다'는 게 뭐라고 이 핑계, 저 핑계 대면서 요리조리 빠져나갈 바에는 그냥 차라리 솔직해져라, 이 정도예요. 나아가 가치중립적이니 뭐니 에둘러 표현했지만, 그럼에도 불구하고 극단적으로 말하자면 '돈을 번다'는 것 역시 어떤 방식으로든 간에 '나'를 쌓으려는 죄에서 벗어날 수 없다고 생각합니다.

각설하고, 아무튼 돈 자체에 초점을 맞춰서 벌어야 하나 말아야 하나, 번다면 어떻게 벌어야 하나 따위로 고민을 낭비하기 전에 우리에게 스며 있는 교묘한 죄들을 발견하고 우리가 더 가슴 아파했으면 좋겠습니다. 우리가 믿는 성령에 대한 성경의 한 구절이 있잖아요. 성령은 죄에 대하여, 의에 대하여, 심판에 대하여 알게 하시는 분이라고요.[31] 그러니까 저는 이것부터 적용하자는 것입니다. 우리가 죄를 알게 되면 얼마나 좋아요. 성령이 함께하고 계시잖아요! 그때에 비로소 내가 죄인 되었을 때 나를 위해 죽으셨다는 예수님의 사랑을 더 깊이 알 수 있지 않을까요? 또한 '내'가 그 무엇도 방법이 되지 못하는 '어둠' 속에 있었음을 알게 되었을 때 오직 빛이요, 구원자이신 예수 그리스도를 더 소망하게 되는 것 같아요.

제 상황을 공유하자면, 일단 저는 대출을 받았습니다. 이사하면서 받은 전세 자금 대출도 있어요. 이사를 마친 후 대출받았던 금액이 조금 남았는데, 그걸 가지고는 이왕 빌린 셈이니 주식까지 해 버렸죠. 그런데 그게 한두 달 만에 두 배가 올랐습니다. 그런데 그걸 안 뺐어요. 세 배가 될 줄 알고요. "세 배가 되고 네 배가 되면 아낌없이 기부해야지"라는 거짓말, '나는 참 똑똑한 사람이다. 만나는 사람마다 은근히 자랑해야지'라는 속마음, 이런저런 부끄러운 생각이 휘몰아친 이후 현재는 금세 다시 돌아왔습니다. 원금으로.

이런 시간들을 통해서 앞서 말씀드렸던 죄의 속성들에 대해 재확인이 되는 것 같습니다. '아! 나는 그냥 이런 인간이 맞구나.' 저는 돈이랑 상당히 무관한 사람이라고 스스로 생각하던 시간들이 있었거든요. 저는 이렇게 계속 한번 살아가 볼 심산입니다. 그래서 넣어 둔 주식 그대로 빼지 않고, 이것이 다시 네 배, 다섯 배가 될 때까지 기다리면서 돈 많이 벌어 보려고요. 그러고는 오를 만큼 올랐을 그때 다시금 하나님의 무너뜨리심을 체감하면서 성경에 계시된 삶을 사사기에서 요한계시록까지 있는 힘껏 통과하고 싶습니다.

강민수 이야~ 아주 좋아요. 마음에 들어요.

유병욱 이런 논조가 등장해야 재미있죠.

임재문 이제는 더 이상 사랑을 가장한 거짓으로 몸부림치고 싶지 않은 거죠. 또 누가 알겠어요. 제가 돈을 왕창 벌어서 정말 좋은 곳에 쓰고 있을지. 그러면서 "나는 투기가 아니야. 좋은 곳에 썼으니 이것 봐 투자였잖아"라고 저 스스로를 속이고 있을

지요. 그것들 하나하나를 놓고 이건 죄를 짓는 거야, 이건 죄를 안 짓는 거야 하면서 고민하고 있을 시간에 그냥 죄인이 맞다는 사실을 온몸으로 체감하며 때마다 예수께로 달려가자는 얘기를 하고 싶었습니다.

유병욱 '크리스천다움'은 윤리적 삶을 달성한 모습보다는 이상을 의식하며 끊임없이 죄의식을 느끼는 데서 나타난다고 봅니다. 로마서 7장 후반부(14-24절)에서 바울은 "오호라 나는 곤고한 사람이로다"라고 하며 성령의 소욕이 육체의 소욕과 함께 있어 갈등이 나타나거든요. 성령의 소욕이 없으면 갈등이 없습니다. 마음 가는 대로 하면 되죠. 그런데 성령의 소욕이 있어서 충돌한다? 무언가 잘못되었다는 것을 느끼는 사람들이 크리스천인 거죠.

강민수 저는 주식이랑 부동산을 했는데 생각해 보니 돈 벌려고 한 거고, 잘살고 싶어서 했어요. 그렇다면 결국 '돈을 왜 버느냐? 이 마음이 도대체 어디서 온 것이냐? 이 돈 벌어서 어디에 쓸 것이냐? 너 돈 벌어서 도대체 뭐 할 건데?' 지금 이게 중요한 거잖아요. 그래서 하나님이 제게 이렇게 물어보신 게 아닐까 싶더라고요. '내 마음이 어디에 있는지', '그 돈을 가져도 하나님을 여전히 온전히 신뢰할 수 있는지'를 말이죠.

이상철 멘토 (하하) 여러분들의 고뇌가 잘 느껴지고, 바람직하다고 생각됩니다. 돈에 대해 고민하는 것이 고민하지 않는 것보다 좋아요. 어차피 언젠가 부닥칠 문제니까 그만큼 빨리 고민할수록 해결책도 빨리 찾을 거예요. 돈과 신앙의 갈등을 어떻게 정리할 것인가가 우리 토론의 핵심 주제이니, 바람직한 토론이라고 생각됩니다.

Q. 금융은 아무런 부가 가치를 만들어 내지 못하는데 어떤 존재 의미가 있는가?

이상철 멘토 금융이 제조업과 같은 부가 가치를 만드는 것은 아닙니다. 손으로 만질 수 있는 물건을 만들지 않으니까요. 앞에서 잠깐 언급한 것처럼, 산업이 우리 몸이라면, 금융은 피와 같은 것입니다. 우리 몸은 팔과 다리에 있는 근육을 통해 움직입니다. 눈과 손도 마찬가지죠. 그런데 피는 눈과 손과 발에 영양을 공급하는 거잖아요. 금융도 이와 같은 것이어서, 금융이 없었더라면 삼성전자 같은 대기업들이 만들어질 수가 없습니다. 작은 돈을 모두 모아서 삼성전자의 아이디어가 제품으로 만들어질 수 있도록 초기에 큰돈을 제공해 주는 거죠. 현대자동차, 하이닉스 전부 다 금융이라는 제도를 통해 큰돈이 그곳으로 모이는 거예요. 아이디어가 있는 기업이 제품을 만들 수 있도록 해 주고, 그 기업체가 제품을 만들어서 부가 가치를 만들어 내는 것입니다.

금융권 자체가 물건을 만들진 않지만, 물건을 만드는 회사들이 만들어 낼 수 있는 기본 자금을 공급하는 것입니다. 우리 몸에 피가 다니면서 영양을 공급하는 것과 똑같아요. 따라서 제조업과 금융이라는 두 개의 바퀴가 같은 크기로 같이 굴러가야 국가 전체의 경제가 발달하는 것입니다.

우리나라의 경우 산업 분야는 엄청 발달했죠. 전 세계 1, 2등 하는 기업이 많습니다. 그런데 아직 그렇게까지 큰 금융 회사는 없어요. 전 세계에서 1, 2등을 다투는 금융 회사는 미국이나 유럽, 일본에 있고 우리나라에는 아직 없습니다. 1, 2등을 목표로 하는 은행도 없죠. 그래서 우리나라는 아직 금융 선진국이라 하기가 어렵습니다.

자동차로 비유하면 한쪽 바퀴는 산업이고 다른 쪽 바퀴는 금융이라 할 수 있는데, 대한민국이라는 자동차는 한쪽 바퀴는 크고 한쪽 바퀴는 작은 기형적인 모습이라고 볼 수 있습니다. 미국은 금융이 발달해서 이것으로 다른 산업을 많이 받치고 있습니다. 그래서 우리나라는 금융을 더 많이 키워야 되며, 그런 의미에서 금융 산업은 의미가 있습니다.

강민수　　진짜 맞는 얘기라고 생각합니다. 금융이 경제 활동을 촉진시키는 역할을 하죠. 기업의 경영 활동을 지원하고, 이로 인해 지역 경제와 사회에 긍정적인 역할을 함으로써 선순환이 되는 것입니다. 삼성이 어떤 지역에 들어오면 그 지역은 축복이잖아요. 당연히 고용이 창출되고, 지역 소득의 GRDP(지역내총생산)가 올라가니까요. 좀 길게 보면 한 사람이, 한 가정이 사는 거거든요. 또 누군가의 삶에서 가난이 끊어지는 거고, 가난이 끊어진다는 것은 이웃 사랑을 강조한 예수님의 명령과도 부합

한다고 생각합니다.

이상철 멘토   그런데 미국이나 유럽에서는 금융에 대한 인식이 나쁘지 않은데, 우리나라 사람들은 금융에 대한 인식이 나쁜 편입니다. 전반적으로 금융이라는 게 남의 돈을 가지고 와서 빌려주고 그 차액을 남기는 사업이라 그런지 앉아서 돈을 쉽게 번다는 이미지가 아주 강합니다.

그런 면에서 우리나라는 금융에 대한 국민의 인식이 낮습니다. 그래서 다양한 교육 등을 통해 금융에 대한 인식을 바꾸어 줄 필요가 있다고 생각합니다. 금융을 탐심으로 보는 게 아니라, 정당한 기능이라고 봐야 합니다. 다른 산업과 마찬가지로 금융도 당연히 돈을 버는 사업이기 때문에 일종의 탐욕이 낄 수 있죠. 부작용으로 금융 사고가 날 수 있지만, 생각보다는 사고가 많지 않습니다.

강민수   사람들이 금융이 아무런 부가 가치를 못 만들어 낸다고 생각하는 이유가 과거의 IMF 경험 때문이라는 생각도 듭니다. 선진국의 많은 투자 회사들이 당시에 국내의 많은 자산을 매입했죠. 금융 약소국을 뼈저리게 경험했고, 상대적으로 많은 희생을 감내해야 했습니다.

이상철 멘토   금융을 강력한 무기로 가지고 있는 소위 선진국들이 막대한 자금을 가지고 들어와 산업계에 나쁜 의미의 영향을 미치게 될 때, 그들을 나쁘다고만 할 게 아니라, 어떻게 대처

할 것인가를 생각해야 합니다. 임진왜란 때 적국이 쳐들어오면 당연히 침입하는 그들이 나쁘죠. 그런데 나쁘다고만 할 게 아니라, 방어하고 물리쳐야 합니다. 그러기 위해서는 그들의 무기가 무엇인가를 알아야겠죠? 우리는 그보다 더 강력한 무기를 만들어야 합니다. 이순신의 거북선처럼 말이에요. 이순신 장군은 적군을 압도하는 무기들을 만들었죠. 전술도 훌륭합니다. 무기가 없을 때는 전술로 이기고, 무기가 있으면 더 쉽게 이기는 것입니다.

우리 크리스천들은 올바른 가치관과 윤리의식을 기본으로 하되, 추가로 강력한 무기인 돈을 가지고 살기 좋은 세상을 만들어 가야 합니다. 남을 돕고 싶은 마음은 간절한데 돈이 없어서 실제로 돕지 못하면 안타까운 일이죠. 남을 돕고 싶은 마음이 없는 경우는 우리의 토론의 대상조차 되지 못합니다.

Q. 투자와 관련해서 적절한 수익률의 기준을 어떻게 세울 수 있는가?

강민수　　우리가 신앙의 관점에서 보면, 가치 판단하는 것이라 예를 들기가 조심스럽지만, 누군가가 비트코인으로 큰돈을 벌었다면 그 사람에게는 축복이 틀림없을 거예요. 그런데 그것을 어떻게 쓰느냐, 그것을 잘 관리할 수 있느냐 하는 것과는 별개로 이 팩트가 주변 사람들한테 어떤 영향을 미치는가도 중요하다고 생각합니다. 만약 별로 좋은 영향을 안 미친다? 그렇다면 근원적으로 이런 투자를 하는 게 과연 올바른 것인가에 대한 가치 판단이 들어가는 것입니다.

예를 들어 근로 소득이 높다? 이것에 대해서는 정직하다고 할 것 같습니다. 누군가 열심히 해서 직장에서 인정받고 더 좋은 직장으로 이직도 하면서 억대 연봉이 됐다면, 이것을 본 사람들은 좋은 영향을 받을 거라고 생각합니다. 주식에 장기 투자하는 것? 그 회사의 가치를 보고 투자해서 그 회사의 성장과 같이 그 과실을 나눴다면 일정 부분 주변 사람들한테 좋은 영향을 미칠 수 있을 것 같습니다. 우리가 이게 성경적이냐, 아니냐를 두고 봤을 때 남한테 선한 영향력을 주느냐, 안 주느냐의 잣대로 놓고 보면 지혜로운 판단을 할 수 있지 않을까 생각합니다.

마찬가지로 주식도 단타, 초단타해서 큰돈을 벌 수 있습니다. 그럼 이 사실이 다른 사람에게 어떤 영향을 미칠까를 생각해봐야 합니다. 조급함을 양산하거나 또 다른 피해자를 양산하거나 하는 것은 아닐지를 말입니다.

이상철 멘토 아주 중요하고 좋은 이야기입니다. 이것이 우리 판단의 기준이 될 수 있습니다. 돈을 벌었을 경우, 어떤 경우는 좋은 영향을 주고 어떤 경우는 나쁜 영향을 준다고 말했는데, 그 차이는 다른 사람들이 생각할 때 돈을 번 수준이 정상적인 범위 내라고 느껴질 때는 좋은 영향을 주는 것이고, 돈을 번 수준이 상식을 좀 벗어난다는 생각이 들면 나쁜 영향을 준다고 생각합니다.

어떤 사람이 연 평균 10퍼센트로 수익을 냈다고 하면 굉장히 큰 수익인데, 이 정도면 해볼 만한 수준이니 나도 노력해서 한 번 해보고 싶다 하는 생각이 들겠지만, 어떤 사람이 단기간에 1,000퍼센트의 돈을 벌었다고 하면 좀 이상하다, 과도하다는 생각이 들면서 부정적인 느낌을 갖게 됩니다. 좋지 않은 영향을 주는 것입니다. 저는 이것이 투자와 투기를 나누는 기준이 될 수 있다고 생각합니다. 사람들이 생각할 때 합리적이고 정상적인 범위라면 투자라고 볼 수 있다는 것입니다.

직장에서도 마찬가지입니다. 어떤 사람이 열심히 일해서 남들이 볼 때 인정할 만한 정도의 수준으로 승진을 한다면 존경과 부러움의 대상이 되겠지만, 어떤 사람이 말도 안 되는 단기간에 초고속 승진을 한다면 그건 별로 좋은 영향을 주는 게 아닌 것과 같습니다.

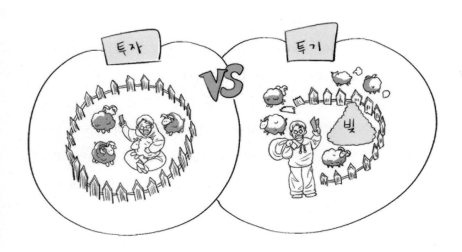

윤제나　　돈을 버는 것은 똑같은데 그것을 투자와 투기로 나누는 것이 무슨 의미가 있나요? 왜 굳이 나누어 생각하는 거죠? 제가 볼 때 크리스천들은 신앙의 기준으로 지나치게 양심을 따지는 게 아닌가 싶습니다. 제가 잘 몰랐다면 용서하세요. (하하)

그런데 막연히 드는 생각은, 아마도 사회적 지탄의 대상이 될 것인가, 아닌가의 문제 같아 보이거든요. **토론 내내 드는 생각이, 사람이 돈 걱정하고 돈을 벌려고 하는 것은 아주 자연스러운데 왜 그것에 대해 갈등을 느끼는지 궁금했어요. 크리스천은 돈 걱정하면 안 되나요?**

이상철 멘토　　크리스천이 아닌 제3자의 시각이 이래서 의미 있어 보입니다. 제가 제나 씨를 이 모임에 데리고 온 것도 어쩌면 바로 이런 이유에서일 수 있겠다는 생각이 듭니다.

방금 질문한 내용이 바로 우리가 이런 토론을 하는 이유이기도 합니다. 크리스천이 된다는 것은 하나님께서 원하시는 삶을 살기로 결심한다는 의미입니다. 그러다 보면 하나님께서 원하시는 삶이 물질적으로 풍요로운 삶, 돈을 추구하는 삶이 아닐 것 같다는 느낌이 많이 듭니다. 우리 머릿속에 들어 있는 훌륭한 크리스천의 이미지는 세상의 모든 욕망을 끊고 산속에서 고고한 수행을 하거나, 세상에서도 가난하게, 그러면서 오로지 남들을 위해 헌신, 봉사하는 성자의 이미지가 아주 강하게 있죠.

그래서 같은 크리스천으로서 황금 보기를 돌같이 하며 정신적으로 고고하게 살아가야 하는데, 현실에서 생기는 돈의 문제들을 보면 헷갈리고 갈등이 생기는 것입니다. 특히 싱글일 때는 그나마 쉬운데, 결혼해서 자녀를 낳고 부양할 가족이 생기면 완전히 이야기가 달라지죠.

그러다 보니 근본적인 의문이 생깁니다. '원래 생각했던 정신적 고고함이 하나님이 원하시는 삶이 맞는가?' '성경에 나오는 부자들을 우리는 어떻게 해석해야 하는가?' '하나님은 우리에게 물질적 풍요를 주기 싫어하시는 분인가?' '하나님은 정신세계만 창조하고 물질세계는 창조하지 않으신 것인가?' 그래서 우리가 지금까지 토론하고 또 앞으로 토론할 주제들에 대해 생각하게 되는 것입니다.

Q. 빚을 지는 것을 어떻게 보는가?

임재문　빚을 좀 지고 나니까 오히려 편안하더라고요. 빵 하나 못 사서 힘든 것보다는 나중에 갚더라도 지금 당장 굶지 않아도 되니까요.

유병욱　이런 것도 금융의 좋은 점일 수 있겠네요.

강민수　신용이 없는 취업 준비생의 입장에서는 생활비를 위해 대출을 받았잖아요. 이 자금이 정부에서 청년들에게 지원해 주는 정책 자금으로 대출을 받은 것이기 때문에 저는 이게 매우 성경적이라고 봅니다. 정말 필요한 이에게 금융이 간 거죠.

개인적으로 좋아하는 말씀이 있는데, "여호와께서 너를 위하여 하늘의 아름다운 보고를 여시사 네 땅에 때를 따라 비를 내리시고 네 손으로 하는 모든 일에 복을 주시리니 네가 많은 민족에게 꾸어 줄지라도 너는 꾸지 아니할 것이요"(신 28:12)입니다. 궁극적으로 우리 크리스천들은 꾸어 줄지언정 꾸지 않는 사람이 됐으면 좋겠습니다. 아울러 돈을 꾸어 주고 갚는 일로 가난한 자가 더 곤궁한 처지에 내몰리는 일은 결코 없었으면 좋겠습니다.

유병욱　저는 빚을 내는 게 성경적인지 약간 의문이 듭니다. 그리고 빚을 내면서까지 내 집 마련을 하는 것이 과연 맞는지 생각됩니다. 인기 있는 매물들은 현실적으로 신혼부부가 부모의 도움 없이는 매입하기가 어렵습니다. 우리나라의 경우 유독 자가 소유의 경향이 강한데, 물론 자가를 갖고 있으면 안정적이죠. 그런 점에서 배우자로서 좋은 남자는 안정감을 주는 사람이라는 말이 무슨 의미인지 알 것도 같습니다. 하지만 성경은 나그네와 같은 삶을 살라고 합니다. 리스크 관리는 절대자의 몫이니 너희는 다이내믹한 삶을 살아라, 이런 메시지가 성경에서 꽤나 주요하게 나타납니다. 그러다 보니 빚을 내서 스스로 사회 안전망을 형성하는 것은 가인처럼 성을 짓는 행위로 느껴지기도 합니다.[32]

이상철 멘토　좋은 얘기입니다. 제가 서른 살 즈음에 성경의 문자 그대로 살아 봐야겠다고 생각하면서 고민했던 주제가 보험입니다. '과연 보험을 들어야 하나' 하는 고민을 많이 했습니다. '생명 보험, 자동차 보험을 매달(또는 매년) 몇 만 원씩 내야 하는데, 내가 운전하다 죽을지 아닐지는 아무도 모르고, 내 생명은 하나님이 보호하실 텐데 내가 왜 하나님을 믿지 못하고 보험을 들어야 될까' 하는 생각을 많이 했습니다. 자동차 보험은 그래도 다른 사람에게 손해를 끼칠 수 있으니 어느 정도 이해는 되지만, 생명 보험은 나의 생명에 관련된 것이니 그건 전적으로 하나님의 영역이 아닌가 생각했습니다.

보험에 가입하는 게 나의 불신앙을 말하는 것 같고, 내가 왜 미래의 위험을 미리 걱정해서 현재의 돈을 써야 하는지, 그 돈을 지금 당장 필요한 불우한 이웃을 위해 쓰는 게 낫지, 그 돈으로 내가 다칠까 봐 걱정해서 보험을 든다는 건 말이 안 된다고 생각했습니다. 실제로 이 생각은 꽤 오래갔는데 지금도 그런 생각을 약간 가지고 있습니다.

보험은 사고가 안 나면 아무 의미가 없죠. 결과적으로 보면 대형 사고가 난 적도 없고, 많이 아픈 것도 아니고, 보상받은 것이 별로 없으니 돈을 낭비한 것이 아닌가라는 생각도 듭니다. 그런데 지금 다시 생각해 보면 보험은 그 자체로서 의미가 있다는 쪽으로 생각이 조금 변했습니다. 저의 전공 분야인 리스크 관리 차원에서 볼 때 보험은 미래에 발생할 수 있는 큰 손실을 현재의 작은 비용으로 대체하는 훌륭한 리스크 관리 방법이었던 것입니다. 즉 **보험료를 낭비가 아니라 리스크 관리 비용으로 생각한다는 것입니다.** 그런 차원에서 보면 비용 대비 효과를 따져 봐야 하는 것이니, 미래의 걱정을 너무 많이 해서 과도한 보험료를 지불해서는 안 되고, 현재 내는 보험료와 미래의 위험 발생 가능성을 비교해서 적절한 수준을 유지하는 것이 포인트가 됩니다.

부동산의 경우도 비슷한 것 같습니다. 만약 집이 없는 상태라면, 누군가 대출을 받아 집을 사서 부자가 되었다고 할 때, 내가 그 비교에 따른 상실감을 신앙의 힘으로 이겨 낼 수 있느냐가 중요해집니다. 신앙의 힘으로 이겨 낼 수 있으면 집을 안 사도 될 것입니다. 그러나 이겨 낼 수 없다면 열심히 노력해서 집을 사는 게 영적으로도 유익하다고 생각합니다. 집을 사고 싶은 마음을 억누르고 다른 사람과 비교하며 "하나님, 제 마음 가운데 그런 비교의식이 생기지 않게 해 주시옵소서"라고 기도한다고 해서 그 마음이 사라질까요? 강민수 형제는 아직 젊고 싱글인데도 벌써 집을 샀다면서요?

강민수 네, 그래서 제게 일종의 '죄의식'이 있습니다. 부끄럽습니다만 빚이 많아요. 부동산으로 처음에 큰돈을 벌었습니다. 최근 부동산 가격이 상승하기 이전에 구매를 했습니다. 이런 경험을 하다 보니 계속 관심이 그쪽으로 가게 됐어요. 그래서 한 6개월 전에 수도권에 집을 또 한 채 샀습니다. 청약 가점이 떨어지는 것을 보고 해당 제도를 통해 약 9억 원에 계약을 했습니다. 계약금만 낸 상태입니다만, 문제는 9억 원짜리 집을 사는데 제 돈은 1억 원밖에 없습니다. 나머지는 중도금이고, 이게 지어지는 데 3년 정도 걸리거든요. 마지막 잔금이 30-40퍼센트 정도인데 이 부분은 보통 전세를 줍니다. 전세 보증금으로 빚을 상쇄시키는 방식인데, 문제는 자기 자본 비율이 적다는 것입니다. 그래서 제 마음속에 '너무 욕심을 냈나?' 하는 부담이 좀 있습니다. 이게 탐심이 아닐까 하는 죄의식 같은 불편한 마음이요.

게다가 집을 사 놓고 기도한다는 사실이 부채 의식을 더 가중시키는 것입니다. 성경에 보면, 빚을 지면 '채주(creditors)의 노예'가 된다는 표현이 있습니다. 완전히 공감이 됩니다. **로마서 13장인가요? 사랑 외에는 아무에게든지 아무 빚도 지지 말라는 말씀.**[33] 저는 극단적으로 빚을 아예 지면 안 된다는 것은 아니지만, 마음속에 조금 걸리는 건 있는 것이죠. 불안, 초조, 근심, 걱정과 같은 감정들. 이제 고금리라는데, 미래는 어떻게 될지 모르겠는데 설상가상으로 전쟁이 일어나고, 미중 갈등에 세계 경제가 불안해지고, 이런 것들이 엉켜지면서 내가 너무 조급했나 하는 생각이 드는 것입니다.

제가 읽은 참고 도서 중에 '내 수중에 만약 1억 원이라는 돈이 있다면 그 안에서 해결하는 게 맞는 거 아닐까? 나에게 있는 돈을 하나님이 주신 거라면 이 돈 안에서 내가 어떻게든 해결했어야 되는 거 아닌가?' 하는 내용이 있었습니다. 이 구절을 본 재문 형제님이 그 책을 집어던지면서 "이 사람이야말로 돈의 노예가 되어 있다"고 얘기했던 기억이 나네요. (하하)

이상철 멘토   강민수 형제의 마음속에 생기는 그 갈등은 반드시 해결해야 합니다. 크리스천으로서 무엇인가를 할 때 마음속에 갈등이 생기면 이게 옳은가, 옳지 않은가보다 더 중요한 것은 내 마음속의 갈등 그 자체입니다. 예를 들면, 성경에 이런 말이 있죠. "믿음을 따라 하지 아니하는 것은 다 죄니라"(롬 14:23).
이 말의 의미가 무엇이냐면, 그 당시에는 두 부류의 크리스천
이 있었는데, 한 부류는 고기를 먹어도 된다, 즉 우상에게 제물
로 바쳐진 고기가 시장에 나왔을 때, 그 고기를 먹어도 된다고
생각하는 사람들과 그렇지 않은 사람들이 있었습니다. 또 주일
에 예배를 드리지만 특별히 주일이 중요해서가 아니라 월, 화,
수, 목, 금, 토, 일 전부 다 똑같이 중요하다고 생각하는 사람들
과 오직 주일만 특별히 생각하는 부류의 사람들이 있었습니다.
　이 두 부류의 사람들에 대해 바울은, 처음 부류의 사람들이
믿음이 더 강하다고 합니다. 바울 자신도 그 부류에 속한다고
하고요. 언뜻 보기에는 두 번째 부류의 사람들이 더 믿음이 좋
아 보일 수 있습니다. 우상에게 바쳐진 고기는 먹지 않고, 일요
일을 다른 날보다 더 소중하게 생각하니까요. 그런데 바울은 그
사람들의 믿음이 약하다고 말합니다. 이유는, 고기는 고기일 뿐,
실제로 존재하지 않는 우상에게 바쳐진 것뿐이고, 모든 날을 똑
같이 하나님이 주신 날로 생각할 수 있는 것이 더 믿음이 좋은
것이라는 것입니다. 그런데 중요한 것은, 믿음이 강하다는 것
이 중요한 게 아니라, 서로 간에 이런 일로 비난하면 안 된다는
것입니다.
　우리의 토론에 이 내용을 적용해 보면, 대출 금액이 과도한
가, 그렇지 않은가에 대한 기준이 없잖아요. 은행이 허용하는 범
위 내에서 합법적으로 대출이 이루어지는 것이니까요. 민수 형
제는 좀 과도한 대출이라고 생각할 수도 있고, 다른 사람의 경우
에는 별로 과도하지 않다고 생각할 수 있죠. 그럴 때는 각자의

양심에 따라 행동하는 게 중요합니다. 하나님이 허용하신 범위 내에서 각자의 양심에 따라 기준을 정하면 된다는 것입니다.

이하은　　자신만의 기준을 정한다는 게 굉장히 어려운 일 같습니다.

이상철 멘토　　어렵죠. 하나님이 "아파트 살 때 대출은 너의 소득의 10퍼센트까지 하면 된다"라고 직접 기준을 말씀해 주시지는 않거든요. 이런 기준은 금융감독원과 은행에서 정하는 LTV나 DSR[34]에 의해 만들어집니다. 이것은 사회 제도가 정한 명확한 한도의 기준입니다. 이 한도 내에서 하나님께 "내 소득의 몇 퍼센트까지 할까요?"라고 아무리 기도해도 하나님은 답을 안 하십니다. 이 부분은 하나님이 우리를 존중하시는 것입니다. 답을 안 한다는 것은 우리의 결정에 맡기신다는 뜻이거든요. 회사로 치면 전결권을 위임해 주는 것입니다. 그럼 전결권을 받은 사람으로서 자기 책임 하에서 결정하면 됩니다. 설령 결정을 잘못해서 고통 또는 불편함을 겪을 수 있지만, 상처 난 자리에 새 살이 돋듯, 그런 것들을 감내해 가면서 어른으로서 성장해 가는 것입니다. 신앙생활도 마찬가지입니다. 하나님은 우리가 그렇게 성장해 가는 것을 지켜보고 싶어 하십니다.

　로마서 13장 8절에 보면 "사랑의 빚 외에는 아무에게든지 아무 빚도 지지 말라"고 나와 있습니다. 제가 은행 지점장으로 있을 때 업무상 대출을 권유하러 다녔는데, 그때마다 제 양심에 '내가 크리스천으로서 이래도 되나? 성경에 아무 빚도 지지 말라고 했는데, 대출을 권유하는 게 맞는 건가?' 하는 생각이 자주 들었습니다. 그러다 문득 깨닫게 된 것이 '대출을 받으면 반드시 갚아야 한다. 그러나 사랑의 빚은 아무리 갚아도 다 갚을 수 없다. 부모로부터 받은 사랑을 무슨 수로 갚을 수 있겠는가. 그러니 사랑에 대해서는 빚진 자로 살아도, 그 외는 아무 빚도 지지 않으면 된다'였습니다. 결론은, 대출 받는 것 자체를 성경이 금하는 것은 아니며, 일시적으로 필요에 따라 대출을 받을 수는 있지만 반드시 갚아야 하고, 그러기 위해서는 정한 기준을 벗어나는 무리한 대출을 하면 안 된다는 것입니다.

그런 차원에서 잠언 22장 7절을 보면 "부자는 가난한 자를 주관하고 빚진 자는 채주(돈을 빌려준 사람)의 종이 되느니라" 하고 나와 있는데, 이 말씀도 대출 자체를 부정하는 것으로 받아들여서는 안 됩니다. 여기서 말하고 싶은 취지는, 너는 절대로 가난한 사람이 되어서는 안 된다는 것입니다. 가난하면 빚을 지게 되고, 빚을 지면 종이 될 수 있으니, 열심히 노력해서 돈을 모으고 종이 아닌 자유인이 되라는 뜻입니다.

그렇다면 민수 형제가 왜 아파트를 샀겠습니까? 먼저 집이 필요해서 구입한 거죠. 또 운이 좋다면 아파트 값이 올라 부자가 될 수도 있고요. 우리가 부자가 되고 싶은 이유는 딱 한 가지입니다. 돈이 없으면 채주의 종이 될 수밖에 없기 때문입니다. 자유롭기 위해 돈이 필요한 것이죠. 따라서 자유를 속박하는 무리한 대출은 하지 않는 것이 좋습니다. 그 기준은 민수 형제가 가장 피부로 느낄 수 있을 것입니다.

유병욱   요즘 민수 형제에게 큰 고민이 있는 것 같아서 염려가 되었는데, 크리스천으로서 엄격한 기준을 갖고 민감하게 생각하는 것 같아서 마음이 놓입니다. 그런데 이런 내적 갈등에 명확한 답은 없는 것 같습니다. 다만 이 시점에 하나님이 이 같은 문제들을 돌아보게 하시는 데에는 그만한 이유가 있을 거라고 생각합니다. 한번 깊이 숨을 고르고 삶의 방향을 고민하는 시간이 되면 좋겠습니다.

강민수   참 위로가 됩니다. 저 역시 말씀해 주신 그 시점에 대한 부분을 상당히 민감하게 보고 있습니다. 특별한 은혜가 있을 거라고 생각하고요. 그 무엇보다 경제적 문제를 주님 앞에 들고 나와 기도해야겠다는 점과 적은 돈이라도 소중히 여기고 충실하게 관리하는 습관을 길러야겠다고 생각했습니다. 예산을 세우고, 아무리 적은 액수라도 갚는 데 전력을 다해야겠습니다.

이상철 멘토   대출은 어떤 사람(기업)이 돈이 필요한 시기와 돈의 여유가 생기는 시기가 서로 맞지 않을 때, 그 시기에 돈을 빌려주는 것입니다. 이것을 '유동성 공급'이라고 합니다. 금융의 중요한 기능이죠. 돈을 빌려간 사람은 반드시 되갚을 수 있어야 합니다.

Q. 크리스천이 미래를 대비하는 방법은 무엇인가?

강민수　　"너희는 무엇을 먹을까 마실까 염려하지 말라. 이는 이방인들이 구하는 것이니라"[35] 라는 말씀 앞에서 크리스천이라면 자산을 저축하고 투자하고 관리하는 것에 대해, '나는 세속적이며 믿음이 없는 것은 아닐까?' 하는 문제의식을 갖고 있다고 생각합니다. 그래서 경제와 신앙을 지혜롭게 연결시켜 현실적인 문제 앞에서 결코 좌절하지 않고 삶의 여정을 담대히 열어 갈 수 있는 해법이 필요한 것 같습니다.

이상철 멘토　　우리는 하나님을 신뢰하면 그분이 우리의 미래를 지켜 주실 거라고 믿습니다. 그렇다면 왜 미래를 대비해야 하는가 싶은데, 그럼에도 우리는 미래를 대비할 수밖에 없습니다. 이런 갈등을 어떻게 해소할 수 있느냐 하는 것이 이 질문의 핵심인 것 같습니다. 그렇다면 그 갈등을 어떻게 해소할 수 있을까요?

이하은　　믿는다고 하지만 온전히 신뢰하지 못하기 때문에 그런 것 같습니다. 특히나 돈 문제는 눈앞에 닥친 현실이자 대면해야 할 문제지만, 그 순간 하나님은 보이지 않고, 기도를 한다고 해도 문제가 바로 해결되지 않는 상황들이 많은 것 같습니다. 그래서인지 오히려 미래를 악착같이 대비하는 데 집중하는 게 아닐까요?

유병욱　　신앙과 경제는 분리될 수 없다는 이야기를 최근 많이 듣게 됩니다. 일단 돈을 잘 쓰는 게 굉장히 중요한 문제인 것 같습니다. 성경 전반적으로도 돈은 삶과 영성에 밀접한 연관을 갖는 주요 개념으로 자주 등장합니다. 한번은 가계부를 쓰라는 조언을 받은 적이 있습니다. 가계부를 작성해 내가 한 달에 얼마를 벌고 얼마를 써야 하는지를 보면 내가 드릴 수 있는 헌금의 규모를 알 수 있다는 것입니다. 그 말을 듣고 보니 재정과 삶, 신앙이 함께 가는 이상적인 모습이라는 생각이 들더라고요.

또 돈이 어디서 오는지를 잘 보라는 조언도 받았습니다. 내게 돈을 주는 존재가 누구인지를 생각해 보라는 것입니다. 회사 사장님인지, 아니면 하나님이신지. 만일 하나님이라고 생각한다면 무엇이 달라질까요? 일단 돈에 대한 염려가 사라질 것 같습니다. 특정 직장에 목매지 않고 모험할 수 있는, 세상을 거스를 수 있는 자유와 용기가 생길 거고요. 무엇보다 돈을 선한 곳에 사용하려고 할 것 같습니다. 하나님께 잘 보이고 싶은 마음이 있으니까요.

이상철 멘토　　우리가 직장에서 일을 하거나 사업을 할 때, 내게 돈을 공급해 주시는 이는 오직 하나님이라고 생각하는 순간 모든 게 다 바뀝니다. 저도 많이 경험했던 것입니다. 회사(은행)에 다닐 때 진짜 나쁜 상사를 만나 싸웠던 적이 있는데 그 상사가 저를 괴롭히면서 이런 말을 했습니다. "너에게 월급 주는 게 누구냐? 바로 난데, 내 말 안 들으면 네 모가지가 두 개냐? 네 집사람은 벌이가 있냐? 네 자녀는 앞으로 학교에 어떻게 다닐 거냐?"라고 하면서 마치 자기가 저의 생사여탈권을 쥐고 있는 것처럼 말했습니다. 그러나 용기를 가지고 '내 목줄을 쥐고 있는 분은 상사 당신이 아니라 하나님이시다'라고 생각하며 그 사람의 부당한 요구에 굴하지 않고 제 소신껏 일을 했습니다. 만약 하나님께서 나를 이 직장에서 내보내고자 하시면 그 누구도 막을 수 없고, 하나님께서 나를 계속 다니게 하신다면 당신도 나를 어쩔 수 없을 것이다라고 생각한 것입니다. 이것이 바로 하나님을 신뢰하는 것입니다.

그렇지만 내가 직장에서 하나님을 신뢰한다고 해서 일을 하지 않으면 월급이 나옵니까? 나의 역할은 열심히 일을 하는 것입니다. 내가 아무것도 안 하고 있으면 하나님이 나중에 연금을 마련해 주실까요? 안 주십니다. 일찍 일어나는 새가 먹이를 먼저 찾듯이 우리 역시 노력이 필요합니다. 신뢰란 단지 마음속에서 무엇을 믿기만 하는 것이 아니라, 신뢰에 합당한 행동이 나와야 되는 것입니다.

그러니까 **내가 미래를 열심히 대비하는 것은 하나님을 못 믿어서가 아니라, 하나님이 미래를 대비하라고 주신 것들을 내가 열심히 찾는 과정인 것입니다.** 하나님을 신뢰하며 내게 준 재능과 시간, 기회를 가지고 만들어 가는 것입니다. 그래서 하나님을 신뢰하는 것과 내가 미래를 대비하는 두 개가 갈등을 일으키는 것이 아니라, 조화를 이루는 것입니다.

그런데 중요한 것은, 오직 나의 능력으로만 얻은 게 아니라고 생각할 수 있어야 합니다. 새가 열심히 찾아다녔기 때문에 먹이가 생긴 게 아닌 것처럼, 하나님이 주신 것들을 내가 노력해서 말 그대로 찾은 것뿐입니다. 이 모든 것을 다 하나님이 주셨다는 신앙 고백이 나오는 것입니다. 그게 하나님과 우리의 코워크(co-work)입니다. 하나님이 상황을 만들고 "너, 그것 좀 해봐!" 하시면, 우리는 그것을 하면서 하나님의 역할과 우리의 역할이 합동 작전이 되어서 무엇인가를 이루는 것입니다.

강민수　저는 '일반 법칙'과 '특별 법칙'이 있다고 봅니다. 일반 법칙은 심은 대로 거둔다는 것이죠. 내가 열심히 노력해서 돈을 버는 것은 일반 법칙입니다. 이건 세상 사람들 누구나가 다 아는 일종의 자연 법칙 같은 것입니다. 열심히 일하고 풍성한 열매를 맺는 것, 하나님이 이 땅을 만든 하나의 원리이자 질서일 수도 있겠다고 생각합니다.

　그런데 그 위에 특별 법칙이 있습니다. 가령 신적 개입 같은 것들입니다. 조금 조심스럽지만 하늘에서 그냥 뚝뚝 떨어지는… 분명히 그런 것도 있을 것이라고 믿습니다. 하나님은 은도 내 것이고 금도 내 것이라고 말씀하십니다. 그렇다면 이 은과 금을 하나님이 누군가에게는 맡기실 것 같습니다. 저는 이게 궁금했습니다. "누구한테 맡기실까?"

　주인의 마음을 가장 잘 아는 사람이 그 기업(inheritance)을 받을 것이라고 생각합니다. 드라마에서 보면 재벌 회장님이 기업을 자식 중에 당신의 마음을 가장 잘 아는 사람에게 주더군요.[36] 하나님의 마음을 가장 잘 아는 사람이 은과 금을 맡아 재물의 축복을 받는다고 봅니다.

이상철 멘토   하나님이 누구에게 돈을 맡기실까 하고 세상을 바라보면 그 답은 명확합니다. 하나님이 돈을 주셨을 때 '이 돈은 하나님이 주신 것이다'라는 사실을 명확하게 인식할 수 있는 사람에게 하나님이 돈을 주신다는 것입니다. 선한 청지기의 역할을 잘 감당할 수 있는 사람에게 맡기시는 것입니다.

하나님은 믿는 사람에게 특별한 은혜를 베푸시지만, 믿지 않는 사람에게도 보편적인 은혜를 주십니다. 이 은혜는 하나님이 직접 주시는 경우도 있지만, 우리를 통해 주시기도 합니다. 믿지 않는 사람에게도 주시는 보편적인 은혜를 신학적으로 '일반 은총'이라고 부릅니다. 믿지 않는 사람도 공부 잘하고 돈을 잘 벌며, 위대한 학자로서 인류 사회에 많이 기여합니다. 예수님께서도 "하나님이 그 해를 악인과 선인에게 비추시며, 비를 의로운 자와 불의한 자에게도 내려 주신다"[37]고 말씀하십니다. 하나님의 일반 은총은 믿는 자와 믿지 않는 자에게 차별이 없습니다.

이에 비해 하나님의 자녀가 되는 은혜는 '특별 은총'이라고 부릅니다. 이는 인간의 노력과 상관없이 주어지는 하나님의 은혜입니다. 이 특별 은총을 받은 사람은 일반 은총을 받은 사람과 무엇인가 달라야 한다고 예수님은 가르치십니다. 이 가르침의 문맥도 보면 "원수를 사랑하라"라고 하시면서 "왜 그렇게 해야 하는가" 하고 물으면 바로 구원이라는, 하나님의 자녀가 되는 '특별 은총'을 받았기 때문이라고 말씀하십니다.

유병욱   믿지 않는 사람들의 돈을 청지기가 사용하기도 하는 것 같습니다. 요셉 이야기를 보면 믿지 않는 바로는 그냥 돈을 모아 놓고 있었고, 요셉이 이를 사용해서 하나님을 높이는 것 같습니다. 청지기에게 직접적으로 부가 주어지지 않더라도, 청지기는 관리자로서 돈의 흐름이 모이는 지점에서 세상의 부를 이용하는 것 같습니다. 그럴 수 있는 위치, 관리 위치를 사용하기도 하시죠. 그리고 좋은 신앙과 청지기 됨이 기계적으로 비례하지 않는다는 점은 분명히 하고 싶습니다. 하지만 저는 열심히 사는 것이 예배라고 생각하기 때문에 청지기가 되기 위해 열심히 사는 사람을 비판하는 것도 맞지 않는 것 같습니다.

강민수　저희가 논의하는 질문이 개인의 신앙 상태와 매우 밀접한 연관성이 있다고 생각합니다. 성령 충만하고 믿음 좋고 은혜 받으면 이런 논의 자체가 이슈가 아닐 수 있다는 말입니다. 그런데 믿음 좀 떨어지고 조금만 현실적인 문제에 딱 부딪히면 또 다른 생각이 드는 거죠. 왜? 불안하니까! 불안의 반대말은 안정감이잖아요. 그러면 이 안정감이 도대체 어디서 오느냐고 물어봐야죠. 자산이냐? 돈이냐? 직장이냐? 마치 좀 더 많은 자산을 가지면, 좀 더 좋은 직장에서 일하면 불안감이 좀 줄어들지 않을까?

　그러나 저는 이렇게 고백하고 싶습니다. "제 삶의 안정감은 제가 지금 가지고 있는 돈이나 직장이나 연봉이 아니라 오직 하나님입니다." 찬양 가사 중에 "온전한 신뢰를 당신께 드린다"는 고백이 삶의 모든 영역에서 일어나면 좋겠습니다.

임재문　　신뢰라는 것을 생각할 때 저는 성경이 말하는 자기 부인과 하나님을 향한 신뢰가 같은 말이라고 생각합니다. 그러니까 내가 부정되는 것이 신뢰의 대상을 더욱 긍정하는 것과 같다는 말인데요. 곧 내가 약해지고 힘이 빠지는 그때야말로 예수만을 더욱 붙잡게 됨으로써 당신을 향한 신뢰가 깊어지는, 이른바 은혜가 더욱 커진다는 말입니다.

이상철 멘토　　우리가 우리 자신을 부정하고 부인함으로써 그만큼 하나님을 더 신뢰한다기보다, 하나님은 우리가 우리 자신으로서 충만하게 더 좋은 존재, 더 훌륭한 존재로서 자라기를 바라고 계십니다. 그런데 상대적으로 우리가 하나님을 알면 알수록 그분이 크다는 것을 더 많이 느끼는 것이죠. 그러니까 **내가 작아지는 게 아니라, 내가 자라면서 상대적으로 훨씬 더 큰 하나님을 알아 가게 된다는 것입니다.** 나 자신이 점점 더 초라해지거나 약해져서 하나님이 더 높아지신다는 차원보다도, **우리가 성장하고 성숙해질수록 그만큼 하나님이 더 위대하심을 점점 더 알게 되는 것입니다.**

　믿음에 관한 생각을 하면, 하늘의 아버지는 좋은 하나님이십니다. 자녀들이 어려움에 처했을 때 그것을 절대로 외면할 아버지가 아니십니다. 예수님은 "자식이 무엇인가를 달라고 할 때 나쁜 것을 주는 아버지가 어디 있는가. 그러니 좋으신 하나님이 네게 좋은 것을 주지 않겠는가"[38]라고 말씀하셨습니다. 이런 하나님을 믿는 것, 이게 우리의 신뢰잖아요? 거기로부터 우리의 모든 불안이 사라진다는 것입니다.

히브리서 11장 6절에 보면 이런 말씀이 있습니다. 하나님께 나아가는 자는 첫째, 반드시 그가 살아 계신 것을 믿어야 하며, 둘째, 그가 자기를 찾는 자들에게 상 주시는 분임을 믿어야 한다고 되어 있습니다. 믿음의 본질은 이렇게 두 가지입니다. 그런데 첫 번째 것, 하나님이 살아 계신다는 것을 믿는 것도 쉽지 않지만 두 번째 것, 즉 그분이 상을 주신다는 것을 믿는다는 것이 더 어려운 것 같습니다. 무슨 말이냐 하면, 힘들고 어려울 때 하나님이 과연 나에게 상을 주실까 하는 의문이 든다는 것입니다. 그렇지만 "내가 하나님을 열심히 찾는다면 그분은 반드시 나에게 상을 주신다는 사실을 믿어야 한다. 이것이 믿음의 본질이다"라고 말하고 있습니다.

유병욱   하나님이 그런 분이어서 믿음이 논리적으로도 성립되죠. '나는 불완전하기에 온전한 이에게 의탁한다. 그리고 그는 좋은 분이시다.'

임재문   그래서 자기가 부인될수록 더욱 기뻐지는 것이 기독교의 역설이라고 생각합니다.

유병욱   양가감정이 있다고 생각합니다. 스스로 한없이 초라하게 느껴지면서 내가 죄인 중에 괴수구나, 정말 먼지 같은 존재구나 하는 느낌도 있어야 되고, 하나님을 힘입어 나는 존귀한 사람이구나 하는 고양감도 있어야 합니다. 심리학적으로도 한 가지 감정만 있는 건 건강하지 않은 상태라고 합니다. (현대 사회는 합리성이라는 필터로 한 가지 감정만 갖도록 통제를 종용하지만) 다양한 감정을 갖는 것이 자연스럽고 건강한 것입니다. 하물며 하나님과의 관계 속에서는 어떨까요? '나는 하나님을 닮은 선한 형상이다. 시간의 시작부터 날 구원하려고 십자가를 준비하셨다. 그만큼 난 귀한 존재다. 그렇지만 하나님 없이 난 정말 아무것도 아니다.' 이렇게 왔다 갔다 하는 게 맞는 것 같습니다. 불안에 대한 질문으로 돌아오자면, 내가 원하는 것과 하나님이 주실 거라고 예상되는 게 다를 때 우리는 불안한 것 같습니다.

임재문　　예수님도 불안해하지 않으셨을까 하는 물음을 덧붙이고 싶습니다. "나의 하나님, 나의 하나님, 어찌하여 나를 버리셨나이까"(마 27:46)라는 완전한 영적 단절의 불안까지 가지셨잖아요. 예수님의 제자들은 자연스럽게 그 길을 따라가게 되는 것 같습니다. 그 불안을 거쳐 가면서 그 길의 끝에 완전한 기쁨과 찬송과 부활의 영광을 드러내시는 것이 또한 하나님의 방법이며 이끄심이 아닐까 생각해 봅니다. 하나님이 예수님의 불안을 굳이 과정 삼아 십자가 부활까지 인도하셨으니까요. 결국 그렇다면, 예수님이 선보이신 그 불안이 나에게도 나타나게 된다면, 내가 옳은 길을 가고 있다는, 십자가의 길을 걷고 있다는 생각이 들 수도 있는 것입니다.

이상철 멘토　　십자가에서 예수님이 하나님께 왜 나를 버리셨느냐고 말씀하실 때는 하나님이 진짜 버리신 것이거든요. 그런데 그건 예수님만 하실 수 있는 거고 인간은 할 수 없는 일이죠.

예수님의 버려짐으로 인해 모든 인류를 구원할 수 있는 것이어서 그 순간은 정말로 버려지는 것입니다.

Q. 돈에 대한 불안을 해소하기 위해서는 어떤 태도를 취해야 하는가?

이하온   최근 결혼을 준비하면서 돈 문제도 그렇고, 취업 문제도 그렇고, 모두가 그렇겠지만 특히 취준생 분들은 빠른 시일 내에 취업이 되었으면 좋겠다고 생각할 때가 많을 것 같습니다. 하지만 하나님은 그렇게 해 주시지 않는 것 같고, 혹 나는 지금 당장 돈이 필요한데 하나님이 돈도 허락하시지 않는 이 사이에서 엄청난 불안이 생기는 것 같습니다. 그래서인지 하나님을 향한 지속적인 신뢰와 미래에 대한 기대감, 자신감이 견고하게 있어야 하지 않을까 하는 생각이 들었습니다.

이상철 멘토   취업의 경우도 나에게 준 적성과 재능이 있는데, 그것을 살려서 취업하려고 하는데 생각보다 직장이 잘 연결되지 않습니다. 그러면 하나님께 기도합니다. 취업시켜 달라고. 그러면 하나님은 침묵하시고, 나는 열심히 직장을 찾습니다. 하나님이 나에게 주신 재능과 적성을 무시하실 리는 없고, 직장을 안 주실 리도 없으니 언젠가 주실 것이다 하는 신뢰는 가지고 있습니다.

    그러나 답답한 것은, **하나님이 직장을 주시는 그 타이밍을 우**

리가 모른다는 것입니다. 나는 당장 내일이라도 취업되었으면 좋겠는데 하나님은 답을 안 하고 계세요. 느긋하게 침묵하고 계시죠. 그러다 어느 날, 환경을 통해 기회가 옵니다. 우리는 그 기회 속에서 하나님의 메시지를 들을 수 있어야 합니다.

제가 은행에서 은퇴할 때도 그랬습니다. 그만두라는 통보를 받은 날이 월요일이었고, 바로 다음 날인 화요일이 은행 신우회 예배를 드리는 날이었는데, 후배들이 저에게 인사를 하라는 것입니다. 고별사. 그때 갑자기 떠오른 메시지가 창세기 12장 1절입니다. 하나님이 아브람을 불러 고향과 친척과 아버지의 집을 떠나라고 하시는 말씀인데, 아브람처럼 나도 떠나라고 하시는구나 하는 생각이 들었습니다. 그렇습니다. 외환은행은 제가 33년을 다니면서 아이들 셋을 다 키웠고, 나 자신도 먹고살았고, 모든 삶의 환경이 외환은행을 중심으로 이루어졌으니 나의 고향과 친척과 아버지의 집이라고 부를 수 있었습니다.

그런데 놀라운 것은, 그 말씀을 통해 새롭게 깨달은 것이 있었습니다. 그 말씀에 보면, 하나님이 아브람에게 떠나라고 하면서 '내가 네게 보여 줄 땅으로 가라'고 하시거든요. 그동안 무수히 많이 읽고 들었던 말씀인데 깨닫지 못한 것이 있었습니다. '보여 줄 땅'이라는 것입니다. 하나님이 아브람에게 '보여 줄 땅'이라고 하셨다면 하나님의 마음속에는 이미 그 땅이 있다는 것이잖아요? 아브람은 아직 모르고 있지만, 하나님의 마음속에는 있는 것이죠. 없는 땅을 보여 줄 수는 없으니까요. 아브람은 이제 가기만 하면 됩니다. 다만 그 땅이 어디인지, 또 언제 그 땅에 가게 될지 모를 뿐이죠. 그래서 신우회 예배 때 이렇게 말했습니다. "그 땅이 어디인지 모른다. 그러나 가라고 하시니 가겠다. 나도 궁금하다. 그 땅이 어디인지. 그러나 분명한 것은 그 땅이 있다는 것이고, 하나님이 보내신다는 것이다."

하나님의 마음속에는 우리로 하여금 가게 하는 직장이 있고 또 받게 할 돈이 있으십니다. 다만 지금 그분과 나 사이에 갭이 벌어진 것은 타이밍 때문입니다. 하나님이 생각하시는 시간까지 열심히 하고 있으면 하나님이 정하신 그때가 반드시 온다고 생각하는 게 저 나름대로 이해하고 있는 성경의 원리입니다.

강민수　기본적으로 우리에게 필요한 것을 공급해 주시는 하나님이라면, 내 마음속 타이밍과 하나님의 타이밍이 맞지 않아서 불안감이 든다고 생각합니다. 이러면 조급함이 생기게 되죠. 게다가 한국 사회는 더 분주하고 빠르게 변화하잖아요. 끊임없이 효율성과 생산성에 대해 압박하죠. 이러한 분주함에 휩쓸리지 않고 깨어 있어야 할 것 같습니다.

이하온　저는 해외에서 대학교를 다니면서 바쁘고 여유가 없다는 느낌을 받은 적이 현저히 적었던 것 같습니다. 오히려 이 상황 가운데 여유가 있음에 감사한 순간들이 많았죠. 해외에 있을 땐 한 과목당 네 개의 시험이 있었고, 과제, 발표, 프로젝트 등 다양한 활동이 있었습니다. 한 학기에 평균 다섯 과목을 들었으니 총 스무 개의 시험, 수행 평가, 기타 아르바이트 활동과 함께 오히려 한국보다 더 많은 학습 능력을 요구받았던 것 같습니다. 충분히 바쁜 생활을 했다고 볼 수 있지만 오히려 여유로웠습니다. 하지만 한국에 돌아와서는 대학생 때보다 바쁘지 않고 해야 할 일도 적지만 오히려 여유가 없는 것 같습니다. 하늘 볼 시간도 없고…. 아직도 풀리지 않는 의문 중 하나입니다.

유병욱　높은 IQ, 눈치 보는 집단주의 문화와 함께 제가 생각하는 요인이 하나 더 있습니다. 한국인들은 자신만의 스토리가 없습니다. 자신을 소개할 때 "나는 딸기를 좋아해", "사랑을 많이 받고 자랐어" 등 자신만의 서사를 잘 이야기하지 않습니다. 객관적 지표, 호환성이 좋은 돈이라든가 집, 자동차 같은 것으로 자기를 설명하고 치장합니다. 간판을 따야 하는데, 이게 각박해질 수밖에 없는 게 너는 너, 나는 내 길이 아니라 모두 같은 길에서 싸우거든요. 골은 몇 개 없고 모두가 이를 향해 경쟁하고 있죠. 모든 것을 레드오션으로 만드는 내부 경쟁 민족성. 하나의 답을 향해 모두가 달려가요. 저는 주입식 교육도 이래서 문제라고 생각합니다. 답이 맞는지 고민하거나 새로운 활로를 찾는 사람이 너무 적어요.

　스토리는 역사적 정체성으로부터 기인한다고 생각합니다. 우리가 체감하는 정체성, 현재 대한민국의 역사는 실질적으로 한강의 기적에서부터 시작했어요. 역사적 정체성이 매우 짧은 나라죠. 그렇기 때문에 스토리텔링에서 약할 수 있다고 생각합니다. 더군다나 한강의 기적은 근면성실을 최고의 미덕으로 여기며 빠르게 쉬지 않고 일해 추격하는 경제 성장론에 입각해 있거든요. 창의성은 필요 없는 것이었습니다. 그런데 이런 방식으로 너무나 빛나는 성공 신화를 일궈서, 추격형 경제 성장

모델을 폐기하고 다음 단계로 넘어가는 것이 어려운 상황입니다. 여전히 근면성실을 최전방에 내세우며, 빌 게이츠(Bill Gates) 같은 사람의 "나는 게으른 엔지니어를 뽑는다"라는 말을 이해하지 못하는 거죠.

한편으로는 이게 금융에 대한 반감과 노동 소득에 대한 강조도 가져오고 있는 것 같습니다. 중국도 마찬가지로 정체성이 연결된 역사가 짧아서 졸부 감성이 있는 것 같고요.

이상철 멘토   성경에 보면 하나님은 진짜 느긋하시거든요. 우리가 아무리 기도해도 안 들어주고 답도 안 하시고, 도대체 인류 구원을 몇 천 년 동안 하고 계신 건지 모르겠습니다. 한국인이 하면 일주일이면 끝날 것을…. (웃음) 하나님은 당신의 약속을 반드시 이루시지만, 그때는 굉장히 길다고 각오해야 합니다. 크리스천들이 그것을 잘 배워서 한국 사회의 조급함을 잘 치료해야 할 것 같다는 생각이 드네요.

느낀 점

강민수   개인적으로는 가지고 있는 투자(주식, 부동산 등)와 관련한 죄책감이나 죄의식을 조금 덜 수 있었습니다. 특히 성경의 채주의 종이 되지 말라는 부분은 가난한 자가 되지 말라는 것이고, 사랑의 빚 외에는 아무 빚도 지지 말라는 것은 그 사랑이 갚을 수 없는 것임을 강조하기 위한 것이라는 점에서 제 영혼에 참 위로가 됩니다. 마지막으로 저는 저의 준비와 하나님을 신뢰함이라는 조합이 어떤 결과물을 낼 수 있을지 너무 기대가 됩니다. 제게 있는 것을 잘 관리하고 개발시켜 나가는 것이야 말로 하나님을 신뢰하는 적극적 행동이라고 말씀하셨던 것 역시 상당히 와 닿았습니다. 그런 점에서 직장도, 재정도 어떤 철학을 가지고 살아가느냐가 매우 중요한 것 같습니다.

이하은　살다 보면 우린 선택의 기로에 놓여 있을 때가 많습니다. 차라리 하나님께서 어떻게 행동해야 할지 지시해 주셨으면 좋겠다는 생각이 들 때도 있었습니다. 무응답으로 일관하실 때면 화도 많이 났고, 좌절하는 순간도 있었습니다. 하지만 하나님께서 저에게 직접 어떻게 행동해야 할지를 말씀해 주시지 않는다는 점이 저를 존중하시기 때문이라는 것을 알았습니다. 더불어 하나님은 제 자신을 부족한 존재라고 생각하기보다는 더 좋은 쪽으로 발전하기를 원하신다는 점이 참으로 좋았습니다!

유병욱　현재 제 삶의 모습, 바쁘게 사는 게 과연 옳은가를 질문하던 요즘이었습니다. 저는 돈이라는 것도 하나님이 제 삶을 통해 다른 사람들을 섬기도록 도우시는 은혜이자 도구라고 생각합니다. 하나님의 은혜가 성도인 나를 통해 세상으로 흘러간다면, 나라는 존재가 최대한 없어져서 하나님의 은혜를 여과하거나 왜곡시키지 않고 그대로 흘려보내는 게 좋지 않을까 생각했습니다. 그런데 아니라고 하시더라고요. "나는 네가 그 은혜가 담겨 있는 그릇이기를 원한다. 네가 은혜를 통과시키는 도구적 존재이기를 원하는 것이 아니라, 내 은혜를 네가 담고 있어 네가 존귀한 존재면 좋겠다. 그래서 너라는 그릇이 담고 있는 은혜가 넘쳐 그것이 흘러 내려가면 좋겠다"는 것입니다.

권용수　　저는 갚을 수 있는 빚을 지는 것은 괜찮다는 포인트, 그 부분에 있어서 명쾌한 해답을 얻은 것 같고, 은행/금융 하면 떠오르는 이미지들이 있잖아요. 악덕하고, 이자 놀이하는 것 같고. 그런 부분에 있어서 '선량한 감시자'의 역할에 대한 말씀을 주셔서, 은행에 예금을 예치한 사람들에게 약속한 이자를 줘야 하는 의무를 충실히 이행하기 위해 이자를 받는 것이라는, 어찌 보면 굉장히 단순하면서도 당연한 이치인데, 이 부분에 대해서 명쾌하게 정리해 주신 것 같아서 좋았습니다.

- '2030'의 투자 그리고 조급함
- 비트코인, NFT 등 새로운 기술에 대해 크리스천은
  어떤 태도를 취해야 하는가?

김기범

● 2030 투자 현황 및 마인드

흔히 '2030', 이렇게 얘기하는데, 2030 중에서도 35세 이하 세대의 사람들이 공통적으로 경험한 게 있습니다. 이 사람들은 부동산이, 정확히는 주택이, 더 정확히는 아파트가 미친 듯이 오르는 시장 상황을 목도했는데, 이들은 올라가는 것을 지켜보기만 할 뿐 매수할 수 있는 돈이 부족했거나, 부동산을 사려면 진짜 남의 도움을 많이 받았어야 되는 사람들입니다. 부동산 상승기에 아직 돈을 충분히 모으지 못한 사회 초년생이었거나, 아직 학교를 다니는 학생이었었다고 봅니다.

KB에서 제공하는 부동산 통계가 있습니다. PIR(소득 대비 주택 가격 비율)이 2017년 2/4분기에 서울이 8.8이었습니다. 그러니까 중위 소득 기준으로 8-9년 가까이 돈을 한 푼도 안 쓰고 모으면 서울 안에 있는 주택을 살 수 있다는 뜻입니다.

그런데 2022년 1/4분기에 이게 14.4로 올라갔습니다. 한 푼도 안 먹고 안 쓰고 모아야 하는 게 14.4년이라는 것입니다. 그런데 보세요. PIR 8.8이었을 때와 5년 간격입니다. 그런데 그 5년 사이에 PIR이 5보다 더

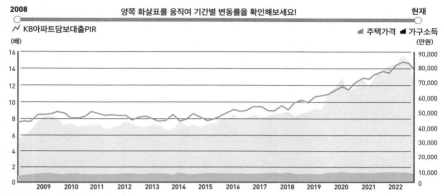

KB아파트담보대출PIR를 이해해봅시다!

PIR(Prince to income ratio)=주택가격/가구소득

PIR은 주택가격을 가구소득으로 나눈 값입니다. (PIR이 10이라면 주택가격은 연소득의 10배입니다.) 가구소득은 분기단위 해당 지역 내 KB국민은행 부동산담보대출(아파트) 대출자의 연소득 중위값이며 주택가격은 분기단위 해당 지역 내 KB국민은행 부동산담보대출(아파트) 실행시 조사된 담보평가 가격의 중위값입니다. (KB아파트담보대출PIR은 실제 KB국민은행의 대출거래 정보로 작성된 지수로 기존 당행에서 발표중인 PIR과는 차이가 있습니다.

[출처: KB부동산]

많이 늘었습니다. 다시 말해서, 중간 정도 버는 사람이 돈을 아무리 아끼고 절약하고 모아도 주택 가격이 올라가는 속도를 절대 따라잡을 수 없었다는 것입니다.

주택 담보 대출을 일으킨 사람들의 소득 데이터 기준으로 중위 소득은 2017년에 5,200만 원이었고, 2022년에는 5,500만 원, 딱 300만 원이 올랐습니다. 소득은 크게 오르지 않았는데 집값은 저 멀리 가 버린 것입니다. 특히 2030의 마음이 어떻겠습니까? "나는 그냥 아끼고 모아서는 안 된다." 예금, 적금을 해서는 집을 살 수 없다는 생각이 강해진 사람이 많아진 거예요. 사람이 점점 더 조급해지는 것입니다. 그래서 이당시에 《부의 추월차선》(토트 역간) 같은 책들이 유행하곤 했습니다. '빨리가야 된다. 그래야 부동산을 살 수 있다. 따라잡을 수 있다.' 결국 이렇게

부동산은 못 사고, 예금은 안 하는 것입니다. 남은 건 주식과 가상 화폐 밖에 없죠.

주식 투자에서 20대, 30대, 40대, 50대, 60대 연령대가 전체 대비 차지하는 비중이 20대부터 60대 이상까지 각각 거의 비슷하게 20퍼센 트씩 나옵니다. 우리나라 인구는 2030보다 4050이 더 많은데 주식 투자하는 사람들 비중은 세대별로 거의 비슷하다는 얘기는 2030이 다른 세대보다 주식 투자에 보다 거리낌이 없다, 더 많이 투자한다는 것입니다. 가상 화폐는 한술 더 떠서 2030만 합쳐서 전체 대비 차지하는 비중이 50퍼센트이고요.

그러면 이 2030이 어떤 식으로 주식과 가상 화폐에 투자하는 문화를 가지고 있느냐 하면, 이들은 온라인 커뮤니티를 기반으로 속칭 '인증'이라는 것을 합니다. '나 얼마 벌었다', '일 왜 함?', '잘 먹고 갑니다. 꺼억' 이런 의성어도 써 가면서 말이죠. 남들이 수익 인증하는 것을 보다 보면 사람이 조급해집니다. 이 '조급함'이라는 키워드를 가장 많이 설명하고 싶은데, 조급해지는 게 왜 그러냐면, 인증은 수익만 올리지 손실은 안 올립니다. 손실 인증하는 사람은 별로 없어요. 그래서 이 인증이라는 것을 보고 사람들이 바이럴(viral)이 돼서 '와, 나도 저 정도 벌 수 있는 거 아냐? 안 하면 바보 되는 거 아냐?' 하고 더 많은 사람들이 더 많은 금액으로 투자를 들어갑니다. 그래서 주식보다 더욱 변동성이 크고 상한가 제도도 없어 더 금방금방 수익이 올라갈 수 있는 코인 쪽에 2017년부터 2021년 까지 계속해서 투자 인구가 늘어났습니다.

FOMO(Fear Of Missing Out)라는 말이 있는데, '놓칠까 봐 두렵다'는 것입니다. 사랑을 놓치고 연인을 놓치는 게 아니라, 수익 볼 수 있는 기회에 나만 투자 안 해서 나만 이득 못 볼까 봐 두렵다는 것입니다. 마치 이

득을 보지 못한 것을 손해를 본 것처럼 생각해 버리는 것입니다.

온라인상에서 남들 주식 투자, 코인 투자 수익 팡팡 터지는 인증 보고, 인터넷 방송에서 한 번 더 BJ들 수익 내는 거 보다 보면 내 근로 소득은 그에 비해 보잘것없어 보이고, 나도 지금 저렇게 따라서 투자하면 돈 벌 것 같은데, 시장이 돈을 삽으로 퍼서 나한테 줄 것 같은데 하는 생각이 막 듭니다. 코인 안 하면 바보 되는 거 아닌가 하는 FOMO를, 조급함을 쉽게 느끼는 상황이 지난 3년 정도 있어 왔습니다.

이러한 FOMO를 느낄 만한 상황들이 있고, 그래서 인증 보고 배 아픈 것과 앞서 이야기한 부동산 폭등을 노동 소득으로 따라잡을 수 없는 상황도 있고, 여러모로 2030들이 가상 화폐 투자와 주식 투자, 그중에서도 가상 화폐에 돈 집어넣겠다고 유혹을 느낄 만한 케이스가 많았습니다. 사람들은 조급해져서 여기 돈 싸 들고 들어가서 어떤 사람은 하루 만에 200퍼센트 벌었다고 인증하고, 어떤 사람은 하루 만에 5억씩 평가이익 찍히고, 이런 일들이 비일비재하게 일어났습니다.

여기서 돈을 많이 번 사람들이 이 돈을 부동산으로 옮기는 시점이 2018년도에 한 번 있었습니다. 2018년에 코인의 대대적인 하락장이 왔었는데, 속칭 '상기의 난'[39]이라 해서 2018년 1월에 대폭락이 한 번 있었습니다. 이후에 가상 화폐 거래량이 얼어붙고 시장이 겨울이 됩니다. 이 때 그간 가상 화폐로 재미를 본 투자자들의 현금화시켜 놓은 자금이 크게 한 번 부동산에 유입이 됩니다. 20대 강남 아파트 집주인, 30대 꼬마 빌딩 건물주가 되는데, 이게 또 웃긴 게, 부동산이 2018년부터 계속 올라갔습니다. 그러니까 2018년에 부동산을 산 사람들은 자산이 코인으로 한 번 뻥튀기되고, 부동산으로 한 번 더 뻥튀기된 것입니다. 이런 걸 옆에서 지켜보니까 2030이 더 조급해지는 것입니다. '아니 같은 또랜

데? 한 1년에서 2년 서로 다르게 한 투자 선택이 인생을 이렇게 갈라놓는다고?' 이렇게 되는 것입니다.

이 조급함을 또 어디서 느낄 수 있냐면, 인버스(Inverse)라는 상품을 들어 본 적이 있을 것입니다. 'KODEX200선물인버스2X' 이런 게 인버스 상품입니다. 파생 상품인데 두 배예요. 우리나라 주가가 왔다 갔다 하잖아요. 이것을 반대로, 그러니까 종합 주가를 반대로 추종하게끔 하는데 그 변동 폭을 두 배로 더 크게 만든 상품입니다. 즉, 만약 다른 사람들이 벌면 나는 그 두 배로 잃고, 반대로 그 사람들이 잃을 때 나는 그 두 배로 벌게 되는 것입니다. 이것을 코로나 터지고 초기에 제일 많이 산 세대가 누구냐? 2030 남성이었습니다. 역시 조급함 때문이죠. 결과적으로 코로나 초기에 주가 하락 예상하고 인버스 산 사람들은 다 손해를 봤습니다. 왜냐하면 코로나 이후에 막대한 유동성이 풀리면서 주가가 부양되니까 이것을 산 사람들이 회복이 안 될 정도로 완전히 박살이 난 것입니다. 그러니까 또 어떻게 됐느냐? 이번에는 에라 모르겠다, 방향을 바꿔서 주가 상승에 곱절로, 아니 세 배로 베팅을 해 버립니다. 미국 나스닥 지수를 세 배로 추종하는 TQQQ 같은 레버리지 상품을 매수해서 물 떠다 놓고 기도하는 마음으로 나는 무적이고 나스닥은 신이라며 "가즈아!" 만 외칩니다.

레버리지 상품은 그 기초가 되는 지수가 횡보하기만 해도 그 가치가 녹아서 없어져 버립니다. 가령 기초 지수 100이 90이 됐다가 99가 된다면, 이 변동 폭을 세 배로 추종하는 상품은 100에서 70이 됐다가 91이 됩니다. 조급한 마음에 레버리지 안 샀으면 횡보장에서 1만 손해 봤을 것을 9나 손해 보게 되는 것입니다. 위아래 변동 폭을 줘 가면서 횡보가 반복되면 어떻게 되겠습니까? **레버리지 상품에 투자한 돈이 녹아서**

없어져 버립니다. 이걸 변동성 끌림(Volatility Drag)이라고 합니다.

상승이면 상승, 하락이면 하락, 쭉 한 방향만 유지한다면 그리고 그 방향을 맞힌다면 레버리지 투자가 돈을 더 많이 버는 판단이지만, 주가 방향을 반대로 판단하거나 횡보장이 오면 레버리지는 실익이 없는 것입니다. 앞서 이야기한 2030 투자자들도 방금 얘기한 내용 대부분을 다 알고 있을 것입니다. 그런데 조급하니까, 빨리 큰돈 벌고 싶으니까 알고도 스스로 모른 체할 수밖에 없는 것입니다.

● 가상 화폐와 투자 경험에 관하여

저는 우연한 계기로 가상 화폐, 코인에 대해서 관심을 갖게 됐습니다. 학부 졸업 논문을 써야 하는데 쓸 만한 주제가 없나 하던 차에 본 것이 가상 화폐에 관한 내용이었습니다. 이때 제가 비트코인이라는 것이 진짜로 기능하는지를 보기 위해 거래소에서 비트코인 한 개를 사서 송수신을 해 보고 팔았습니다. 비트코인을 한 개나 샀다고 하면 '와~' 하는데, '와~' 할 게 아닙니다. 왜냐하면 2016년에는 지금처럼 몇 천만 원이 넘는 값이 아니라 80만 원이었기 때문입니다. 이게 2017년 1월에는 150만 원이 됐는데, 당연히 저는 테스트만 하고 바로 팔았습니다. 왜냐하면 제가 돈이 진짜 궁할 때였으니까요.

그러고 나서 비트코인 송수신 경험이나 비트코인과 이더리움의 차이점, 스마트 컨트랙트란 무엇인가, 법정 통화의 대체 가능성이 과연 조금이라도 있는가와 같은 암호 화폐의 이론적 이야기들을 서울대학교 경제학부 졸업 논문에 썼는데, 이러고 나서 가격이 폭등한 것을 본 것입니다.

이때부터 저는 여기에 투자를 하기 시작했었습니다.

2017년 3월이었나, 또 기억나는 장면이 있습니다. 300만 원을 가지고 비트코인과 이더리움을 조금 샀는데, 하루 만에 엄청 올랐던 날이 있었습니다. 제 잔고가 300만 원에서 350만 원이 되었습니다. 그때 제 월세가 딱 50만 원이었는데, 하루 만에 원룸 월세를 벌어 버리니 웃음이 막 나오면서 또 한편으로는 허탈했던 기억이 납니다. 불과 반 년 전까지만 해도 생활비 아껴야 돼서 학생회관에서 점심 메뉴도 남들 3,000원짜리 먹을 때 1,700원짜리 고르고 그랬는데, 마우스 딸깍딸깍 해서 50만 원을 벌고 나니 '이거 뭐 일해도 일하는 게 별로 의미가 없네', 이런 생각이 드는 것입니다.

그래서 더 열심히 해야겠다고 마음을 먹었고, 이때부터 정보를 많이 수집하기 위해 각종 커뮤니티와 온라인 오픈 채팅, 단톡방 같은 데를 많이 들어갔었습니다. 들어가서 보니 수익 인증이 막 짱짱하게 터지는 것입니다. 인증 글에는 되게 자극적인 표현을 씁니다. '꺼어억' 같은 트림 소리 같은 거요. 오늘 2억 벌었다면서 잘 먹었다고, 플러스 2억 인증 간다며 코인판 같은 데다 인증하는 것입니다. 그래서 그거 보고 저도 눈이 돌아갔습니다. 눈이 돌아가서 노동으로 얻은 대부분의 가처분 소득 중 생활비 빼고 남는 여유 자금을 거의 다 넣었습니다.

그렇게 한 1년간 열심히 사고팔았는데, 2017년 12월이 아직도 기억납니다. 블록폴리오(Blockfolio)라고 해서 가상 화폐를 종목별로 '너의 코인 가치 평가액이 각각 A코인은 얼마, B코인은 얼마, C코인은 얼마다'라고 보여 주는 앱이 있습니다. 2017년 12월 말에 블록폴리오 앱을 켜 보니 제 자산 총액에 '35 BTC'라고 적혀 있던 게 기억납니다. 이게 어떤 정도의 규모였냐면, 그 당시 1월 초 최고점에서 1비트가 우리나라 프리미엄 포함해서 2,800만 원이었습니다. 비트코인 35개면 10억 원 정도인 것이죠. 미실현 이익이 10억 원 정도였던 것입니다.

그런데 저는 거기서 멈추지 않았습니다. 왜냐하면 제 자산 총액이 불과 한 2주 전만 해도 3억 원 정도였거든요. 이게 세 배 넘게 튀겨지니까 어떤 생각이 있었냐면, 사람이 2017년 기준으로 '20억 원이 있으면 평생 노동하지 않아도 여생을 안정적으로 보낼 수 있다. (그 당시에 유행했던) FIRE(Financial Independence+Retire Early)가 가능하다. 그러면 한 번만 더 두 배로 튀겨 주면 은퇴해도 되는 거 아닌가? 티머니 안 다녀도 되는 거 아닌가?' 이런 생각이 든 거죠. 오만하게도.

그런데 이때 하나님께서 아주 강력한 철퇴를 내려 주셨습니다. 그래서 이 10억 원이 바로 3억 원이 되었습니다. 이게 2주가 안 걸렸습니다. 그전 평가액이 7억 원 정도였을 때 엄마한테 한번 자랑한 적이 있습니다. "엄마, 나 이제 일 안 해도 될 것 같은데?" 그랬더니 엄마가 부리나케 제 자취방으로 달려오셔서 "말도 안 되는 소리 하지 말고 빨리 팔아서 집 앞에 있는 부동산 사라" 하셨습니다. 집 앞에 서울역 센트럴 자이라는 아파트가 있었는데, 그 아파트가 당시에 9억 원이 좀 안 됐거든요. 엄마가 "대출을 끼워서 사라" 하셨는데 저는, "엄마! 필요 없어. 이거 나중에 대출 안 끼고 살 수 있어"라고 했죠. 그런데 이게 10억 원 딱 찍자마자 눈 깜짝할 사이에 3억 원이 된 것입니다. 엄마한테 무지하게 혼났죠 (현재는 약 15억 원을 상회하는 수준으로 가격을 형성하고 있습니다).

이런 일련의 과정을 직접 다 겪고 보니 왜 부자가 천국에 가는 것이 낙타가 바늘귀로 들어가는 것보다 어렵다고 하는지 알 것 같은 게, 눈에 돈만 보이고 벌어 둔 잔고만 보입니다. 코인 하면 10억 원 위로 올라가는 것만 보이지, 이게 10억 원 밑으로 가는 상황은 안 보여요. 그게 심지어 실현이익이 아니었음에도 불구하고 돈을 일단 손에 많이 넣은 것 같은 기분이 드니까 다른 것에는 일절 신경을 안 쓰게 되면서 일이고 뭐고 다 필요 없는, 성경 모임이고 뭐고 필요가 없어지는 것입니다.

아까 민수 형제님이 좋은 말을 해 주셨는데, 하나님이 누군가에게 "네가 부자가 된 다음에도 남들에게 베풀고 살 것이며, 믿음으로 잘 살 수 있겠느냐, 행함이 있는 믿음, 할 수 있겠느냐" 그러면 보통 사람들은 "YES!" 그렇게 대답할 것입니다. 왜냐하면 아직 부자가 아니니까! 그런데 막상 이렇게 벌잖아요? 그러면 눈이 뒤집힙니다. 눈이 뒤집혀서 '행함이 있는 믿음', '베푸는 삶' 같은 게 눈에 잘 안 들어옵니다. 그러니까 낙타가 바늘귀로 들어가는 것보다 어려운 것 같은데, 아직 부자가 아닌 사람들은 '저 부자만 되게 해 주시면 저는 진짜 베풀면서 정말 하나님 말씀대로 살겠습니다' 하죠. 그런데 그렇게 막상 부자가 되고 나서는 '그게 그렇게 될까?'라는 고민을 하게 만들어 준, 값비싼 교훈이었습니다. 그래서 결국은 플러스 2억 원 정도에서 제 코인 투자는 마무리가 됐습니다.

이후에는 경기도(평촌)에 집을 샀습니다. 주택 담보 대출을 30퍼센트 정도만 끼워서 저하고 동갑인 집을 샀습니다. 오래돼서 살기 불편하다는 얘기도 많지만, 저는 이 정도면 괜찮아 보여서 실거주용으로 제 형편에 맞게 하나 샀습니다. 오히려 낡았기 때문에 고른 것도 없잖아 있습니다. 신축보다 상대적으로 건물 감가상각이 좀 많이 반영돼 있는 가격이 아닐까 싶었기 때문입니다.

이때부터 저는 옛날 그 10억 원의 경험을 떠올리면서 '한 방에 크게 버는 건 이제 없다. 그러니까 길게 보고 가자' 하며 장기 투자가 중요하다고 느껴서 주식 같은 것도 미국 우량주 위주로만 조금씩 했습니다. 2017-2018년에만 해도 '주식 하느니 코인 하지' 이런 생각이었는데, 어차피 단기로 버는 돈은 먼지와 같이 사라질 수 있다는 것을 철저하게 깨달았기 때문입니다.

돌이켜 보면 사회 초년생(1-2년차)이었을 때랑 지금은 약간 투자를 대하는 마음이 좀 달라진 것 같습니다. 2018년 1월 대폭락으로 정말 손에 아무것도 안 잡히고 아무것도 하기 싫었는데, 지금에 와서 생각해 보니 그때 인생이 끝난 것처럼 생각할 필요가 하나도 없었구나 싶습니다.

물론 그때 잘 벌었다면 인생이 훨씬 잘 풀렸을 수도 있을 것입니다. 10억 원 가진 부자가 되고 그것으로 더 뻥튀기해서 30억 원이 되었을 수도 있습니다. 후회가 안 된다거나 아쉽지 않다고 하면 거짓말이지만, 이 투자 결과가 내 인생의 앞으로의 행복이나 훗날 죽을 때 잘 살았느냐, 못 살았느냐를 판정하는 데 영향을 줄 정도까지는 아닌 것 같은 거예요. 앞으로 잘 살면 되니까, 과거의 기억으로만 남아 있고 지금의 일상에는 부정적인 영향을 안 주는, 그래서 저는 이것을 교훈 정도로 소화할 수 있는 때가 된 거죠.

현재 저는 어차피 실거주하고 있는데다가 LTV도 높지 않다 보니 조급함이나 아파트 값 상승에 대한 강박 같은 것은 느끼지 않습니다. 옛날 코인 투자하던 때 같으면 엄청 조급해했을 텐데, 지금은 별로 조급하지 않고 그냥 눌러 살면 그만이지, 이런 마인드입니다. 오히려 리모델링하게 되면 방 빼야 하는데 어디로 이사 가지, 이런 게 걱정이지, '가격이 빨리 올라야 내가 팔고 떠난다', '제발 아파트 값 지금 절대 떨어지지 마라' 이런 문제의식은 아닙니다. 그런 마인드를 가지고 있으면 장기적으로 저한테 손해죠.

생각해 보면, 제가 코인을 평가가치 10억 원에도 못 팔았던 이유는, 빨리 20억 원을 벌어서 FIRE를 해야 한다는 조급함이 있었기 때문입니다. 조급한 마음 때문에 가족들의, 친구들의, 남들의 '이쯤 하고 정리해라, 팔아라' 하는 목소리가 들리지 않았습니다. 그래서 자산 평가액이 3억 원이 되고 난 다음에 2018년도부터 한 2년 동안 설정해 놨던 제 컴퓨터 바탕화면이 '날개가 녹아서 추락하는 이카로스'였습니다. 스스로 경계해야 된다는 것입니다. 단 한 번 태양 가까이 날아갔다가 이카로스가 추락하게 된 것을 반드시 기억하고 하늘과 땅 사이, 태양과 바다 사이, 딱 그 중간으로 오래 날아가야지, 어디 한번 팍 튀겨져서 가자! 할 게 아니라는 것입니다.

최근 루나코인에 많은 돈을 넣고 그 후에 좋지 않은 선택을 한 사람들이 뉴스에 나오고 있는데, 그런 경우가 이런 거거든요. '한 방에 튀겨서 더 가야 된다.' 이런 마음 때문에 큰일 나는 것입니다.

민수 형제도 비슷한 맥락에서 약간의 고민이 있을 것입니다. '내가 두 채를 매수한 게 과연 맞는 선택일까' 하는 고민이 있을 것입니다. 이 과감한 선택이라는 게, 상승장에는 괜찮은 전략인데 물이 빠지고 나면 심리적으로 어렵거든요. 그래서 아마 제가 옛날에 했던 것과 거의 비슷한 고민을 지금 하고 있지 않을까? 날개를 달고 너무 태양 가까이 올라간다는 생각을 하고 있지 않을까? 그런 추측을 하게 됩니다.

강민수 기억이 나요. 기범 형제가 2017년 말에 "얼마를 벌면 만족할 것 같아?" 했을 때 제가 "한 10억 원이면 되지 않을까?" 그렇게 대답했는데, 그때 비웃었습니다. (하하) 아마 그때부터 10억 원어치를 갖고 있었던 것 같습니다. "그걸로 되겠느냐? 짠짠하다!" 이렇게 말했던 기억이 선명하게 납니다. 성경에도 "네 입을 크게 열라"[40] 했는데, "10억은 좀 작나?" 이런 생각도 좀 했습니다.

그리고 앞서 언급한 것처럼 최근에 아파트를 매수했어요. 그런데 이게 문제가 되었습니다. 최근 경제의 유동성 잔치가 끝났잖아요. 그때부터 수도권에서 청약 가점이 낮아지기 시작했습니다. 청약은 미래의 가치를 적은 돈으로 실체가 없는 자산을 구매할 수 있는 제도라서 계약금만 있으면 투자할 수 있으니 좋은 전략이라고 생각했습니다. 아직 젊으니까 조금 위기가 와도 나이가 무기라는 생각으로 이길 수 있다고 자신했습니다. 이자도 후불제였기에 문제가 생기면 나중에 걱정하면 된다고 여겼습니다. 그래서 이번 주에 중도금 대출을 우리은행에서 6개월 변동으로 4.84퍼센트에 계약했습니다. 그런데 이게 성경적이냐 아니냐 하는 문제로 보자면 사실 자신이 없습니다. 왜냐하면 이때 기도부터 하지 않았기 때문입니다. 사 놓고 기도한 거죠. 그게 패착이었습니다(해당 아파트는 수도권 지역의 아파트로 분양가는 약 9억 원이었고, 당시 내가 소유한 자산가액보다 금액이 큰 아파트였다. 3년 이후 준공이 완료될 예정이었고, 젊음이라는 시간으로 리스크를 헤지[hedge: 주식 가격 변동으로 인해 발생하는 위험을 줄이기 위한 방법]하려고 했다. 계약 당시 중도금 대출은 전체 가격의 40퍼센트 정도 가능했으며 6개월 기준 변동 금리 4.84퍼센트로 시작했으나, 2023년 4월 현재 기준 금리는 6.5퍼센트를 넘어섰다. 해당 지역의 부동산 가격은 기존 동일 평형대 약 12억 원에서 최근 최대 약 6억 원으로 50퍼센트 이상 급락한 물건도 발생했다).

사실 결은 조금 다르지만 이야기를 들으면서 '조급하다'는 단어에 대해서 저는 좀 영적으로 다른 각도로 생각해 봤습니다. 최근 설문 조사에 의하면, '예수를 믿지 않는다'고 응답한 비율이 78퍼센트를 기록했다고 합니다. 이 기록이 평균치라고 하면 젊은 사람들은 더 믿지 않는다고 보면 됩니다.

그런데 왜 젊은 사람들이 그럴까 생각해 보면, 조급함이라는 단어를 가지고 설명할 수 있습니다. 현실이 뭔가 녹록지 않고 힘드니 현실에서

확실한 것을 원하고, 그래서 '소확행'(일상에서 느낄 수 있는 작지만 확실하게 실현
가능한 행복 또는 그러한 행복을 추구하는 삶의 경향)도 있는 거라는 생각이 듭니다.
**'단기', '초단기', '초단타' 등과 같은 그냥 눈앞에 있는 것들로 청년들의
생각이 접근하고 있기 때문에 경제적 관점으로 봐도 장기적으로 꾸준히
자산을 모아서 투자하는 형태가 아닌 것입니다. 영적으로도 마찬가지입
니다. 미래에 받을 구원, 영광의 면류관과 같은 보이지 않는 것들에 별로
관심이 없기에 천국과 지옥에도 관심 없는 것이 아닐까 생각해 봅니다.**

권용수　　지난 5년을 잘 요약해 주신 것 같습니다. 제가 처음 코인장에
들어갔을 때가 2017년 12월이었는데 그때 200-300만 원을 투자해서
50만 원을 벌었습니다. 그런데 그게 정확히 마이너스 80퍼센트로 되기
까지 진짜 한 3주도 안 걸렸습니다.

　　그러고 나서 코인장을 아예 쳐다보지도 않다가 최근에 제 친동생이
루나 코인을 소개해 주면서부터 조금씩 투자해 원금을 겨우 회복했습니
다. 그런 와중에 갑자기 하루아침에 시스템의 허점으로 인해 루나가 무
한 발행되었습니다. 그때 잠을 하루에 3시간씩밖에 못 잤습니다. 너무
스트레스를 받아서요. 왜냐하면 원금이 2천만 원 언저리였고 그게 9천
만 원에서 1억 원까지 갔다가 하루아침에 고꾸라져 버리니까 당연히 스
트레스를 받을 수밖에 없었습니다.

김기범　　그런데 사람들이 계속 진짜로 믿으니까 가려져 있던 거죠. 저
도 기술적으로 이게 스캠('신용 사기'를 뜻하는 단어인 스캠은 도박판에서는 상대방을
속이는 행위를 말한다. 암호 화폐 업계에서 스캠은 사실과 다른 내용으로 투자자를 현혹시켜 투
자금을 유치한 뒤 파산하거나 잠적하는 행위를 뜻하는 부정적인 의미로 사용된다)에 가깝다

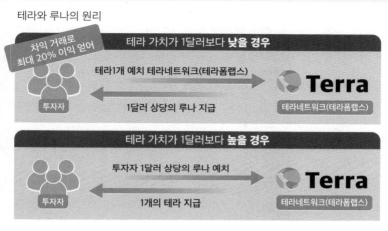

테라와 루나의 원리

차익 거래로 최대 20% 이익 얻어

테라 가치가 1달러보다 **낮을 경우**

테라1개 예치 테라네트워크(테라폼랩스) →

투자자

← 1달러 상당의 루나 지급

Terra

테라네트워크(테라폼랩스)

테라 가치가 1달러보다 **높을 경우**

투자자 1달러 상당의 루나 예치 →

투자자

← 1개의 테라 지급

Terra

테라네트워크(테라폼랩스)

[출처: NEWSPIM]

고 보는데, 가려질 수밖에 없는 몇 가지 원인들이 지난 5년간 있어 왔다고 생각합니다. 예를 들면, P2P 대출 같은 경우도 살펴보면 부실 채권을 여러 개 묶어서 그럴 듯하게 그냥 '위험이 분산돼요'라고 포장한 것뿐이거든요. 이 쓰레기와 저 쓰레기 더미가 여러 가지 형태로 있는데, 각 쓰레기 더미에서 조금씩 쓰레기를 모아 새로운 쓰레기 더미를 만든다고 해서 그게 안전해지는 게 아니거든요.

그걸 2008년 서브프라임 금융 위기 때 우리가 이미 확실하게 알았는데, 10년이 지나서 그 논리를 똑같이 반복하고 있습니다. 기술적으로 정말 그럴 듯해 보이는 것으로 사람들을 현혹하는데, 이 P2P 대출도 그 케이스고 루나도 마찬가지였던 것입니다. 자기들은 속인 게 아니라고 하지만 결국 사실은 그들이 속인 것으로 드러난 거죠. 파운더가 해외로 도망가는 것을 보면 말이에요.

권용수 자기네가 탈중앙화금융이 가지고 있는 헤게모니를 가져올 수 있다고 주장하면서 엄청 많은 사람을 꾀어냈습니다. 앞서 말씀해 주신 것처럼 결국은 진짜 담보할 수 있는 게 없는 곳에서 보증한다고 하니 거기서부터 문제가 있었던 건데, 사실 벌 때는 그런 게 안 보이긴 합니다.

오픈 카톡방이 있는데 그곳에 가끔씩 권도형이 등장하곤 했습니다. 그때마다 사람들은 그를 거의 신을 추앙하듯이 대했습니다. 왜냐하면 늘 하는 말이 "너희가 첫 루나만 모으면 경제적 자유를 누릴 수 있다"는 식이었거든요. "못 믿으면 나가세요. 그냥 팔고 던지고 나가든지" 하면서 일찍 판 사람들을 조롱했습니다.

그 오픈 카톡방에서 가끔씩 돈 많이 번 사람들이 인증이랍시고 매우 자비를 베풀듯이 치킨 100마리 보내고, 편의점 상품권 2만 원, 3만 원짜리 백 장씩 뿌리는 일들이 너무 비일비재했습니다. 지금 생각해 보면 진짜 비정상적인 모습들이었죠.

김기범 앞서 이야기했지만, 그런 데 절대 현혹되면 안 됩니다. 한 번 미혹되면 그것밖에 안 보여요.

이상철 멘토 지금까지 이야기를 들으면서 정말 재미있고 좋다고 생각하는 점이 있습니다. 우리가 이전에 원칙적인 이야기를 할 때와 막상 개인이 투자한 걸 보면 갭이 있잖아요. 많이 느껴지죠? 그러니까 크리스천으로서의 모습을 말할 때와 지금 실제 자기 투자 생활을 말할 때의 갭을 딱 느끼잖아요. 그래서 결국 우리가 탐욕으로부터 자유로울 수 없는 죄인임을 깨닫는다는 것입니다. 그 갭을 줄여야 해요. 즉, 크리스천으로서 가지고 있는 가치관과 실제 나의 투자 상황이 일치해야 한다는 것입니다. 완벽한 일치는 안 되겠지만, 그 간격을 최대한 가깝게 만들어 가야 해요. 그것이 우리가 지향해야 할 방향이죠.

김기범 형제가 20억 원까지 올라가면 팔고 회사 탈출하려고 했을 때 탈출 못한 것은 제 생각에 진짜 큰 복입니다. 만약 탈출했으면 그게 잘된 쪽으로 가기보다는 반대쪽으로 갈 가능성이 더 많아요. 사실은 20억 원도 큰돈은 아니에요. 그때는 '내가 20억 원 벌면 직장 안 다녀도 되겠다' 라고 생각했겠지만 그건 그 당시, 그 나이 때 얘기고, 지금 우리가 보면 20억 원은 진짜 아무것도 아니거든요. 농담이 아니라, 진짜 아무것도 아닌 게, 20억 원이 있다고 해서 평생 아무것도 안 하고 살 수 있느냐? 절대 못 산다는 거죠. 저는 지금도 계속 일하고 있는데, 지금 20억 원이 있으면 일 안 할까요? 그렇지 않습니다. 왜냐하면 돈이 필요해서 계속 일한다는 것이 아니라, 일 그 자체가 사람에게 주는 즐거움이 있기 때문입니다. 물론 일에 돈이 따라오면 금상첨화죠.

잠언에 보면 아굴이 이런 말을 합니다(잠 30:7-9). "나로 하여금 부하게도 마옵시고 가난하게도 마옵소서. 내가 부하게 되면 내가 하나님을 모른다 하면서 무시할 수 있고, 내가 가난해지면 하나님이 왜 나를 이렇게 가난하게 만들어서 배가 고프게 하시느냐면서 하나님을 원망할 것이므로 나는 정말 가난하지도 않고 부하지도 않았으면 좋겠습니다"라는 기도를 합니다.

이 말씀을 인용해서 《가난하게도 마옵시고 부하게도 마옵소서》[41] 라는 책을 소개한 적이 있습니다. 그런데 여기서 중요한 것은, 그럼 그 기준이 돈으로 환산하면 얼마인가? 내가 가난하지도 않고 부하지도 않는다고 말할 때, 가난과 부함은 추상적인 개념인데 이것을 2023년 현재 돈으로 구체화한다면 실제로는 얼마인가? 내가 얼마 이상 되면 하나님을 모른다고 할 수 있고, 얼마 이하가 되면 내가 하나님을 원망할 것인가? 그건 사람마다 다 다를 수 있다고 봅니다. 예전에 어떤 기사에서 이런 기준을 조사한 적이 있었는데, 금액적으로 크지는 않았습니다. 자기 살 집 있고, 그 외 자산이 15억 원 정도였던 것으로 기억합니다.

물론 이 기준은 사람마다 다르고, 나이, 환경에 따라 다 다릅니다. 핵심은 자기 스스로 기준을 정해 본다는 것에 의미가 있습니다. 즉, '가난하지도 않고 부하지도 않은 기준'이라는 것은 사람마다 다 다르다는 것입니다.

또 하나는 '조급함'에 대해 생각해 보고 싶습니다. **이전에 투자와 투기의 차이가 무엇인가라는 질문을 스스로에게 했었는데, 저는 그 기준이 조급함이라고 생각합니다. 조급함이 있으면 투기고 조급함이 없으면 투자라고 생각합니다.** 내가 조급하다면 밤에 잠이 안 올 테니 이미 그건 투기가 되고 있다는 거죠. 반면에 투자라는 것은 조급하지 않고 느긋하게 기다릴 수 있는 것이라고 생각합니다. 물론 실패의 경우에 대해 일말의 불안감이 있겠지만, 지나치게 불안하거나 밤에 잠이 오지 않거나 하지는 않을 것 같습니다.

그리고 투자할 때 레버리지가 왜 위험하냐면, 이게 많을수록 조급함이 생깁니다. 주식을 사도 대출 없이 감내할 수준 내에서 주식을 하면 잠을 못 이루는 일은 안 생길 것입니다.

그다음에 그것이 탐욕인지 아니면 정상적인 경제 활동으로 돈을 벌기 위해서 필요한 것인지 구분하는 것 역시 중요합니다. 돈을 버는 수단으로서 투자를 하다 보면 거기에 조급함이 생기고, 그것이 탐욕으로 이어질 수 있습니다.

은행에서 제 경력의 마지막 8년은 리스크 관리 담당 임원(CRO: Chief

Risk Officer)이었습니다. 대학에서의 7년 강의 내용도 이것과 관련된 부분이고, 지금도 이 내용으로 강의를 하고 있습니다. 리스크 관리의 기본 개념은 대출이나 투자를 할 때 그 한도를 정해 주는 것이고 그것이 핵심입니다. 은행은 기업체에 대출도 해 주고, 달러 투자도 하고, 채권도 사고, 주식도 합니다. 그렇기 때문에 운영하는 금액의 규모가 몇 조 단위입니다. 그 부서들의 운영 한도를 정하는 것이 제가 하는 일이었습니다. 한도 내에서만 투자한다는 뜻은 최악의 경우 전체 금액이 손실이 나더라도 망하지 않고 다시 재기할 수 있는 범위를 정한다는 뜻입니다.

저 개인적으로 투자 한도를 정하는 기준은, 내가 투자한 돈을 모두 잃어버릴 경우, 비록 가슴은 아프겠지만 내 인생에 주름이 가지 않고 다시 재기할 수 있는 돈의 크기를 말합니다. 내가 투자한 돈에 문제가 생겨서 내 인생이 힘들어진다면 그것은 내가 투자할 수 있는 한도를 넘어섰다는 뜻입니다. 한도를 정하고 그 한도를 지키는 것이 리스크 관리의 기본이고 핵심 철학입니다.

금융 역사를 살펴보면 신기하게도 금융 위기가 반드시 일정 주기마다 옵니다. 약 10년마다 한 번씩 금융 위기가 왔어요. 1998년 IMF, 2008년 리먼브라더스, 2019년 말 코로나. 금융 위기는 경제 원리에 따른 사이클로 인해 반드시 오는 것입니다. 그런데 그 시기가 언제 올지 모르기 때문에 평소에 자기 한도를 지켜서 유지하는 것이 정말 중요합니다.

그다음에 생각해 볼 주제는 평균 수익률입니다. 주식을 하기에 통상 말하는 날고 기는 사람들의 연 평균 수익률은 도대체 얼마나 될까 궁금하지 않습니까? 언뜻 보기에 많은 사람이 주식으로 큰돈을 버는 것 같지만, 실제로는 그렇지 않습니다. 장기적으로 평균 수익률이 10퍼센트가 되는가라고 본다면 그렇게 안 됩니다. 금융 회사에서 투자에 대한 성공 여부를 평가할 때 벤치마크(기준)로 잡는 것이 시장 지수 수익(코스피 평균 수익)입니다. 이것보다 잘했으면 보너스를 주는 방식인데, 코스피의 수익이 연 평균 10퍼센트가 안 됩니다.

제가 고용노동부 리스크관리위원회 위원으로 8년간(2012-2020) 일했습니다. 고용노동부 기금 운용의 경우 당시 삼성자산운용, 한국투자신탁에서 일하는 전문가들이 운용했음에도 평균 수익률이 5퍼센트를 달성하기가 쉽지 않습니다. 장기적으로 매년 꾸준히 이 정도 수익을 내는 게 쉽지 않다는 뜻입니다. 한 건, 한 건을 짧은 기간에 분석하면 5퍼센트의 몇 배가 되는 경우도 있지만, 장기적으로 몇 십 년간 평균적으로 매년 5퍼센트의 수익을 내는 것은 쉽지 않습니다. 그래서 우리가 이 이상의 수익을 원한다면 그것은 투기가 될 수 있고, 그때부터 함정에 빠지는 것입니다.

만약에 우리가 해마다 꾸준히 평균 5-10퍼센트 사이에서 수익을 계속 내면서 30년 동안 돈을 번다고 하면 어마어마한 돈을 벌 수 있을 것입니다. 진짜 엄청난 거죠. 그런데 그렇게 수익을 내는 사람이 드뭅니다. 오해하지 말아야 할 것은, 연 평균이라는 점입니다. 어떤 경우에는 투자를 해서 50퍼센트의 수익을 남길 수 있어요. 그러나 언젠가는 못 벌 수 있는 때가 있기에 대비해야 한다는 것입니다. 여름이 있으면 겨울도 있기 마련입니다. 이 말이 우리에게 주는 의미는, 50퍼센트의 수익을 냈다고 너무 좋아할 필요도 없고, 마이너스가 되었다고 너무 실망할 필요도 없다는 뜻입니다.

다음으로 이야기하고 싶은 것은 돈을 버는 방식입니다. **투자보다 더 중요한 근로 소득이라는 것이 있습니다. 이 근로 소득을 작게 보지 마십**

시오. 돈 버는 방식에 있어서 근로 소득이 차지하는 부분이 큰 이유는, 근로 소득은 그 자체로 손실 나는 일이 없고 수익만 계속 나는 것이기 때문입니다(즉, 계속 돈이 들어오는 것입니다). 근로 소득도 하나의 투자(나의 노력을 들여서 하는 투자)라고 생각한다면, 어떤 투자도 손실 없이 수익만 나는 것은 없는데, 근로 소득은 이런 면에서 엄청난 수익률을 줍니다. 알겠지만 직원 때보다 임원이 되면 급여가 급상승합니다. 따라서 평생을 놓고 보면 근로 소득의 수익률이 투자 소득보다 결코 못지않습니다.

돈을 벌기 위해서 일하는 게 아니라 기독교적으로 보면 일 자체가 가치 있는 것이고, 또한 사람은 자아 성취욕과 자아실현에 대한 욕구와 만족에서 즐거움을 느끼는 것이기 때문에 일 자체가 소중한 것입니다. 거기다가 하나님이 돈까지 얹어 주신다는 것이죠.

강민수   감사합니다. 그리고 반성하게 됩니다. 저도 좀 조급했던 것 같아요. 부동산에 투자할 때 좀 과하게 레버리지를 사용했거든요. 잘 버텨 보겠습니다만 저 스스로 "괜찮을 거야, 젊음이 리스크를 헤지할 수 있어"라고 스스로 다짐하는 거죠. 계약금조차도 다 제 돈이 아니었거든요. 그런데 탐심이 들어가니까 이게 안 보이는 것입니다.

최근에는 고금리 상황에 불안감과 조급함까지 느껴집니다. 염려, 근심과 같은 감정은 하나님이 주시는 마음이 분명 아닐 거라고 생각해요. 게다가 제가 이미 질러 놓고 기도한 게 아닌가 하는 생각이 듭니다. 순서가 잘못된 거죠.

Q. 비트코인, NFT 등 새로운 기술에 대해 크리스천은 어떤 태도를 취해야 하는가?

이하은　그런데 우리가 이 시점에서 생각해야 할 중요한 포인트가 있는 것 같습니다. 비트코인, NFT 같은 새로운 투자 상품들이 등장하고 있잖아요? 저는 회사에서 NFT에 관해 조사한 적이 있는데, 전에는 전혀 없는 개념의 내용이라 파악하기가 쉽지 않았습니다. 그럼에도 이러한 기술의 발전이 우리 삶에 큰 영향을 미칠 것이란 생각이 들고, 많은 사람이 과거 산업 혁명이 우리의 삶을 바꾸어 놓은 것처럼 될 것이라 생각합니다.

또한 이러한 신흥 자산들은 수익성이 좋다고 하여 많은 투자자들의 관심의 대상이 되고 있죠. 방금 들었던 것처럼 비트코인도 가격의 변동성이 아주 커서 High Risk, High Return의 성격을 갖고 있다 보니 빠르게 부자가 되고 싶은 사람들은 내용도 잘 모르면서 로또 식 투자를 하고 있는 것 같습니다.

이럴 때 크리스천들은 새로운 트렌드나 새로운 기술의 발전에 대해 그리고 새로운 투자 자산의 등장에 대해 관심을 가지고 접근하거나 투자를 하는 것이 옳을까요, 아니면 이러한 것들은 다 탐욕의 대상이니 관심도 갖지 않는 게 옳을까요? 금융 전문가이고, 목사님이고, 여러 기업의 감사 및 자문과 같은 역할을 하신 분으로서 멘토 님의 의견을 듣고 싶습니다.

이상철 멘토　아주 좋고 중요한 질문입니다. 우선 그전에 NFT에 대해 조사했다고 하니 잘 모르는 사람들을 위해 간단히 소개해 주면 어떨까요? 쉽지 않은 개념입니다.

이하은　NFT(Non-Fungible Token)는 블록체인 기술을 활용해서 예술 작품, 음원, 영상, 이미지, 게임 아이템 등 다양한 디지털 자산의 소유권을 증명하는 토큰입니다. 일명 디지털 자산의 '소유권 증서', '진품 인증서'와 같은 역할을 합니다. 위와 같은 역할이 가능한 이유는 주민등록번호처럼 디지털 자산에 고유 식별 번호가 부여되어 디지털 자산의 소유권을 확실히 증명할 수 있도록 도와주기 때문입니다.

　사람들이 많이 거래하는 비트코인과 이더리움과 같은 암호 화폐는 여러 대의 컴퓨터가 서로 연결되어 정보를 공유하고 기록하는 하나의 네트워크를 가지고 있어 거래 및 송금 등의 기능을 수행할 수 있는 화폐입니다. 하지만 NFT는 그러한 네트워크를 가지고 있지 않아 다른 네트워크에 올라타서 거래나 서비스 등에 사용됩니다. 즉, NFT는 이더리움이라는 암호 화폐가 가진 네트워크상에서 작동하지만 암호 화폐는 아닙니다!

　NFT는 미디어 데이터, 메타 데이터, 스마트 계약으로 구성되어 있습니다. 미디어 데이터는 원본 디지털 자산 자체를 의미하고, 메타 데이터는 디지털 자산에 대한 인터넷 위치, 판매 계약 조건, 생산자 정보 등을 담고 있습니다. 스마트 계약은 변호사, 부동산 중개인이 사전에 작성한 계약서처럼 프로그래밍 언어로 작성된 계약서입니다. 일반 계약서와 다른 점은, 변호사나 중개인 없이 프로그래머가 작성한 코드가 특정 조건이 충족되면 자동으로 계약이 실행되는 프로그램입니다.

　NFT는 중복으로 만들어 낼 수 없어서 디지털 자산에 있어 희소성을 가지고 있고, 제작자, 소유권자, 가격, 거래 내역 등 데이터를 공개적이고 투명하게 저장합니다. 그 결과 디지털 자산의 위조가 불가하여 원본의 가치를 보존할 수 있다는 장점이 있습니다. 더불어 스마트 계약을 통

해 원작자가 자신의 작품을 재판매할 경우 일정의 로열티를 지급받을 수 있어 이익 창출 수단이 될 수도 있습니다.

각각의 NFT는 세상에서 오직 하나뿐이기에 소유자만이 스페셜티를 경험할 수 있고, 이는 사람들의 수집 욕구를 자극하기도 합니다. 또한 NFT 작품이 시간이 지남에 따라 가치가 상승할 수도 있고, NFT를 소유한 사람들은 자신의 NFT 작품을 자랑하고 관련 작품에 대해 여러 사람과 소통하며 하나의 커뮤니티를 형성해 유대감과 소속감을 느낄 수 있다는 장점도 있습니다. 하지만 현재 환경 문제와 저작권 침해 등의 이슈가 있으며, NFT 투자에 대한 지나친 열광이 투기로 변질되어 금전적 손실을 가져올 수 있다는 단점도 있습니다.

이상철 멘토　어려운 개념을 잘 설명해 주셔서 감사해요. **새로운 기술 트렌드에 대한 자세를 생각할 때 두 가지로 나누어 생각해야 할 것 같습니다. 첫째는, 기술의 발전 그 자체에 대한 크리스천들의 태도에 대한 것이고, 둘째는, 그 기술과 연결된 회사나 상품에 대한 투자의 태도에 대한 것입니다.**

우선, 기술의 발전은 지속적으로 발전할 것입니다. 블록체인, NFT, 인공 지능 같은 것들은 누구나 예상하듯이 사라지기는커녕 더 발전할 거예요. 이러한 기술의 발전에 대해 크리스천들은 민감하게 관심을 가지고 바라봐야 합니다. 왜냐하면 기술의 발전은 사람들의 창의성으로 인해 시작되는 것이고, **이 창의성이 바로 '하나님의 형상'이기 때문이죠.**

하나님은 창조주로서 무(없는 것)에서 유(있는 것)를 창조하십니다. 현재 우리가 살고 있는 모든 환경을 창조하셨고, 우리 인간도 창조하셨습니다. 그리고 인간을 창조할 때 '하나님의 형상'을 따라 만드셨습니다. 그렇다면 사람 안에 있는 '하나님의 형상'이란 무엇일까요?

가장 중요한 하나님의 형상은 '거룩함과 사랑'입니다. 하나님께서는 "내가 거룩하니 너희도 거룩하라"[42]**라고 말씀하셨는데, 이는 하나님께 서 사람들을 사랑하시듯 우리도 서로 사랑하는 사람이 되어야 한다는 것입니다. 여기에는 이웃을 사랑하는 사랑, 배려와 같은 인격적인 면이 분명히 있을 것인데, 저는 '창조하는 창의력' 같은 것도 하나님의 형상 중에서 상당히 큰 비중을 차지하고 있다고 느껴집니다.**

가족을 사랑하는 본능 같은 것은 동물들도 새끼를 양육하기 위해 어느 정도 가지고 있지만, 동물들에게는 창의력이 전혀 없죠. 하나님이 무에서 유를 창조하신 것처럼, 인간은 하나님만큼은 아니지만 계속해서 새로운 것을 만들어 갑니다. 그리고 사람들은 새로운 것을 만들어 갈 때 아주 큰 기쁨을 느낍니다. 마치 하나님께서 천지를 창조하실 때 "보시기에 좋았더라"[43]라고 말씀하시는 것과 같습니다.

그래서 우리는 이러한 새로운 기술의 발전이 있을 때마다 하나님의 형상을 닮은 사람들이 하나님이 주신 창의성을 따라 새로운 것을 만들어 낸다고 생각하며 관심을 가지고 지켜보아야 합니다. 다만 동시에 생각해야 하는 것은, **인간은 불완전한 존재인지라 그 창의성에 인간의 잘못된 욕망이 개입될 여지가 있습니다.** 원죄로 인한 인간의 부패성 때문입니다. 그래서 모든 기술의 발전은 인류의 문화에 좋은 영향을 줌과 동시에 많은 부작용도 가져옵니다.

여기에 진실한 크리스천들의 역할이 중요해집니다. 기술 그 자체는 선하고 중립적인 것입니다. 하지만 문제는 그 기술을 다루는 사람들의 마음에 있습니다. 우리는 비트코인, NFT, 인공 지능과 같은 기술을 관심을 가지고 지켜보며, 만약 내가 그 분야에 직접 종사하거나 간접적으로

라도 종사할 경우, 그 기술들이 원래의 취지에 맞게 잘 활용되는 일에 우리의 노력과 지식을 사용해야 합니다.

가장 나쁜 것은 이러한 새로운 기술 자체를 거부하거나 부정하는 태도를 취하는 것입니다. 이런 기술의 발전 속에는 분명한 하나님의 섭리와 인도하심이 있습니다. 과거에 컴퓨터가 발전하기 시작할 때, 저는 은행의 IT 부서에서 일했습니다. 그곳에서 1983년부터 프로그래밍을 배웠고, 컴퓨터는 이미 그전부터 은행 업무에서 사용되고 있었습니다. 요즘 아주 흔한 PC(Personal Computer)는 제 기억에 1986년에 은행 업무에 도입되었는데, 아주 획기적이었습니다. 타이프라이터(typewriter)로 만들던 것을 워드(word)를 이용해 문서를 수정하고 편집하는 것은 정말 신기했습니다.

업무의 효율이 이루어지면서 PC로 인해 일자리가 줄어들 것이라는 우려도 나왔었습니다. 2000년이 다가오면서는 소위 Y2K라는 이슈가 등장하고, 컴퓨터의 발전이 마치 인류의 종말을 가져올 수 있다는 분위기가 생기기 시작했습니다. 요한계시록에서 말하는 종말의 시대나 666 사건이 바로 컴퓨터로 인해 시작된다는 이상한 이야기가 많이 회자되기도 했습니다. 그러나 이 모든 것은 오해였다는 것이 시간이 지나 밝혀졌고, 컴퓨터는 인류에 아주 큰 유익을 주는 시스템이 되었습니다. 컴퓨터로 인해 일자리가 사라진 부분도 있지만, IT 업이라는 상상을 초월한 일자리가 창출되었죠.

컴퓨터를 보고 있으면 하나님의 창조 세계와 아주 많이 닮았다는 느낌이 듭니다.

저는 은행에서 18년간 IT 업무를 담당했는데, 제가 내린 결론은, 사람의 창의성은 하나님을 많이 닮았고, 컴퓨터는 하나님의 창조 세계와 개념이 거의 같다는 것입니다. 컴퓨터는 하드웨어와 소프트웨어로 구성되고, 이는 우리 몸이 육체와 정신으로 구성되는 것과 같습니다. 또한 이 두 분야는 서로 밀접하며 상호 간에 영향을 미칩니다. 컴퓨터의 소프트웨어는 가장 기본이 되는 것을 OS(Operating System: 운영체제)라고 합니다. 모든 소프트웨어가 작동할 수 있는 기본 환경을 제공하는 것입니다.

요즘 우리가 사용하는 스마트폰을 보면, 구글이 제공하는 안드로이드가 있고, 애플이 제공하는 IOS가 있습니다. 그래서 삼성의 갤럭시 스마트폰과 애플의 아이폰은 작동하는 방식이 다릅니다. 즉 OS가 다른 것이죠. 이러한 OS 체계 위에서 각종 서비스 앱들이 만들어집니다. 카카오톡 같은 것들이죠. 이러한 앱들은 안드로이드 위에서 작동되는 것이 있고, IOS 위에서 작동되는 것이 있습니다. 제가 지금 근무하는 회사의 앱들도 안드로이드용과 IOS용을 별도로 개발해야 합니다. 사람들은 잘 모르고 사용하지만, 다르게 만들어지는 것입니다.

즉, 앱들이 실행되려면 OS의 개념과 사상이 일치해야 합니다. 저는 컴퓨터의 OS가 하나님의 원리, 즉 성경의 원리라고 생각합니다. **하나님은 우리 삶의 큰 원리를 성경을 통해 가르쳐 주십니다.** 예를 들어, "남에게 대접을 받고자 하는 대로 너희도 남을 대접하라"[44] 같은 것입니다. 이 원리는 만고불변의 진리이며, 모든 인간관계를 좋게 만드는 핵심 원리입니다. 그래서 예수님도 바로 이 말씀 다음에 '이것이 율법이고 선지자니라'라고 하십니다.

우리 삶의 모든 문제는 이 원리가 지켜지지 않을 때, 즉 사람들이 자신은 남을 대접하고자 하는 마음이 전혀 없이 남으로부터 대접만 받고자 할 때 갈등이 발생합니다. 즉, 구체적인 남과의 관계가 OS에 해당하는 성경의 원리(예수의 가르침)와 맞지 않기 때문에 갈등이 생기는 것입니다. 사람이 만드는 새로운 기술의 세계를 통해 우리는 성경의 원리를 보다 쉽게 이해할 수 있게 됩니다.

둘째는, 이 기술들로 인해 경제적 가치가 발생하는데, 이것이 투자의 대상이 될 수 있습니다. 다만, 그것을 탐욕의 대상으로 삼지 않도록 해야 합니다. 이 기술들의 발전으로 인해 경제적으로 가치가 발생하는 것은 당연한 것이며, 그러한 경제적 가치가 있어야 새로운 기술 발전에 동기부여가 되고, 지속적으로 발전할 에너지가 됩니다. 문제는 이것이 정도를 넘어서서 투기의 대상이 되고, 일확천금의 대상이 되는 것입니다. 간단한 예를 들면, 앞에서 이야기한 것처럼 비트코인의 가격이 현재 적절하냐는 것이며, 저는 개인적으로 거품이 있다고 생각합니다.

미래의 성장 가능성 등 사람마다 생각하는 가격의 차이가 있겠지만, 크리스천들은 마음속으로 적절한 가격인지, 즉 그 서비스가 가지는 기능에 대해 적절한 비용을 지불할 생각인지, 아니면 이런 기회에 쉽게 큰 돈을 벌고 싶어 하는 것인지를 깊이 생각해 봐야 한다는 의미입니다.

적절한 비용 산정은 학문적으로도 어려운 내용으로, 모든 사람이 동의하는 가격이 존재하기란 힘듭니다. 통상 우리가 벨류에이션(Valuation)이라고 부르는 주식 가격의 적정성을 따지는 것은 재무 이론상으로 다양한 의견이 존재하는 영역입니다. 아파트의 현재 사고파는 가격이 적정한가, 비싼가, 저렴한가 하는 것에 대한 여러 관점이 존재하는 것과 같습니다.

저의 이야기의 핵심은 크리스천들이 어떤 목적으로(마음의 태도로) 그 가격을 바라보는가 하는 것입니다. 질문에 대한 답변으로는, 크리스천들은 새로운 기술의 발전과 가격에 대해 관심을 가지고 잘 살펴보아야 한다는 것입니다.

이하온　네, 원칙적으로는 잘 이해되고 동의합니다. 큰 방향에 있어서는 무조건 죄악시하거나 탐욕으로 치부해서는 안 되고, 큰 관심을 가지고 지켜봐야 한다고 생각했습니다. 다만, 아주 구체적인 사례에서 어떻게 적용할지는 역시 저 자신이 직접 결정해야겠죠?

　하나만 더 생각해 보고 싶은 것은, 원론적으로 **우리는 '나의 모든 소유는 다 하나님으로부터 온 것이며, 현재 내가 가진 것도 다 하나님의 것이다'**라고 신앙 고백을 합니다. 그런데 현실적으로 나의 노력, 시간, 힘으로 투자하여 번 것임에도 하나님의 소유라는 것을 말로는 고백할 수 있지만 제 마음 깊은 곳에서는 쉽게 잘 느껴지지가 않습니다. **이 간격**(갈등이라고 표현할 수 있을까요?)**은 어떻게 해결할 수 있을까요?**

이상철 멘토　맞아요. 우리는 이 부분에서 솔직해져도 됩니다. 마음 깊이 하나님의 것이라고 느껴지지 않는데 애써서 하나님의 것이라고 고백할 필요는 없습니다. 입술로 고백한들 이미 하나님은 우리의 마음을 알고 계시니까요. 차라리 솔직한 게 낫죠.

　이 간격을 너무 심각하게 생각하지 않아도 된다고 생각합니다. 그 이유는 두 가지로 설명할 수 있을 것 같아요. **첫째, 내가 마음속으로 아무리 내 것이라고 생각해도 그것은 하나님의 것입니다.** 팩트(fact)죠. 나의 느낌과 무관한 팩트! 왜냐하면 내 통장에 들어 있는 돈을 나의 허락 없이 마음대로 빼 갈 수 있는 분이 하나님이시니까요. 또 반대로 예상외로 내 통장에 돈을 넣어 주시는 분도 하나님이십니다. 이 말은, 내가 계획하고 노력한 대로 돈이 안 들어오는 경우도 있고, 반대로 나의 계획과 노력보다 훨씬 더 많은 돈이 들어오는 경우도 있다는 뜻입니다. 우리는 살면서 이런 경험을 많이 합니다. 특히 사업하는 분들은 이런 느낌을 많이 받는다고 합니다. 계획대로 사업이 안 되는 경우, 허튼 일로 돈을 지출해야 하는 경우, 그 반대의 경우도 많이 발생합니다. 직장에서도 예상외로 승진해서 급여가 많아지는 경우, 아주 열심히 노력했는데 생각보다 성과가 적게 나는 경우 등이죠.

둘째, 하나님은 우리의 아버지로서 관대하신 분입니다. 우리가 설령 마음 가운데서 '이건 내 돈이야'라고 말한다 해도 정직하게 열심히만 관리한다면 하나님은 우리를 흐뭇하게 바라보실 것입니다. 이것은 저 자신의 아버지로서의 경험이며, 할아버지로서의 경험이기도 합니다. 자녀들의 생일에 선물로 원하던 것을 사 주면, 자녀들이 너무 기뻐하면서 자기 것이라고 꼭 부둥켜안고 아무도 손 못 대게 하는 것, 충분히 이해되시죠? 그 선물을 준 아빠도 그 선물에 손을 못 대게 합니다. 누가 사 준 건데? 원하면 똑같은 것을 몇 개나 더 사 줄 수 있는데? 이럴 때 아빠는 자녀의 이런 모습에 화를 낼까요, 아니면 귀엽다고 미소 지으며 바라볼까요? 자녀가 더 성숙해져서 어른이 되고 자신도 부모가 되면 지금 아빠의 마음을 너무나 잘 이해할 것입니다. 그때까지 아빠는 느긋하게, 흐뭇한 마음으로 바라봅니다. 다만 그 선물을, 그 돈을 올바르게 사용하기만을 바라면서 말이죠.

이하온　　너무 흐뭇한 장면이네요. 우리 하나님 아버지도 저를 그런 모습으로 보고 계시다고 생각하니 너무 감사합니다. 빨리 성숙하도록 하겠습니다!

● 느낀 점

강민수 기준을 잘 세우는 게 중요하겠다는 생각이 듭니다. 돈이 있어도 하나님을 의지할 수 있나? 이 선택을 하나님이 기뻐하실 것인가? 이 상황에서 하나님은 어떻게 생각하실까? 이런 질문들이 선택의 기준이 될 수 있을 것 같습니다.

이하은 조급함이 굉장히 큰 위험 요소임을 알게 되었고, 제 행동이 투자일지 투기일지를 구분하며 장기적으로 꾸준하게 자산 투자를 목표로 나아가야겠다는 결심을 한 시간이었습니다.

임재문 저는 사람들이 정말 다양하게 많은 투자 활동을 하고 있다는 것을 느꼈어요. 와! 정말 열심히 살고 있구나, 난 뭐 하고 있던 거지? 이런저런 자아성찰이 되는 시간이었습니다.

유병욱 조급한 사람들을 보고 조급해하지 마세요. (하하) 저는 개인적으로 너무 재미있었습니다. 한 개인이 혼자 획득할 수 없는 다양한 경험을 흥미진진하게 들었습니다. 그리고 노동 소득에 대해서도 몇 가지 덧붙이자면, 노동의 가치가 과소평가됐다는 생각과 함께 백수는 결코 행복하지 않다는 것을 말하고 싶네요.

권용수 추락하는 듯 보이는 노동의 가치, 2030의 허망함과 답답함 등과 같이 주변 제 또래 친구들이 공감할 수 있는 주제가 오늘 많이 나온 것 같아서 주변 친구들에게 정리해서 보내 줘야겠다는 생각을 했습니다. 친구들 사이에서도 노동의 가치가 무슨 소용이냐며, 코인 같은 것으로 역전해서 파이어족 해 보고 싶다는 얘기가 농담 반, 진담 반으로 나왔었는데, 코인이 폭락하고 주변 친구들이 갈피를 좀 못 잡고 있다는 생각이 들었거든요. 코인 등의 투자로 아주 고통 받고 힘들어하는 친구들에게 좋은 메시지가 될 것이라고 생각합니다.

김기범 　만약에 그때 그게 두 배로 튀겨져서 10억 원이 20억 원이 됐을 때 제가 은퇴하고 직장을 더 이상 갖지 않기로 결심했다면 지금에 와서 더 큰일 났을 수도 있겠다는 생각이 듭니다. 저는 시간을 팔아서 돈을 사는, 노동자가 다 그렇잖아요? 그게 아주 싫었습니다. 내가 하고 싶은 일을 못하고 내 시간을 마음대로 쓰지 못하는 것 때문에 여러 가지 제약을 벗어나고 싶었는데, 지금 한 6년차로 직장 생활을 하다 보니 일도 재미가 있네요.

　사실 사람이 하고 싶은 일만 하는 게 아니라 일을 하다 보면 거기에 재미를 붙이는 거잖아요. 나는 이것이 재미있으니까 이것만 해야지, 이건 아닌 것 같은 거예요. 그래서 일에 흥미를 가지고 열심히 하면 그게 재미있어지고 하는 건데, 제가 만약 거기서 진짜로 돈을 원하는 만큼 벌어서 사직서를 내고 이제부터는 지출을 최소화하면서 이자나 배당 받아가지고 살겠다고 결심했다면 행복하지 않은 결말이 될 수도 있겠다는 생각을 오늘 배우고 갑니다. 저도 많이 배웠습니다. 감사합니다.

3. 돈,

어떻게 쓸 것인가?

강민수 "네 손이 선을 베풀 힘이 있거든 마땅히 받을 자에게 베풀기를 아끼지 말며"(잠 3:27). 돈을 쓰는 것은 즐거운 일입니다. 일상의 많은 곳에서 우리는 소비하며 살아갑니다. 그런데 하나님은 끊임없이 "네 마음이 어디에 있느냐?"고 물어보십니다. 우리의 소비가 있는 곳에 마음이 있기 때문입니다.

앞서 우리는 하나님이 주시는 재산을 청지기로서 '소유'의 개념에서 '관리'로의 전환이 필요함을 논의했습니다. 그렇기에 꼭 필요한 곳, 도움이 필요한 사람에게 흘러갈 수 있도록 돈을 잘 관리할 수 있는 지혜가 필요합니다.

자격 없는 우리에게 한없이 거저 주시는 은혜를 경험한 적이 있는지, 한 영혼을 살리는 소비는 어떠한 것인지 그리고 우리에게 무분별한 소비 행태는 없는지 점검하며 소비, 기부, 돈을 다스리는 방법에 대해 논의하고자 합니다.

Q. 신용 카드 사용에 원칙이 있는가?

이상철 멘토 저의 경우 나름의 원칙이 있습니다. 돈을 쓰는 한도를 정하는 것입니다. 한 달에 쓰는 돈에 대해서 쓸 것과 안 쓸 것, 쓸 것 중에서도 확실하게 쓸 것 등을 나누어서 관리합니다. 너무 세부적으로 나누면 지키기가 힘들어지니까 대략적으로 나누어야 합니다. 그래야 지속적인 실행이 가능합니다. 일상적으로 사용하는 것은 체크 카드, 예상하지 못하거나 금액이 큰 것은 신용 카드로 구분하되 역시 여기서도 한도를 설정하는 것입니다.

한도를 설정한다는 것! 이것은 아무리 강조해도 지나치지 않다고 생각합니다. 저 또한 나름 리스크 관리 전문가이기에 리스크 관리의 핵심이 한도를 정하는 것이라는 말씀을 자주 드리게 됩니다.

'신용 카드 사용에 원칙이 있는가'라는 주제는 달리 생각해 보면 나의 소비 생활에 원칙이 있는가라고 할 수 있습니다. 우린 항상 그런 고민을 합니다. 나의 수입은 얼마이고, 지금 나의 소비는 적절한가? 과한가? 혹은 미래가 너무 불안해서 불필요하게 불편을 감수해 가며 적게 소비하고 있는 것은 아닌가? 이 문제 역시 돈을 다루는 크리스천들에게 아주 중요한 주제입니다.

소비, 즉 신용 카드 사용을 생각하면 역시 '한도'라는 개념을 떠올리게 됩니다. 신용 카드 사용이란 바로 소비를 말하는 것이므로 소비에 한도가 있는지를 묻는다면 한도가 있어야 합니다. 즉, 자기 수입에서 얼마의 비중만큼 소비할 것인가를 정하는 것이죠. 이 개념은 기독교적으로, 성경적으로 아주 중요합니다. 한도를 정한다는 것은 내가 지켜야 할 범위를 정하는 것이죠.

우리가 소비를 할 때는 자신의 수입 범위 내에서 해야 합니다. 수입이란 어떤 이유에서든 하나님께서 현재 나에게 허용하신 범위입니다. 하나님께서 현재의 나에게 허용하신 범위를 인식하는 것이 신앙이고 믿음입니다. 즉, 받아들이는 것이죠. 이것이 믿음이고 신앙입니다. 그렇다고 현재 상황에 무조건 순응하고 더 많이 벌려는 계획을 포기하라는 말은 절대 아닙니다.

일반적으로 자기 수입의 70-80퍼센트를 소비하고 나머지는 반드시 저축해야 한다는 말을 많이 듣습니다. 크리스천의 경우는 수입의 10퍼센트를 십일조로 내고, 또 일부 금액을 기부하고 나면 저축할 여력이 거의 없어집니다. 아니, 적자를 면하기가 쉽지 않습니다. 오히려 빚이 늘어날 가능성이 커질 수 있습니다.

여기서 우리는 깊이 생각해 보아야 합니다. 하나님께서 정한 범위, 즉 한도를 내가 넘어서지는 않는가를 말입니다. 항상 그 한도를 잘 지키기는 힘들지만, 항상 한도를 생각하며 소비하는 습관을 갖는 것이 중요합니다. 그래서 나름 자신의 형편에 맞추어 한도를 정하고, 수정하고, 다시 정하는 훈련이 필요합니다. 이런 고민을 하면서 우리는 기도하게 되고, 성경 말씀이 돈에 관해 말하는 것을 묵상하면서 지혜로운 크리스천이 되어 가는 것입니다. 반대의 경우는 지나치게 절약해서 삶의 질이 떨어지는 것도 잘 생각해야 합니다. 즉, 자린고비가 되어서 돈은 쌓이겠지만, 그 쌓인 돈이 아무 의미가 없게 되는 경우도 생각해야 합니다.

저도 오랜 시간 동안 시행착오를 겪으면서 나름 저만의 원칙을 정하고 있습니다. 젊은 시절에는 무일푼, 아니 오히려 약간의 빚이 있는 상태에서 시작했기에 직장 다니는 내내 빚을 줄이는 것이 목표가 되었습니다. 특히 대출을 받아서 집을 사게되면 그다음부터는 대출과의 전쟁이 모든 경제생활의 목표가 됩니다. 그런 가운데서도 적절한 수준의 소비를 해야 하기에 무엇을 소비하고 무엇을 안 할 것인지가 젊은 시절 모든 고민의 대부분을 차지하게 되었습니다. 이럴 때 항상 기억할 것은 나름 한도를 계속 정해 보는 것입니다. 잘 안 지켜지면 다시 수정하고 지켜보다가 안 되면 계속 수정하면서 말입니다.

확실한 것은, **대출은 최대한 빨리 정리해야 합니다. 특히 직장에서 은퇴하기 전에 반드시 정리해야 합니다. 은퇴 후에는 대출을 갚을 여력이 거의 없습니다.**

Q. 신용 카드를 어떻게 볼 것인가?

권용수　　사회 초년생일 때는 쉽게 할부로 물건을 샀다가 월급을 초과한 금액이 청구되어 깜짝 놀랐던 적이 있었습니다. 그 이후로는 극도로 신용 카드 사용을 조심하기 시작했습니다.

강민수　　저도 신용 카드에 대해서 좀 무덤덤하다고 할까요? 소비에 대해 정확한 개념이 없었던 것 같습니다. 신용 카드가 일종의 요술램프 속 지니 같은 역할을 할 때도 있잖아요. 그러고 나서 소비 습관에도 어떤 원칙이 필요하겠구나 알게 됐습니다. '신용'(Credit) 카드잖아요. 현재의 재무 상태와 미래를 담보 잡아서 쓰는 돈이거든요.

권용수　　신용 카드를 쓰면 안 된다고 생각하나요?

강민수　　아니죠. 신용 카드만 쓰는 게 지혜롭지는 않은 것 같아요. 성경적이지 않다는 차원이 아니라, 지혜롭게 재정 관리를 하느냐에 있어서 보자면 매월 주어지는 이 예산 안에서 사용하기 위해서는 체크 카드를 사용하는 것이 맞다는 생각이 들어요. 마치 회사에서 회식, 사무 용품 구매 등을 위해 통제 예산을 세우는 것 같다고 할까요?
　그런데 예상치 못하게 불특정하게 돈을 써야 되는 경우가 있잖아요. 병원비, 전자 제품 같은 것은 신용 카드를 써서 매월 현금 흐름에 무리 없이 사용하는 게 맞지 않느냐는 것입니다. 신용 카드 생활을 해 보니 약간 무덤덤해지는 거예요. 매월 이렇게 많이 썼나 하고 놀라는 거죠.

윤제나　　저도 부모님께 신용 카드 쓰는 건 빚이라고 교육 받았습니다. 그런데 신용 카드를 써야 신용도도 올라가고, 카드사 혜택도 체크 카드보다 신용 카드가 좋아서 사실 신용 카드만 쓰거든요. 그래서 제가 생각해 낸 대안은, 신용 카드는 쓰되 할부는 안 하는 거예요. 체크 카드 쓰듯이.

임재문　　저는 몇 년 전에는 신용 카드를 썼었어요. 저희 형이 저한테 쓰고 싶은 만큼 쓰라고 준 카드가 있었거든요.

강민수   그런 신용 카드는 좋은 신용 카드죠. (하하)

권용수   아묻따(아무것도 묻지도 따지지도 않는) 신용 카드! 멋진 형
을 두셨네요.

임재문   저는 돈 때문에 상당히 불안한 일들을 꽤나 경험했던
것 같습니다. 월세를 못 내서 집을 한두 달에 한 번씩 쫓기듯 이
사했고, 와중에 아버지가 돌아가셨는데 어머니는 그 부조금마
저 몽땅 다단계에 날려 버리셨습니다. 게다가 어머니가 사채까
지 쓰셔서 일수꾼들이 집에 문을 따고 들어오질 않나, 노란 딱
지 압류당하는 것은 기본이고, 아르바이트할 때는 차비가 없어
서 매일 왕복 5-6시간 정도를 걸어 다녔습니다. 그런데 또 그
때만큼 열과 성을 다해 기도한 적이 없었습니다. 저는 예수 그
리스도가 너무 필요했는데, 그 예수 그리스도란 결국 나를 부
자로 만들어 주고 나의 상황을 풍요롭게 역전시켜 주는 램프의
요정 지니가 아니었음을 이제 와 알아 가는 것 같습니다. 무엇
을 긁어도 은혜가 나오는 예수 그리스도야말로 저의 아묻따 신
용 카드였으면 좋겠네요.

이상철 멘토   아묻따 신용 카드, 저는 이 용어를 처음 들어요.
요즘 젊은 세대들이 신조어를 많이 만드는데 그중 하나인가 봅
니다. (하하) 완전 자율적으로 사용할 수 있고, 아무 곳에서나 제

한 없이 쓸 수 있는 카드란 뜻이군요. 그 카드를 준 재문 씨 형은 재문 씨를 신뢰하는 거죠. 자유롭게 막 쓰라고 해도 일정 범위를 잘 지킬 것이라고 보는 거니까요.

예수님이 저의 아문따 카드였으면 좋겠다는 표현도 좋아요. 이 의미는 아마도 모든 것을 다 인정하고 해결해 주시는 예수님의 은혜, 그런 의미이겠군요. 하나님은, 예수님은 우리의 모든 문제를 다 해결해 주시죠. 죽음까지도 해결해 주시니까요.

Q. 돈을 어떻게 다스릴 수 있는가?

강민수　　돈의 유혹, 이거 진짜 쉽지 않습니다. 오죽하면 하나님이 "너희가 하나님과 재물을 겸하여 섬기지 못한다"고 말씀하셨을까요. 비교는 그 속성이나 성질이 어느 정도 비슷해야 하는데, 속성이나 성질이 다르면 아예 비교 자체가 성립이 안 되는 건데 오죽했으면 예수님이 이것을 비교하셨을까 싶습니다.

이상철 멘토　　맞아요. 돈의 유혹은 정말 강하기 때문에, 돈을 벌기 시작할 때 처음부터 단단히 각오를 해야 합니다. 자신과 약속을 굳게 해야죠. 그렇다고 돈의 유혹이 무서워서 돈을 버는 행동을 안 해서도 안 됩니다. 적극적으로 벌면서 돈 버는 어려움도 겪어 보고, 돈을 벌고 난 다음 돈의 유혹도 경험해 보면서 그 모든 과정에서 하나님을 의지하고 신뢰하는 법을 배우는 것! 바로 이것이 우리 토론의 목표입니다.

리스크 관리의 핵심이 한도를 정하는 거라고 말씀드렸습니다. 리스크 관리에 대해서 추가적인 설명을 하자면, 우리는 삼성전자는 부도가 안 날 것이라고 생각하기 때문에 은행에서 대출을 아주 많이 해 줄 거라고 여깁니다. 10조 원, 20조 원 정도는 대출받을 수 있을 것 같은데, 은행은 돈이 있어도 그렇게 못하게 되어 있습니다. 0.001퍼센트의 확률로 부도가 날 경우를 대비하기 때문입니다. 만약 삼성전자가 부도가 날 경우에 삼성전자에 대출한 돈이 모두 손실이 되어도 고객들의 예금을 다 갚을 수 있는지를 계산합니다. 이 한도를 정하는 일을 하는 곳이 바로 리스크 관리 부서입니다.

리스크 관리의 핵심 중 또 하나는 아무리 좋아 보여도 잘 모르는 것은 안 하는 것입니다. 그래서 개인적으로 주식 투자는 해도 비트코인은 안 합니다. 아직 그 분야에 대해 충분히 이해하지 못해서입니다. 주식 투자의 경우도 한도를 정합니다. 오래 가져갈 것, 단타 할 것, 배당받기 좋은 것으로 나눠서요. 돈의 크기가 중요한 것이 아닙니다. 단돈 천만 원을 투자해도 몇백만 원씩 나누어 한도를 정해야 합니다. 이것을 잘 지키는 것이 인생의 지혜입니다. 스스로 이 원칙을 얼마나 잘 지키느냐가 관건이죠. 스스로 해 보면 알겠지만, 지키기가 무척 어렵습니다.

가끔 한도를 넘기고 싶을 때가 있습니다. 잘될 것 같으니까요. 은행에서도 어떤 경우에는 주식 시장의 흐름이 너무 좋으니 지금 투자하면 돈을 벌 수 있다며 한도를 더 올려 달라고 요청이 오기도 합니다. 그러면 그건 너희들 생각이고 한도는 넘을 수 없다고 거절하죠. 이것은 장기적 안목에서 필요한 결정입니다. 지금 이 순간 돈을 벌 수 있을 것 같아도, 좀 적게 벌지라도 장기적으로 안정적이게 버는 것이 총합적으로 보면 더 많이 벌기 때문입니다.

예를 들어, 친구 중에 그런 돈을 버는 정보를 주는 친구들이 있습니다. 이럴 때도 그 정보에 대한 신빙성을 점검해 보고 싶고, 그 친구 자체의 신뢰성에 대해서도 나름 점검해 보고 싶고, 여러 가지 생각이 들 수 있습니다. 저 친구는 평소에 뻥을 많이 치는 편인데 이번에도 뻥이겠지 하고 생각하면서도 한번 투자해 볼까 생각이 들 때, 역시 한도를 정해서 하는 게 참 중요합니다. 결코 큰돈을 한 번에 투자하면 안 됩니다. 설령 그 말이 맞더라도 말이죠. 만약 손실이 났다면, 그 친구를 원망하지 않을 정도가 한도입니다.

하지만 은행의 경우 한도를 결정하는 일에 약간의 예외는 있습니다. 절차가 다소 복잡하긴 한데, 종목끼리의 한도를 서로 조정하는 것입니다. 한 종목의 한도를 높이면 다른 종목의 한도를 낮추면서 전체 투자 한도는 변하지 않게 하는 것이 통상적인 방법입니다.

은행의 대출이나 주식 투자의 총 한도란 대출이나 투자한 것 중에서 아주 높은 확률로 손실이 날 경우에도 과연 예금을 갚을 수 있느냐라는 것이기 때문에 전체 한도는 증액이 거의 어렵습니다. 한도 조정이라는 것은 전체 한도를 잘 지키면서 그 범위 내에서 한도를 조정하는 것입니다. 예를 들면, 미국 주식과 한국 주식을 같이할 경우 한쪽의 한도를 올리면 다른 쪽 한도는 내리는 것입니다.

저는 리스크 관리 업무를 하면서 **이 한도를 정한다는 것이 참 놀라운 하나님의 지혜라는 생각을 많이 했습니다.** 돈을 투자할 때도 한도를 정하고, 돈을 소비할 때도 한도를 정하고, 나아가 시간 관리에 있어서도 한도를 정합니다. 시간 관리는 우리의 토론 주제가 아니어서 깊이 다루지 않겠지만, 해야 할 일은 많은데 시간은 제한되어 있고, 내 체력도 제한되어 있을 때 어떻게 관리할까요? 바로 한도를 정하는 것입니다. 나의 24시간은 하나님이 주신 한도입니다. 그 한도는 절대 내가 넘어설 수 없습니다. 나에게 24시간이 있다는 것을 받아들이는 것, 그것이 전도서가 말하는 지혜이고 믿음입니다.

전도서에 보면 범사에 기한이 있고 천하만사가 다 때가 있다고 쓰여 있습니다. 슬퍼할 때가 있고 춤출 때가 있으며, 지킬 때가 있고 버릴 때가 있으며, 사랑할 때가 있고 미워할 때가 있다는 말씀[45]이 있습니다. 이 말은 세상만사가 다 우리가 원하는 대로만 되는 것이 아니라, 하나님께서 정하신 때가 있다는 뜻입니다. 그 말씀은 그때를 받아들이고, 힘들 때는 견디며, 좋은 때가 반드시 올 것이란 믿음을 가지라는 의미입니다.

이 말씀을 우리 삶에 적용해 보면, 우리의 시간 관리를 이렇게 해야 한다고 생각합니다. 공부할 때가 있고, 놀 때가 있다. 운동할 때가 있고, 잠을 잘 때가 있다. 24시간 공부만 해서는 안 되며, 24시간 놀기만 해서도 안 된다. 잠을 잘 때는 자야 한다. 드라마를 볼 때는 봐야 한다.

우리가 일이나 공부를 열심히 하다 보면, 또 교회에서 열심히 봉사하다 보면 잠도 안 자고, 운동도 안 하고 무리합니다. 그러면 건강을 해치게 되면서 절대 장거리 경주에서 승리하지 못합니다. 지혜가 없는 것입니다. 그래서 저는 나름대로 시간의 한도를 정합니다. 공부할 시간, 운동할 시간, 잠을 잘 시간, 노래 부르고 노는 시간 등으로 나누어 관리합니다. 일의 경우에도 일의 종류마다 한도를 정합니다. 그 한도를 초과하는 일에 대한 요청이 들어오면 거절하는 요령도 터득해야 합니다. 한도를 정하면 내가 그 일을 할 수 있을지 없을지 판단을 빨리 할 수 있습니다.

저는 아주 다양한 일을 나름 많이 합니다. 직장인, 목사, 리스크 관리 강의, 취미 생활 등 일이 많습니다. 가끔은 주변에서 너무 많은 일을 하는 것이 아닌지 묻습니다. 그러다가 건강을 해치면 어떡하느냐는 사랑이 담긴 충고를 많이 듣습니다. 많은 일을 효율적으로 하는 비결은 시간의 한도를 정하는 것입니다. 운동할 시간에는 반드시 운동하며, 잠자는 시간은 반드시 확보합니다.

이처럼 주어진 한도를 인식하면 그 시간에 집중해서 무엇을 할 수 있습니다. 내가 하루 종일 공부해야 한다고 생각하는 것보다 하루 중에서 3시간밖에 공부할 시간이 없다고 생각하면 공부의 집중도가 높아집니다. 이렇게 하면 거의 불가능해 보이는 많은 일들을 주어진 시간 안에 다 할 수 있습니다.

저는 은행에서 은퇴하고 햇불트리니티신학대학원대학교에서 3년간 공부할 때도 동시에 많은 일을 했습니다. 연세대학교와 중앙대학교, 금융연수원에서 리스크 관리 강의를 했고, 회

사에서도 일했습니다. 횃불트리니티신학대학원대학교 영어
과정 목회학 석사(M.Div.)는 그 공부에만 모든 시간을 쏟아 부어
도 쉽지 않은 과정입니다. 특히 영어도 네이티브(native)가 아닌
사람으로서 가진 한계가 있고, 나이도 그때 이미 60세였습니
다. 처음 시작할 때 이것을 다 하는 것은 무리 아닐까 하는 생각
이 들기도 했지만, 우선 도전해 보고 하다 안 되면 하나씩 포기
하면서 마지막에 공부만 남기자고 생각했습니다. 공부도 힘들
면 휴학하고 천천히 해 보자고 마음을 편하게 먹었습니다.

그렇게 결심하고 나서 시간의 한도를 정했습니다. 첫 번째,
신학을 공부하는 시간은 수업이 있어서 학교에 가는 날(주로 화,
수, 목)에만 집중하기로 했습니다. 두 번째, 리스크 관리 강의는
금요일로 집중하고, 금요일 외 시간은 강의 요청을 거절했습니
다. 세 번째, 회사 일은 월요일에만 하기로 했습니다. 네 번째,
매일 운동하는 시간 30분과 잠자는 시간(6-7시간)은 절대 양보
하지 않기로 나름 원칙을 세우고 그 시간에는 그 일에만 집중
했습니다.

공부와 운동의 관계도 동일합니다. 문자적으로 시간에 매이
는 것이 아니라, 큰 한도를 정하면 그 한도 속에서 융통성 있게
조절합니다. 공부하다 피곤하면 그 시점에 운동으로 전환합니
다. 그러면 신기하게도 공부의 피로가 사라집니다. 그냥 막연
히 쉬는 것이 아니라, 정반대의 활동을 함으로써 진정한 휴식
을 얻게 됩니다. 이것은 제가 경험함으로써 터득하기도 했지
만, 이 분야의 전문가들의 이야기를 들어 보면 상당한 이론적
근거가 있습니다.

추가로 노파심에서 말씀드리자면, 이러한 **한도 관리**는 **상당한 융통성**을 가져야 합니다. 원칙을 정한 후 지나치게 엄격하게 지키려고 노력하다 보면 얼마 못 가 지쳐 버립니다. 따라서 큰 틀에서 계속 지켜 나가려고 노력하는 것이 중요하며, 단기간적으로 지키지 못할 때는 지나치게 자신을 자책하지 말고, 다시 되돌아오는 자세가 중요합니다.

성경의 경우도 보면 유대교 바리새인들이 지나치게 문자를 엄격히 지키려고 하다 보니 오히려 스스로 함정에 빠지는 경우가 생깁니다. 우리가 그렇게 완벽한 사람이 아니라는 것을 인정하는 것도 훌륭한 지혜입니다.

이러한 한도는 돈의 문제에 적용하면 더 명확해집니다. 투자는 항상 핫한 이슈가 있죠. 요즘 같으면 이차 전지 투자가 핫한 이슈입니다. 주식 투자 전문가들의 이야기를 들어 보면 항상 포트폴리오라는 말을 많이 합니다. "여러 개로 분산 투자해라", "계란을 한 바구니에 담지 마라" 이런 말들은 한도를 의미합니다. 특정 주식이 아무리 좋아도 전 재산을 한곳에 투자하지 말라는 의미입니다. 앞서 말했다시피 아무리 좋은 회사일지라도 일정 비율을 넘어서면 은행에서 대출을 해 줄 수 없다는 것과 같습니다.

그런데 어떤 순간에 보면 큰돈을 한 종목에 집중 투자해서 큰 수익을 내기도 합니다. 그런 경우에는 한도가 의미 없어 보이고 어쩌면 어리석어 보일 수도 있습니다. 그러나 핵심은, 장기적으로 계속 수익을 내기 위해서는 이 '한도'를 설정하는 것이 중요하다는 뜻입니다. 인생은 마라톤이며, 투자도 마라톤입니다. 전 기간에 걸쳐 고르게, 지속적으로 수익을 내는 것이 중요하기 때문에 큰 투자에 대한 한순간의 유혹을 잘 이겨 내야 합니다.

Q. 돈의 유혹을 극복하는 방법은 무엇인가?

강민수   먼저, 돈을 대하는 태도에 있어 어떻게 돈의 유혹을 적극적으로 이겨 내고 잘 관리할 수 있을지 하나님께 지혜를 구하면서 성실하게 일하고, 관리하고, 투자하는 사람이 있습니다. 그래서 어떡하면 잘할 수 있을까 고민하고, 혹시 하나님이 그런 사람을 찾고 계시다면 제발 나 좀 사용해 달라고 기도하는 것입니다. 그런데 절대로 하나님은 제 캐파(capability)를 넘어서서 주지는 않으셨습니다.

두 번째 반응은, 오히려 가난하게 되는 것입니다. 자신을 이 유혹 속에서 철저하게 고립시키는 것이죠. 그러니까 그 시험이 아예 생기지 않게 말입니다. 우리가 "시험에 들게 하지 마옵소서" 하듯이 그 시험에 아주 강력한 대응 수단으로서 가난하게 되는 것입니다. 물론 이게 자랑거리는 아닌데, 이런 상황 가운데서 우리는 유일한 특권 하나를 가질 수 있습니다. 바로 하나님의 자비하심입니다. 그게 가난한 사람들의 특권인 것이고, 하루하루의 삶을 오롯이 하나님의 은혜에 맡기는 것입니다. 그래서 이들에게는 '그리스도를 소유한 부'라는 복음이 주어집니다.

이런 반응의 차이에서 무엇이 맞고 틀렸다고 가치 판단하고 싶지는 않습니다. 어떤 사람은 시험을 적극적으로 극복하고 뛰어넘기 위해 노력하는 반면에, 또 다른 사람은 반대편에서 극단적으로 가난해짐으로써 시험 자체를 거부한다고 볼 수 있습니다.

임재문 사실 돈이 없으면 좋은 게 많습니다. 쓸데없는 유혹에 안 빠지고. 그런데 한편으로는 또 돈 좀 달라고, 취직 좀 시켜 달라고 원망하는 마음도 당연히 있습니다. 그러니까 돈이 있으면 있는 대로 유혹에 빠져 하나님을 잊고, 없으면 없는 대로 하나님을 원망합니다. 그래서 예수 그리스도가 필요한 것 아닐까요. 언제나 망각과 원망뿐인 우리를 그 모습 그대로 덮으시는 은혜가 있다는 것입니다.

이상철 멘토 그래서 "가난하게도 마옵시고 부하게도 마옵소서"라는 말이 진리가 됩니다. 배고프면서 힘들지 않은 사람은 없고, 반대로 지나치게 돈이 많아 그 즐거움에 빠져서 하나님이 우선순위에서 밀릴 수도 있습니다. 돈이 없어 배고플 때 하나님을 원망하지 않기가 어려운 것처럼, 돈이 많을 때 여전히 하나님을 최우선 순위에 두는 것도 쉽지 않습니다. 그래서 이러한 기도를 하는 잠언의 아굴이라는 사람이 지혜로운 것입니다.

창세기 요셉의 이야기가 이를 증명합니다. 7년간 풍년이 오고, 그다음 7년간 극심한 흉년이 올 것이라고 하나님이 알려 주셨기에 요셉이 할 일은 창고를 만들어서 비축을 하고 흉년이 오는 것을 대비하는 것입니다. 대비하지 않고 있다가 나중에 흉년이 되어서 하나님을 원망하면 자신의 일을 하지 않고 하나님을 핑계 삼는 행동이 됩니다. **무턱대고 하나님께 모든 것을 미루어 버리는 것이 믿음이 아니라, 하나님이 가르쳐 주신 삶의 원리를 따라 대비하는 것이 믿음의 행동이라 생각합니다.**

반대의 경우도 있습니다. 지나치게 많은 돈의 상속이 가족들 간의 불화를 불러오는 경우도 비일비재합니다. 돈이 적을 때는 우애가 좋던 형제가 많은 돈이 상속되는 순간에 둘도 없는 원수가 되는 것은 우리가 현실에서 많이 보는 장면들입니다. 하나님에 대한 생각은 하나도 없이, 오직 돈만 보고 사는 사람의 종말에 대해 그것이 얼마나 허망한 것인가도 우리는 생각해 봐야 합니다.

윤제나　상속 때문에 싸운 사람은 형제들을 원망하지 하나님을 원망할 것 같지는 않거든요? 그런데 사람들에게 전도도 열심히 하던 사람이 은퇴한 뒤 늙고, 병들고, 주변에서는 아무도 자기를 찾지 않고… 그렇게 되면 하나님을 원망할 것 같습니다. 하나님을 섬긴 사람인데 노년에 왜 아무것도 남겨 주지 않으셨을까 싶은 거죠.

이상철 멘토　그렇죠. 그렇게 생각할 수밖에 없을 거라는 생각이 들죠? 그래서 마르틴 루터가 말했던 것처럼 모든 직업은 하나님의 부르심이므로 크리스천에게는 선교 활동이나 직장일이나 동일하게 하나님을 섬기는 것입니다. 노후에 대한 대책 또한 동일한 원리를 따라야 한다고 말하고 싶습니다.

권용수　　교회 다니는 사람들은 하나님이 다 책임져 주시겠지 생각하곤 하는데, 우리가 열심히 찾고 구하지 않으면 그것 역시 불순종이자 죄가 될 수 있다는 인사이트를 받은 것 같습니다. "하나님께 책임을 전가하는 무책임한 짓을 할 거냐!"라는 말이 충격적으로 들리기도 합니다.

강민수　　돈의 유혹은 매우 무섭습니다. 미래에 대한 막연한 불안감을 삶의 현장에서 열심히 일하며 하나님을 신뢰함으로 맞서는 것이 아니라 저축이라는 이름 아래 돈을 축적함으로 하나님의 도우심보다 돈을 의지하도록 만듭니다. 통장의 잔고가 든든(?)하면 일찍이 사람들은 독립과 자유를 선포하려고 합니다. 저는 여기서 저축 그 자체를 부정하기보다는 우리의 마음속에 있는 중심에 대해서 말하고 싶은 것입니다. 미래를 대비해 보려는 성향과 습관, 이것이 최선의 지혜라는 자기 논리를 부인하는 것에서부터 시작해야 합니다.

　그리고 저는 하나님이 다 책임져 주시겠지 하는 생각이 지금도 강하게 있습니다. 그래서 아침에 일어나서 약간 구부정한 자세로 하나님께 인생을 책임져 달라고 기도합니다. 사실 구부정한 자세로 기도하는 건 일부러 그러는 것 같습니다. 불쌍해 보이려고요. (하하)

권용수　　하나님이 좀 보고 계시나, 이런 건가요? (하하) 책임은

져 주시겠지만 손 놓고 있으면 안 돼요!

강민수   만약 하루하루를 힘겹게 그리고 가난하고 어렵게 살아가는 친구가 있다면 하나님이 주시는 일용할 양식을 좀 경험했으면 좋겠고, 그런 도움이 끊이지 않았으면 좋겠습니다. 그리고 재정적으로 좀 여유가 있다면, 이런 어려움에 있는 친구들과 같이 기꺼이 나눌 수 있는 마음이 있으면 좋을 것 같습니다.

윤제나   쓸쓸한 마음이 들었습니다. 하나님을 섬기는 사람이라면 모두에게 베풀어 주셔야 하는 게 아닌가라는 생각도 했고요. 예를 들어, 두 사람에게 같은 밥상을 차려 줬는데 한 명은 알아서 척척 밥도 먹고, 반찬도 먹고, 국도 떠먹어요. 그런데 한 명은 안 먹어요. 그런데 먹지 않는 사람이 사실은 먹는 방법을 몰라서 못 먹는 것일 수도 있다는 생각을 했습니다. 수저로 떠먹는 건지, 포크로 찍어먹는 건지, 심지어 수저가 뭔지 모를 수도 있죠. 안 알려 주고 "밥을 차려 놓았는데 안 먹은 네 잘못이야"라고 하면 조금 억울할 것 같아요. "어떻게 먹는 건데요?"라면서 반항심이 생길 것 같고요. 만약 제가 후자라면, 예수님이 차려 준 밥을 먹지 못하더라도 원망하지 않는 마음을 길러야겠죠. 패배감이 지배하게 둘 수는 없으니까요.

이상철 멘토   사람에 따라서는 육체적 건강이 허락되지 않는 경우도 있고, 환경적으로 안 되는 경우도 있고, 정말 밥상을 차려 주어도 먹는 방법을 모를 수 있고, 다양한 상황이 있을 수 있습니다. 그래서 밥을 먹는 방법을 가르쳐 주는 금융 교육이 필요합니다. 또한 건강도 좋고, 밥 먹는 법도 잘 아는 사람들이 자신의 것을 나누어 주는, 다른 사람을 돕는 것을 마땅히 해야겠죠. 정부 차원에서도 소득에 누진세를 적용해서 돈을 많이 버는 사람들에게서는 더 높은 세율로 세금을 걷어서 돈을 적게 버는 사람들을 돕는 일을 하고 있죠. 이러한 정신은 구약의 십일조의 정신입니다.

그래서 성실하게 살았음에도 경제적으로 여유가 없는 사람들이 있을 수밖에 없는데, 크리스천이라면 이런 사람들에 대한 베풂, 나눔의 삶을 살도록 노력해야 합니다. 하나님께 기도하기를, "하나님, 저 사람들에게 밥을 주시면 좋겠는데, 왜 안 주시죠?"라고 물어본다면 하나님의 답은 "그래서 내가 네게 좀 더 주지 않았느냐, 네가 주도록 해라"입니다. 이것이 이웃 사랑이고, 하나님은 하늘에서 밥을 차려 주시는 것이 아니라, 주변 사람들을 통해서 없는 자들에게 나누어 주는 분이십니다.

Q. 기부는 필요한가?

이상철 멘토　저는 어린이 심장재단(저의 가족 중에 관련하여 어려움을 겪은 사람이 있어서 관심을 갖게 되었죠), 국제기아대책기구 같은 곳에 정기적으로 꽤 오랫동안 기부를 했습니다. 지금도 펄벅재단, 열매나눔재단 등 사회 복지 재단이나 선교 단체, 출신 학교 등 이곳저곳 힘닿는 데까지 기부합니다. 이런 것은 몸에 배게 하는 게 중요합니다. 돈의 크기와 상관없이 작은 돈을 꾸준히 기부하는 것이 정말 중요하다고 생각합니다. 나중에 정말 부자가 되면 작은 돈을 계속 기부했던 사람이 기부할 수 있는 법이죠. 작은 돈을 기부하지 못한 사람은 큰돈이 있어도 기부하지 못합니다. 하나님은 돈이 많으시므로 하나님이 그런 단체에 직접 주고자 하시면 금방 주실 수 있는데, 하나님은 직접 주시기 보다는 우리가 주기를 원하십니다. 여러분도 조금씩 기부하고 있지요?

윤제나　저는 기부해 본 적이 없습니다.

권용수　기부는 큰돈이 아니더라도 1–2만 원씩 해 보는 습관을 들여 보라고 강하게 말씀하셨던 기억이 납니다. 그때는 왜 그렇게 세게 얘기하셨을까 투덜대기도 했는데, 이제 와서 보니 왜 그때 습관을 들여 주시려고 했는지를 알겠더라고요.

이상철 멘토　맞아요. 지금부터 하면 됩니다. 한 달에 100만 원 버는 사람이 10만 원 기부하는 것과 1,000만 원 벌어서 100만 원 기부하는 것 중에서 어느 것이 더 힘들까요? 1,000만 원 벌어서 100만 원 기부하는 것이 더 힘듭니다. 비율은 똑같이 10퍼센트인데, 큰돈에서 같은 비율이 더 힘들어요. 그리고 작은 기부를 하면 거기에 따라서 얻어지는 기쁨 같은 게 커요. 우리가 운동하면 몸이 건강해지는 기쁨을 알게 되는 것과 같습니다.

권용수   저희 어머니도 컴패션(Compassion)에 후원하고 계시는 데, 진짜 좋은 것 같습니다. 세드렉이라는 아프리카에 살고 있는 친구를 어렸을 때부터 후원하고 계세요. 컴패션은 후원자와 1:1로 매칭해 줘서 도움이 필요한 친구에게 경제적인 도움뿐 아니라 정서적인 도움도 줄 수 있게 시스템이 되어 있어서 편지도 주고받을 수 있고, 친구가 계속 커 가는 것 역시 사진을 정기적으로 받아 볼 수 있어요. 진짜 한 생명을 양육하는 마음으로 후원자가 후원에 임할 수 있게 해 주더라고요.

어머니가 후원해 주신 그 몇 만 원으로 그 친구가 학용품을 사고, 등록금을 내고, 끼니를 해결하고, 마을에 정수 시설이나 우물 같은 것을 짓는 데 보태는 이야기들이 다 편지로 생생히 전달되었던 것을 잊을 수가 없습니다. 그래서 그 상황들을 보면 마치 직접 아이를 키우는 것 같은 느낌이 들어요. 후원을 통해 제가 받는 정서적 효과도 굉장히 크고, 사람이 그 정도의 작은 돈으로 어떻게 이런 축복을 누릴 수 있을까라는 생각이 듭니다.

이상철 멘토   한국에서의 작은 돈이 어려운 나라에 가면 정말 큰돈이 되기에 우리가 쉽게 쓰는 돈이 그곳에서는 어린아이들, 젊은이들의 평생을 좌우하는 일들이 됩니다. 주변 사람들을 돕는 것은 나의 수입이 적을 때부터 훈련해야 합니다. 지금은 돈이 없으니 나중에 돕겠다는 생각을 해서는 안 됩니다. 적은 수입에서는 적은 돈으로, 점점 수입이 많아지면 큰돈으로 주변 사람을 도울 수 있습니다. 지금부터라도 정기적으로 기부하고 돕는 훈련을 했으면 좋겠습니다.

저희 가족도 컴패션에 조금 후원하는데, 정말 기쁨이 큽니다. 컴패션이든 어디든 단돈 1만 원부터 하는 훈련! 정말 중요합니다.

강민수 저는 나눔이 주는, 예수님의 약속하신 축복에 대해서도 알았으면 좋겠습니다. 사실 예전에는 오롯이 저만을 위해 살아왔습니다. 그런데 어느 순간부터 '나'에서 '남'으로 시선이 바뀌면서 도움이 필요한 사람들을 향한 긍휼한 마음이 생겼습니다. 앞서 말씀하신 선한 일을 함으로써 경험할 수 있는 만족감, 기쁨 등도 너무 소중하죠. 그런데 이 마음을 하나님이 기쁘게 보고 우리에게도 넘치게 축복해 주신다는 말씀이 너무 감격적인 거예요. 역설적이게도 받는 것보다 주는 것이 행복할 수밖에 없는 것은 하나님의 이런 마음 때문인 것 같습니다. "주라 그리하면 너희에게 줄 것이니 곧 후히 되어 누르고 흔들어 넘치도록 하여 너희에게 안겨 주리라 너희가 헤아리는 그 헤아림으로 너희도 헤아림을 도로 받을 것이니라"(눅 6:38).

Q. 어떻게 소비할 것인가?

강민수 최근에 결심한 게 하나 있습니다. 제가 앞으로 얼마를 벌지, 얼마의 자산을 축적할지 잘 모르겠지만, 돈을 쓰는 우선순위에 대한 변화가 반드시 필요하다고 생각하고, 돈을 어떻게 쓰는 것이 지혜로운 것인지 삶으로 보여 줘야겠다는 생각이 들었습니다.

이런 고민을 하는 와중에 하나의 일화를 들었습니다. 부산에서 제가 다니던 호산나교회가 속한 교단이 합신입니다. 이 교단이 신학대학교를 만들어야 하는 상황인데 돈이 없는 거예요. 우리 교회의 권사님이 이 얘기를 듣고 서울 명동의 건물을 팔아서 학교 부지를 사기 위해 헌금을 했다는 얘기를 지난주에 우연히 들었습니다.

현재 수원 캠퍼스가 약 3만 평 정도 됩니다. 예나 지금이나 서울 명동 건물이면 얼마나 비싸겠습니까. 제가 그분의 배경은 잘 모르지만 어쩌면 평생 일궈 온 전 재산일 수도 있고, 아니면 몇 가지 있는 자산 중에 적당한 것을 팔아서 헌금했을 수도 있습니다. 그런데 그게 전체든 부분이든 상관없이 상당한 금액을 헌금했다는 사실과 이 권사님의 헌신이 너무 감명 깊었습니다. 제가 다니던 교회의 신앙의 선배가 이런 모습을 보여 줬다는 것이 상당히 귀감이 되는 거죠. 그러면서 저는 이렇게 다짐했습니다. "그래! 돈은 이렇게 쓰는 거야. 이렇게 써야지."

특강 3 ___ 돈과 신앙:

 - 성경이 말하는 돈과 신앙의 관계

이상철 멘토

● **배경과 목적**

이것 역시 저의 생각을 정리한 것이므로, 여러분 각자의 시각에서 해석하고 이해하면 좋겠습니다. 분명한 것은, 성경에 대한 저의 해석은 정통적인, 모두가 신뢰하는 유명한 신학자들의 의견과도 일치하고 있음을 말씀드리고 싶습니다. 또한 지금까지 우리가 나누었던 토론의 내용과 중복될 수도 있지만, 최종적으로 정리한다는 차원에서 말씀드리겠습니다.

벌써 꽤 오래전인 18년 전, 2005년 당시 외환은행에 다니면서 평생 제 머리를 떠나지 않았던 주제가 바로 '돈과 신앙', '일과 신앙'의 관계였습니다. 직업이 은행원이다 보니 매일 돈과 관련해 일해야 했고, 또한 크리스천으로서 매일 하나님에 대한 생각을 하다 보니 당연한 문제이기도 했습니다. 그때의 자료를 해가 거듭되면서 조금씩 다듬었습니다.

우리가 돈의 세계라고 하면 제일 먼저 떠오르는 이미지가 탐욕, 부정, 비리와 같은 것들입니다. 그게 우리의 현실입니다. 그렇다면 크리스천들은 돈을 어떻게 생각하고 다루어야 하는가? 성경은, 하나님은, 예수님은 돈에 대해 무엇이라 말씀하시는가? 이 주제는 자연스럽고 당연하게 저의 모든 생각을 사로잡게 되었습니다. 따라서 본 강의의 목적은 돈에 관한 성경적인 정확한 이해와 돈과의 관계를 하나님 안에서 정립하자는 것이고, 캐치프레이즈는 '돈을 통해 하나님께로 더 가까이'입니다.

돈 문제로 인해 하나님과 멀어지는 게 아니라, 돈이라는 매개체를 통해서 하나님을 더 알고, 더 배우고, 하나님께 더 가까이 가야겠다는 것이 이 강의의 가장 큰 목표입니다. 내가 결혼을 통해서, 직업을 통해서, 선교 활동을 통해서, 교회 봉사를 통해서 하나님을 배우는 것처럼 동일하게 나의 삶에서 가장 솔직한, 직설적인, 결코 속일 수 없는 특성을 가진 돈을 통해서 하나님을 배워야 한다는 것입니다.

● 돈에 대한 이원론적인 생각

"돈을 사랑함이 일만 악의 뿌리가 되나니"(딤전 6:10)라는 말씀을 많이 듣다 보니 사람들은 돈에 대해 신앙적으로 부정적 이미지를 갖습니다. 그런데 이 말씀 때문에 돈을 벌고자 하는 행동 자체를 죄악시하는 모습도 보게 됩니다. 돈이란 삶에 없어서는 안 되는 것이니 어쩔 수 없이, 마지못해 그냥 주어지는 대로 받는 것이라는 생각을 하는 것입니다. 그래서 돈에 대해 적극적인 태도를 취하는 것이 신앙의 양심에 거리낌이 됩니다. 그러면서도 동시에 돈에 대해 끊임없이 생각하고, 많이 벌고 싶어 하는 마음을 버리지 못합니다.

그런데 이러한 갈등을 일으키는 생각이 어디서 오는 것일까 생각해 보면 이는 사탄의 전략일 수도 있겠다는 생각이 듭니다. 사탄의 전략을 살펴보면 에덴동산에서 뱀이 하와에게 말하기를, "에덴동산의 모든 나무의 열매를 먹지 말라고 그랬느냐"[46]라고 물어봅니다. 그러나 하나님은 반대로 말씀하셨습니다. "동산 나무의 열매는 다 먹을 수 있다. 다만 선악을 알게 하는 나무의 열매만 먹지 말아라"[47]라고 하셨죠. 사탄은 하나님의 이미지를 부정적으로 만듭니다. 마치 하나님이 우리가 에덴동산의 열매를 먹는 것을 싫어하시는 분인 것처럼 말입니다. 사탄은 하나님이 엄하고, 까다롭고, 자유와 축복을 마음껏 누리도록 하지 않으시는 분이라는 식의 이미지를 심어 주고 싶어 했습니다. 에덴동산에서 아담과 하와에게 절대 먹지 말라고 하신 단 하나의 열매인 선악과는 하나님이 우리 삶에서 최우선 순위이며, 마지막 결정권자임을 인정하라는 의미입니다.

돈에 대해서도 마찬가지입니다. "하나님이 너희가 돈 버는 것 싫어하지? 그런데 너희들, 돈은 필요하지? 그래서 돈 못 벌게 하시는 하나님이 싫지?" 이렇게 만들고 싶은 것이 사탄의 전략입니다. 우리는 그 전략에 절대로 속아서는 안 됩니다. 돈이란 기본적으로 좋은 것이며, 하나님은 그것을 우리에게 주고 싶어 하시는데, 다만 한 가지만 지키라고 말씀하십니다. 우리에게 최우선 순위는 돈이 아니라 하나님이라고 하십니다. 이것이 동산 모든 나무의 열매는 먹되 단 한 나무, 곧 선악을 알게 하는 나무의 열매는 먹지 말라고 하신 것과 같습니다.

선악과는, 세상의 모든 선과 악의 기준은 하나님이시다, 즉 하나님이 정하신다는 것을 인정하라는 의미입니다. 사람이 선악과를 먹는다는 것은 모든 선과 악의 기준을 하나님께서 정하시는 것이 아니라, 인간인 내가, 나 스스로 정하겠다는 의미입니다. 이는 자율성을 갖겠다는 의미가 아니라, 모든 것을 자기 마음대로 정하겠다는 의미가 됩니다. 인간의 자율성이란 큰 범위 속에서 정해져야 합니다.

아주 간단한 예로, 우리는 타인을 해치지 않는 범위 내에서 각자의 자유를 주장해야 합니다. 선악과를 먹는다는 것은 설령 타인에게 해를 끼친다 해도 나는 나의 자유를 주장하겠다는 의미가 됩니다. 선악과를 먹은 이후 그 후손인 가인은 동생인 아벨을 죽입니다. 자신의 시기심, 화, 분노가 다른 사람의 생명보다 더 중요해지는 것이죠. 이는 자유가 아니라, 범죄가 됩니다.

이처럼 **돈에 대해서도 우리는 돈을 마음껏 벌 수 있고 사용할 수 있지만 일정한 범위를 지켜야 하며, 그것은 하나님의 진리의 말씀을 넘어서서는 결코 안 되는 명확한 범위가 있습니다.** 그런데 이 범위를 지키는 게 싫거나 무서워서 돈을 버는 행위를 부정적으로 생각해서는 안 됩니다. 동시에 돈을 다루면서 일정 범위를 지킨다는 게 결코 쉽지 않다는 것도 명심해야 합니다. 왜냐하면 돈의 유혹은 생각보다 훨씬 강력하기 때문입니다.

돈의 유혹은 돈이 가진 힘 때문에 생깁니다. 돈이 가진 힘이 얼마나 세다고 생각합니까? 돈을 지나치게 인정하면 살아 있는 존재처럼 행사합니다. 사실 돈의 속성은 하나님과 비슷합니다. 돈으로 안 되는 것이 거의 없다는 뜻입니다. 그리고 돈은 사람의 숭배를 요구합니다. 그런 면에서도 하나님과 비슷합니다. 그래서 돈은 감히 하나님과 맞짱을 뜨려고 생각합니다. 세상의 그 무엇도 감히 하나님께 도전하지 못하는데, 돈은 감히 하나님의 지위를 넘봅니다. 이런 의미에서 예수님은 "너희가 하나님과 재물을 겸하여 섬기지 못하느니라"(마 6:24)라고 하십니다.

우리는 돈의 힘을 무시해서는 안 됩니다. 적을 알고 나를 알아야 결코 지지 않는 법이므로, 돈의 힘에 대해서도 정확히 알아야 합니다. 하나님은 십계명의 제1계명으로서 "다른 신들을 너에게 두지 말라"고 말씀하셨는데, 오늘 현대의 다른 신은 바로 '돈'이라고 할 수 있습니다. 우상의 본질이죠. 사람들에게 풍요를 약속하고 그 대가로 복종을 원하는 우상, 실제로는 존재하지 않지만 사람이 창조해 낸 그 피조물에 스스로 종속되게 하는 것이 바로 우상입니다. **현대인들은 돈에 거의 모든 것을 다 겁니다. 돈을 위해서라면 무엇이든 다 합니다. 그래서 돈이 우상이고, 예수님께서는 우리가 하나님과 재물을 삶의 최우선 순위에 나란히 둘 수 없다고 하십니다.**

이 표현은 성경에 두 번 나옵니다. 누가복음(16:13)과 마태복음(6:24)에 나오는데, 영어 표현을 직역해 보면 "너희가 하나님과 재물을 겸하여 섬겨서는 안 된다(must not)"가 아니라 "겸하여 섬길 수 없다(cannot)"입니다. 즉, '너는 설령 하나님과 재물을 둘 다 동시에 최우선 순위에 놓고 싶다 하더라도 심리적으로, 현실적으로 불가능한 일이다. 너는 어쩔 수 없이 어느 하나를 최우선 순위에 두게 된다'라는 의미입니다.

그렇다면 돈은 힘이 있고 절대 무시하지 못하는 삶의 중요한 주제인데, 이 돈에 대해 어떠한 태도를 갖는 것이 옳을까요? 두 가지 태도가 있습니다. 첫 번째는, 돈에 대해 관심을 갖지 말고 하나님께서 주시면 주시는 대로, 안 주시면 안 주시는 대로 만족하며 살자는 태도이고, 두 번째는, 적극적인 관심을 가지고 돈을 벌고, 사용하고, 관리하기 위한 노력과 시간을 들이자는 태도입니다.

'첫 번째 태도'의 근거가 되는 것은 성경의 히브리서 13장 5절입니다. "돈을 사랑하지 말고 있는 바를 족한 줄로 알라 그가 친히 말씀하시기를 내가 결코 너희를 버리지 아니하고 너희를 떠나지 아니하리라 하셨느니라." '두 번째 태도'의 근거가 되는 것은 마태복음 25장의 달란트 비유를 들 수 있습니다. 달란트는 재능이라는 의미 이전에 기본적으로 돈을 의미합니다. 또한 잠언 27장 23절에도 "네 양 떼의 형편을 부지런히 살피며 네 소 떼에게 마음을 두라"라고 되어 있어서, 이런 내용들을 보면 재산 관리에 마음을 다해야 하는구나 하는 생각이 듭니다.

그러다 보니 조금 혼란스러워집니다. 우리는 기본적으로 돈이 필요한 것도 알고, 돈을 벌고 싶은 본능적 욕구도 있습니다. 그러나 우리에게 중요한 것은 하나님이 원하시는 것이 무엇인가를 정확히 아는 것입니다. 우리는 완벽하지는 않지만 가능한 하나님이 원하시는 것을 따라 살려고 하는 마음을 가지고 있습니다. 그래서 성경의 가르침이 중요합니다.

예수님은 천국 비밀을 설명할 때 돈을 예시로 많이 사용하십니다. 돈을 천국의 예시로 많이 사용하시는 이유는 돈을 다루는 원리와 천국의 원리가 유사한 점이 많다는 뜻입니다. 천국의 원리는 영적이고 추상적이어서 사람들이 쉽게 이해하지 못하지만, 돈은 사람들이 모두 좋아하는 것이고, 현실 가운데서 잘 느끼는 민감한 것이어서 돈을 관리하는 속성으로 이야기하면 사람들이 잘 알아듣기 때문입니다.

● 돈에 대한 성경의 가르침

성경에는 돈에 관한 부정적 표현도 있고 긍정적 표현도 있습니다. 돈은 이처럼 양면성을 가지고 있습니다. 그래서 돈은 사람의 진면목을 보여줍니다. 그 사람이 어떤 사람인지 알기 위해서는 다른 어떤 기준보다도 그 사람이 돈을 다루는 것을 보면 알 수 있습니다.[48]

우선, 돈에 관한 부정적 표현들을 하나씩 살펴보겠습니다. 이는 돈 자체를 부정적으로 보는 것이 아니라, 우리가 돈을 다룸에 있어 조심해야 할 부분을 말하는 것이라 보면 됩니다. **첫 번째는, 앞에서 말한 '하나님**

과 재물을 겸하여 섬길 수 없다'는 말씀입니다(눅 16:13; 마 6:24). **이는 하나님과 재물(돈)의 우선순위가 같을 수 없다는 의미입니다.** 그런데 우리는 이 말을 재물에 대한 관심을 아예 끊어 버리라는 의미로 쉽게 받아들이는 경우가 많습니다.

두 번째는, '부자가 하나님 나라에 들어가는 것이 아주 어렵다'(마 19:24)는 말씀입니다. 모든 부자가 다 하나님 나라(천국)에 들어가기 어렵다는 뜻이 아니고, 하나님보다 돈을 더 우선시하는 부자는 천국에 들어가기가 어렵다는 뜻입니다.

세 번째는, '너희를 위해 보물을 땅에 쌓아 두지 말라'(마 6:19)는 말씀입니다. 개인적으로 아주 힘들었던 말씀입니다. 은행에서 근무할 때인데, 저축하고 보험 가입하는 것에 큰 부담을 느꼈습니다. 이것이야말로 보물을 땅에 쌓아 두는 것이니 성경 말씀을 완전히 거스른다고 생각했었습니다. 특히 보험의 경우에는 미래에 있을지 없을지 알 수 없는 사고에 대해 미리 돈을 지불하는 것이니, 아무리 금액이 적어도 미래에 있을 수 있는(확정되어 있지도 않은) 사고는 하나님께 전적으로 맡기고 주님을 의지하고 살아야지, 왜 그것을 미리 걱정해서 현재의 돈을 보험회사에 내어야 하는가 하는 생각이 아주 강하게 들었습니다.

그러나 이 역시 강조점은 '너희를 위하여'에 있습니다. 우리는 '쌓아 두지 말라'는 말이 마음에 부담을 주지만, 실제 강조점은 '너희를 위하여', 즉 자기 자신의 이기적 목적만을 위하여 돈을 저축하는 것은 의미 없는 일임을 강조하고 있습니다. 그래서 1차적으로는 나 자신을 위한 것일 수 있지만, 넓게는 많은 사람의 유익을 위해 돈을 저축하는 지혜가 필요합니다.[49]

네 번째 부정적 표현은 '돈을 사랑하지 말라'입니다(딤전 6:10; 히 13:5).

그래서 돈을 적극적으로 벌려고 하는 행동이 주춤해집니다. 실제 내 마음속에서 돈이 주는 유익함을 잘 알기 때문에 적극적으로 벌고 싶은데, 이 말씀 때문에 무척 망설여지고 혼란스럽습니다. 이 말씀을 잘 이해하기 위해서는 돈에 관한 긍정적 표현을 함께 보아야 합니다.

긍정적 표현을 보면 제일 먼저 떠오르는 성경 구절이 달란트 비유입니다. 이 비유는 명확하게 천국 비유입니다. 달란트 비유가 나오는 마태복음 25장은 예수님이 십자가에 달려 돌아가시기 불과 3일 전에 제자들에게 가르치신 내용입니다. 이 가르침은 화요일에 있었고, 금요일에 십자가에서 못 박히십니다. 그래서 주인이 멀리 떠나면서 종들에게 큰돈을 맡기고, 언젠가 다시 돌아와서 결산하는 내용입니다. 종들은 제자들이며, 멀리 떠나는 것은 예수님의 십자가 죽음과 승천이고, 언젠가 다시 돌아오는 것은 재림의 때를 말합니다. 예수님이 멀리 떠나 계시는 동안에 복음을 지키고 가르치는 영적인 일들을 설명하면서 달란트라는 돈을 이용해서 그것을 장사하는 것에 비유하여 가르치십니다. 맡겨진 돈을 그냥 묻어 두는 것이 아니라 적극적으로 활용해서 수익을 남겨야 한다고 말씀하시며, 수익을 내지 못하고 손실 볼 것을 두려워해서는 안 된다고 가르치십니다.

다섯 달란트[50]는 큰돈일까요, 작은 돈일까요? 그 당시에 이만한 돈이면 정말 큰돈입니다. 한 달란트를 받은 종이 혹시 사업하다 손실이 날까봐 두려워했던 것도 돈의 규모를 보면 이해가 됩니다. 연봉 1억(꿈의 연봉)으로 가정하면 20년 연봉인 20억을 받은 것입니다. 쉽게 투자하기 어렵습니다. 원금만 잘 보존해도 훌륭하다 할 수 있을 것 같습니다. 동의하시죠? 이 비유의 핵심은 주인이 무서워서 달란트를 땅에 묻은 종의 그 두려움을 질책한다는 것입니다. 여기서 핵심은 이 종이 주인의 성품과 그 돈을 맡긴 의도를 모른다는 것입니다. 주인은 그가 최선을 다해 관리하기를 바랐습니다. 손실이 나든 이익이 나든 그것은 중요한 것이 아니었습니다. 그 돈의 주인은 주인 자신이고, 손실이 나도 주인의 손실이요, 이익이 나도 주인의 이익이기에 종의 역할은 열심히 할 수 있는 바를 다하는 것입니다.

하나님은 돈으로 살 수 없는 값진 인생을 우리에게 주셨습니다. 아니, 맡기셨습니다. 때가 되면 거두어 가실 것이므로 사탄의 전략은 우리가 하나님에 대해서 두려움을 갖게 만드는 것입니다. 하나님 앞에서 두려움으로 기가 죽어 있는 모습으로 만들고 싶어 합니다. 내가 잘못하면 벌주는 하나님이라는 인식을 가지고 있으면 당연히 돈을 땅에 묻어서 원금만 보존하고 싶어집니다. 그러나 자기에게 맡겨진 돈이 있으면 작든 크든 적극적으로 관리하는 것이 옳은 자세입니다.

이 비유가 주는 교훈은, 누구나 하나님께서 주시는 삶의 기회를 사용하는 데 충실해야 하며, 열심히 사용해서 부유해진 사람들은 계속해서 그 일을 함으로써 더욱더 부유해진다는 것입니다. 주인은 한 달란트를 빼앗아서 다섯 달란트 가졌던 사람(이제 열 달란트가 되었습니다)에게 줍니다. 이는 빈익빈, 부익부를 말하는 것이 아니라, 노력하는 자에게 주어지는 자연스러운 보상과 같습니다.

두 번째 긍정적 표현은 성경에 나오는 위대한 부자들입니다. 이들은 위대한 신앙의 사람이었고, 동시에 부자였습니다. 아브라함은 가축과 은금이 풍부했습니다(창 13:2). 욥은 고난 후에 원래 있던 재산의 두 배가 되는 부자가 되었습니다(욥 42:10). 솔로몬의 부귀는 너무나 유명한 이야기입니다(왕상 10:23). 이런 인물들은 구약에만 국한되지 않습니다. 예수님을 장사지냈던 용감한 아리마대 요셉과 니고데모 모두 부자였습니다.

아리마대 요셉은 자신의 돈으로 사 둔 새로운 좋은 무덤에 예수님을 장사지냄으로써 구약의 예언을 성취했습니다(사 53:9). 이를 보면 성경이 부자 자체를 부정적으로 보는 것이 아님을 명확히 알 수 있습니다.

세 번째 긍정적 표현들은 잠언에 많이 등장합니다. 부지런한 사람은 부자가 되며, 게으른 사람은 가난해진다고 합니다(잠 10:4). 마음으로는 모두 부자가 되고 싶어 하지만, 게으른 자는 결코 얻지 못하며, 부지런한 자는 그 원하는 것을 얻는다고 합니다(잠 13:4). 부지런한 자는 풍부해지고, 조급한 자는 궁핍해진다고 합니다(잠 21:5). 돈을 버는 일에 부지런해야 하지만, 결코 서두르거나 조급해서는 안 된다는 가르침을 줍니다.

재미있는 것은, 잠언의 마지막 부분을 보면 여성에 대한 이야기를 하는데, 돈을 잘 관리하는 여성이 현숙한 여인이라고 가르칩니다(잠 31:10). 현숙한 여인은 부지런히 일하며, 번 돈으로 어려운 사람도 잘 돕습니다. 이 여인의 가족뿐 아니라 속해 있는 모든 식솔은 이 여인으로 인해 궁핍하지 않으며, 겨울에 춥지 않으며, 경제적으로 여유 있게 살아갑니다. 이 여인은 자기 집안일을 잘 보살피고, 게을리 얻은 양식을 먹지 않습니다(잠 31:27). 이것이 하나님이 칭찬하시는 아름다운 모습입니다. 성안의 모든 사람이 이 여인을 '여호와를 경외하는 여자'라고 칭찬합니다(잠 31:30). 이 여인의 일상의 삶을 통해 사람들은 그녀가 여호와를 경외하는 모습을 느낍니다. 진정한 믿음은 이 여인처럼 자신에게 맡겨진 현실의 삶을 성실하게 영위하며 주변 모든 사람의 풍요로운 삶을 위해 열심히 노력하는 것에 나타난다고 말하고 있습니다. 막스 베버의 '프로테스탄티즘의 윤리와 자본주의 정신'이 생각나게 합니다.

이제 부정적 표현과 긍정적 표현을 종합해서 성경의 가르침을 정리해 보겠습니다.

● 불의한 청지기의 비유

첫 번째 묵상해 볼 부분은 '불의한 청지기의 비유'입니다.

"또한 제자들에게 이르시되 어떤 부자에게 청지기가 있는데 그가
주인의 소유를 낭비한다는 말이 그 주인에게 들린지라 주인이 그
를 불러 이르되 내가 네게 대하여 들은 이 말이 어찌 됨이냐 네가
보던 일을 셈하라 청지기 직무를 계속하지 못하리라 하니 청지기
가 속으로 이르되 주인이 내 직분을 빼앗으니 내가 무엇을 할까
땅을 파자니 힘이 없고 빌어먹자니 부끄럽구나 내가 할 일을 알았
도다 이렇게 하면 직분을 빼앗긴 후에 사람들이 나를 자기 집으로
영접하리라 하고 주인에게 빚진 자를 일일이 불러다가 먼저 온 자
에게 이르되 네가 내 주인에게 얼마나 빚졌느냐 말하되 기름 백
말이니이다 이르되 여기 네 증서를 가지고 빨리 앉아 오십이라 쓰
라 하고 또 다른 이에게 이르되 너는 얼마나 빚졌느냐 이르되 밀
백 석이니이다 이르되 여기 네 증서를 가지고 팔십이라 쓰라 하였
는지라 주인이 이 옳지 않은 청지기가 일을 지혜 있게 하였으므로
칭찬하였으니 이 세대의 아들들이 자기 시대에 있어서는 빛의 아
들들보다 더 지혜로움이니라 내가 너희에게 말하노니 불의의 재
물로 친구를 사귀라 그리하면 그 재물이 없어질 때에 그들이 너희
를 영주할 처소로 영접하리라 지극히 작은 것에 충성된 자는 큰
것에도 충성되고 지극히 작은 것에 불의한 자는 큰 것에도 불의하
니라 너희가 만일 불의한 재물에도 충성하지 아니하면 누가 참된
것으로 너희에게 맡기겠느냐 너희가 만일 남의 것에 충성하지 아

니하면 누가 너희의 것을 너희에게 주겠느냐 집 하인이 두 주인을
섬길 수 없나니 혹 이를 미워하고 저를 사랑하거나 혹 이를 중히
여기고 저를 경히 여길 것임이니라 너희는 하나님과 재물을 겸하
여 섬길 수 없느니라"(눅 16:1-13).

이것은 예수님의 비유 중에서 어렵기로 소문 난 비유입니다. 저는 이
런 비유를 깊이 생각할 때 예수님이 정말 하나님이라는 생각이 듭니다.
사람의 머리에서 나오는 비유가 아니기 때문입니다.

이 비유의 내용을 간략히 요약해 보면, 어떤 주인이 있었습니다. 이
주인은 한 사람을 선택해서 자신의 재산 관리를 맡겼습니다. 그런데 이
매니저(성경의 표현은 '청지기')가 재산 관리를 소홀히 했습니다. 근무 태만입
니다. 소홀히 했다는 이야기는 단지 게을리 했다는 것이 아닙니다. 본문
에 보면 주인의 재산을 낭비했다고 합니다. 즉 손실을 끼쳤다는 뜻입니
다. 어쩌면 불법적인 행동을 하고, 주인의 돈을 횡령했을 수 있습니다.
나쁜 사람이죠(저는 현재 어떤 회사의 감사로서 이런 행동을 적발하고 이런 사람에게 벌을
주는 것을 임무로 맡고 있습니다). 드디어 주인이 이 사실을 알아차렸습니다(제가
회사 대표에게 보고를 한 것입니다). 주인은 이 매니저를 불러 경고하면서 해임
할 것이라 통보합니다. 아마도 날짜를 정해서 언제부터 해고라고 했을
것입니다. 며칠간 말미를 준 것입니다.

이를 들은 매니저는 나쁜 머리를 씁니다. 회사에서 해고당하면 앞으
로 무엇을 먹고사나 걱정이 태산 같습니다. 그러다 생각해 낸 것이 지금
회사에 있을 때 빨리 회사에 빚진 사람들을 찾아가서 빚을 마음대로 탕
감해 주고, 나중에 회사에서 해고당한 후에는 그 사람들의 도움을 받고
살아가자는 것입니다(좀 더 노골적으로 표현하면, 그들에게 회사의 돈을 좀 주고 자신

은 뒷거래로 돈을 돌려받아서 먹고살겠다는 것으로 해석할 수 있습니다). 그러더니 회사에 빚진 사람들에게 가서 빚을 탕감해 주겠다면서 계약서를 다시 작성합니다. 주인의 허락도 없이 계약서를 자기 마음대로 고치는 것이니 전결권 위반이며, 문서 위조죄에 해당합니다. 아주 질이 안 좋은 사람입니다(형사 고발해서 감옥에 보내야 마땅합니다). 회사에 빚진 사람들은 이 사람의 제안을 흔쾌히 수락합니다. 회사에 빚진 사람들은 아직 이 매니저가 해고를 통보받았다는 사실을 모르고 있습니다(당연히 매니저는 이 사실을 숨겼을 것입니다). 그러니 그들 입장에서는 회사가 자기들에게 자비를 베푸는 것이고, 이 매니저가 나중에 해고된 뒤 자기들에게 돈을 돌려 달라고 할 것에 대해서는 꿈에도 상상하지 못하는 상태입니다. 이 사람들이 탕감 받은 빚은 원금의 20-50퍼센트입니다(눅 16:6-7). 굉장히 높은 비율로 탕감 받습니다. 요즘은 채무 조정을 해도 이 정도 수준은 쉽지 않습니다. 그런데 주인이 이 사실도 알게 되었습니다(아마도 감사 역할을 하는 저 같은 사람이 보고했을 것입니다). 하지만 주인은 놀랍게도 이 매니저를 칭찬합니다. 칭찬의 이유는 '지혜롭다'는 것입니다(눅 16:8).

이게 말이 된다고 생각합니까? 이 칭찬의 의미가 무엇인가가 이 비유의 핵심이고 또한 어려운 부분입니다. 칭찬의 이유는 '지혜롭다'입니다. 결코 이 매니저의 행동이 옳다고 칭찬한 것이 아닙니다. 이것이 중요합니다! 하나님이 이 청지기를 칭찬하셨다고 해서 우리가 현실 속에서 이 청지기처럼 행동해도 된다는 의미는 아닙니다. 이렇게 행동하면 반드시 감옥에 갑니다. 이는 극단적인 범죄 행위를 통해서, 돈을 통해 보이는 천국의 원리를 설명하시는 것입니다. 이 매니저가 지혜롭다는 것은 나중에 일어날 일에 대해 미리 대비한 것입니다. **나중에 일어날 일은 분명히 일어날 일이며, 그렇다면 그것에 대비하는 것이 지혜로운 것입니다.** 매니저는 불의한 일을 통해 미래를 대비합니다. 하물며 예수를 믿는 사람들은 반드시 도래할 예수님의 재림과 구원의 완성의 때를 위해 대비하지 않느냐는 것입니다. 이것이 예수님의 핵심입니다. "너희는 지금 메시아를 보고 있으면서도 나의 말을 믿지 않고 미래에 대한 대비를 전혀 하지 않으니 얼마나 어리석은 것이냐"라고 반문하십니다. 그래서 믿지 않는 자들(이 세대의 아들들)이 이런 면에서는 믿는 자들(빛의 아들들)보다 더 지혜롭게 행동한다고 말씀하십니다.

그다음에 생각해야 할 중요한 원리는 재물(돈)의 성격입니다. 만약 이 매니저가 자신의 돈으로 빚진 사람들의 채무를 탕감해 주었다면 큰 박수를 받을 일입니다. 그러나 **이 매니저가 탕감해 준 빚은 자신의 돈이 아니라, 주인의 돈입니다.** 그래서 횡령이 됩니다. 자신의 돈을 자신이 가져가는 것은 정상이고, 남의 돈을 가져가는 것은 횡령이라고 부릅니다. 그래서 '불의한(unrighteous) 청지기'입니다.

그런데 잘 생각해 보면, **우리가 이 땅에서 가진 모든 돈은 나의 돈이 아니라 하나님이 맡기신 돈입니다! 나의 돈으로 소비하고 빌려주고 사용하는 것이 아니라, 사실상 주인의 돈, 하나님의 돈으로 소비하고 사용하고 빌려주는 것입니다. 이 매니저가 주인의 허락 없이 마음대로 한 것과 지금 우리가 돈을 내 것이라고 마음대로 하는 것은 하나님의 입장에서 볼 때 똑같습니다.**

예수님은 그러면서 '불의의 재물'에 '충성'하라고 말씀하십니다(눅 16:11). **'불의의 재물'이라는 것은 돈 자체가 나쁘다는 뜻이 아니라, 그 돈이 나의 돈이 아니라 남의 돈(하나님의 돈)이라는 의미입니다.** 이 비유에서 매니저가 마음대로 쓰고 탕감해 준 돈은 자신의 돈이 아니라 주인의 돈입니다. 이런 의미에서 우리가 사용하는 이 땅에서의 나의 돈은 하나님의 돈이므로 나의 것이 아니란 뜻에서 '**불의한 재물**'입니다. 영어 성경에 보면 ESV[51]에서는 'unrighteous wealth'(불의한 재물)라고 번역하고, NIV[52]에서는 'worldly wealth'(세상의 재물)라고 번역합니다.

'충성하라'는 것은 돈에 대해 '신실하라'(be faithful)는 뜻입니다. '충성'이라는 단어는 '최고로 떠받들다'라는 의미가 아니라, '신실하라'라는 의미입니다. 영어 성경에 보면 ESV에서는 'faithful'이라고 번역하고, NIV에서는 'trustworthy'라고 번역합니다.

즉, 쉽게 말하면 이 땅에서 '현재 나에게 주어진 돈을 잘 관리하라'는 뜻입니다. '불의의 재물'이라는 의미가 자신의 돈이 아님을 말하는 것이 명확한 이유는 바로 이어서 나오는 구절에서 그렇게 말씀하시기 때문입니다. '불의의 재물에 충성하라'고 하면서 동시에 '남의 것'에 충성하라고 하십니다. 또한 이것은 '작은 것'이라고 말씀하십니다. 그래서 '**불의의 재물=남의 것=작은 것**'이라는 등식이 성립합니다. '불의의 재물'에 '충성'(신실)해야 하는 이유는 참된 것이 주어질 때 그것에 충성하기 위함입니다. **즉 일종의 훈련을 위한 것입니다.** '불의의 재물에 충성하는(신실한) 자'는 '참된 것에 충성(신실)할 것'이며, '남의 것에 충성(신실)하는 자'는 '자기의 것'에 충성(신실)할 것이며, '작은 것에 충성(신실)하는 자'는 '큰 것에 충성(신실)할 것'이라 말씀하십니다.

여기서 대비가 명확해집니다. **불의에 대비하여 참된 것, 남의 것에 대비하여 나의 것, 작은 것에 대비하여 큰 것**(즉 '참된 것=나의 것=큰 것')**입니다.** 과연 이것이 무엇일까요? 짐작했겠지만, **바로 천국입니다.** 지금 예수님은 돈과 천국을 대비하고 계십니다. 놀라운 것은, 현재 내가 가진 돈은 나의 것이 아니라 하나님의 것인데, 천국은 나의 것이라 말씀하십니다. 나의 천국이 얼마나 확실한 나의 것인지요! 정말 감동입니다!

이 세상에서, 현재 우리의 삶에서 돈만큼은 소유권이 명확합니다. 남편 명의로 된 돈은 부인도 함부로 인출할 수 없도록 되어 있습니다. 은행에서 명확히 금지합니다. 이처럼 우리는 돈을 잘 관리함으로써(충성함으로써) 천국을 진정한 나의 소유로 만드는 것이 무엇인지, 얼마나 놀라운 것인지 잘 이해하게 됩니다. 제가 강조하는 바, 돈을 잘 관리하는 방법을 통해 하나님께서 주시는 천국의 의미를 더 잘 깨닫게 됩니다.

마지막으로, 너희가 하나님과 재물을 겸하여 섬길 수 없다고 못을 박으십니다. **우리가 아무리 돈을 통해 하나님을 배운다고 하지만, 사람은 자칫 돈을 관리하다 보면 정말 좋은 의미의 충성이 아니라, 나쁜 의미의 충성을 돈에게 해 버릴 위험이 있습니다. 주님은 이것을 경고하십니다.** "최고의 우선순위는 항상 하나님이다. 그 우선순위를 지키는 범위에서 너는 돈을 잘 관리해야 한다"고 하십니다.

이런 비유를 하시다니, 이 비유는 30세 청년의 머리에서 나온 비유가 아니라, 사람이 되신 하나님께서 하신 비유임이 명확합니다! 돈의 본질적인 속성과 천국의 속성을 명확히 아시는 분은 돈과 천국을 직접 만드신 하나님입니다.

이러한 내용을 잘 정리한 책이 리처드 포스터(Richard Foster)의 《돈 섹스 권력》[53]입니다. 돈과 섹스와 권력은 인간의 삶에 있어 기본적인 욕구이고 반드시 필요한 것입니다. 동시에 이 세 요소는 모두 양면성을 가지고 있습니다. 잘 사용하면 정말 좋은 것이고, 잘못 사용하면 아주 나쁜 것이 됩니다. 어떻게 잘 사용할 것인가가 우리 크리스천이 생각해야 할 부분입니다.

● 너희는 먼저 그의 나라와 그의 의를 구하라

두 번째는 산상 수훈에 나오는 너무나 유명한 말씀입니다.

"너희를 위하여 보물을 땅에 쌓아 두지 말라 거기는 좀과 동록이 해하며 도둑이 구멍을 뚫고 도둑질하느니라 오직 너희를 위하여 보물을 하늘에 쌓아 두라 거기는 좀이나 동록이 해하지 못하며 도둑이 구멍을 뚫지도 못하고 도둑질도 못하느니라 네 보물 있는 그 곳에는 네 마음도 있느니라 눈은 몸의 등불이니 그러므로 네 눈이 성하면 온몸이 밝을 것이요 눈이 나쁘면 온몸이 어두울 것이니 그러므로 네게 있는 빛이 어두우면 그 어둠이 얼마나 더하겠느냐 한 사람이 두 주인을 섬기지 못할 것이니 혹 이를 미워하고 저를 사랑하거나 혹 이를 중히 여기고 저를 경히 여김이라 너희가 하나님과 재물을 겸하여 섬기지 못하느니라 그러므로 내가 너희에게 이르노니 목숨을 위하여 무엇을 먹을까 무엇을 마실까 몸을 위하여 무엇을 입을까 염려하지 말라 목숨이 음식보다 중하지 아니하며 몸이 의복보다 중하지 아니하냐 공중의 새를 보라 심지도 않고 거두지도 않고 창고에 모아들이지도 아니하되 너희 하늘 아버지께서 기르시나니 너희는 이것들보다 귀하지 아니하냐 너희 중에 누가 염려함으로 그 키를 한 자라도 더할 수 있겠느냐 또 너희가 어찌 의복을 위하여 염려하느냐 들의 백합화가 어떻게 자라는가 생각하여 보라 수고도 아니하고 길쌈도 아니하느니라 그러나 내가 너희에게 말하노니 솔로몬의 모든 영광으로도 입은 것이 이 꽃 하나만 같지 못하였느니라 오늘 있다가 내일 아궁이에 던져지는 들

242

풀도 하나님이 이렇게 입히시거든 하물며 너희일까보냐 믿음이 작은 자들아 그러므로 염려하여 이르기를 무엇을 먹을까 무엇을 마실까 무엇을 입을까 하지 말라 이는 다 이방인들이 구하는 것이라 너희 하늘 아버지께서 이 모든 것이 너희에게 있어야 할 줄을 아시느니라 그런즉 너희는 먼저 그의 나라와 그의 의를 구하라 그리하면 이 모든 것을 너희에게 더하시리라 그러므로 내일 일을 위하여 염려하지 말라 내일 일은 내일이 염려할 것이요 한날의 괴로움은 그날로 족하니라"(마 6:19-34).

이 부분은 토론 과정에서 다루었기 때문에 자세한 설명은 중복을 피하기 위해 생략하겠지만, 간단히 요약해 보겠습니다.

'염려하지 말라'는 것은 도무지 관심을 갖지 말라는 의미가 결코 아니며, 지나친 염려를 하지 말라는 의미입니다. 공중의 새가 심지 않고 거두지 않고 창고에 들이지 않아도 하나님께서 기르신다는 의미는 공중의 새가 먹을 수 있는 먹이를 온 세상에, 땅에, 바닥에 많이 깔아 두셨다는 의미입니다. 새는 부지런히 찾아다니며 먹으면 됩니다. 먹이가 없으면 어떡하지 하고 염려하지 말라는 뜻입니다. 그러나 부지런히 찾아다녀야 합니다. **하나님이 먹이를 바닥에, 온 숲에 널리 두셨다는 믿음이 강할수록 부지런히 찾아다니게 됩니다.**

결론을 정리해 보면, 하나님을 신뢰하면 반드시 좋은 결과가 나타날 것이므로, 그것을 믿고 열심히 노력하라는 것입니다. 노력하지 않으면 나에게 주어진 것을 내가 가지지 못할 수 있습니다. 반대로 표현하면, 하나님을 주인으로 생각하지 않고 돈을 주인으로 생각하면 염려할 수밖에 없다는 의미입니다. 미래가 불안한 것입니다. 돈 많은 부자들이 잠을 잘

못 자는 이유입니다.

부지런히 노력하는 과정에서 '하나님의 방법을 따라 살려고 하는 것'
이 바로 '그의 나라와 그의 의를 구하는 것'입니다. '구하다'라는 표현이
'기도하다'라는 표현으로 들리기 쉬운데, 정확하게는 '추구하다'입니다.
영어 성경에 보면 'seek'(찾다, 탐색하다, 추구하다)로 되어 있습니다. 열심히
찾아야 합니다. 내 삶에서 하나님의 방법이 무엇인가를 열심히 찾는 것
이 내 삶의 최고 우선순위여야 한다는 것이 핵심 가르침이며, 이럴 때 먹
고사는 문제, 즉 의식주가 그 속에서 자연스럽게 해결된다는 것입니다.
그것은 우리가 가만히 있어도 하나님이 돈을 주셔서가 아니라, 돈을 벌
고 쓰는 문제도 하나님의 방법을 따라 행할 때 가난하지도 않고 부하지
도 않게 우리에게 주어진다는 것이기 때문입니다.

● 달란트 비유 - 마태복음 25장

세 번째는 다섯 달란트, 두 달란트, 한 달란트를 맡긴 종에 대한 비유입
니다. 이 역시 토론 중에 다루어서 자세한 설명은 피하겠지만, 간단히 요
약해 보겠습니다.

하나님은 우리에게 큰 삶을 맡기셨는데, 가장 쉽게 이해할 수 있도록
큰돈을 맡긴 것으로 설명하십니다. 우리에게는 100년의 인생과 건강과
재능이 주어졌는데, 이는 마치 주인이 먼 길을 떠나면서 다섯 달란트(100억
원), 두 달란트(40억 원), 한 달란트(20억 원)[54]의 돈을 맡긴 것과 같습니다.

큰돈은 종의 돈이 아니라 주인의 돈인 것처럼, 우리의 삶은 나의 것이
아니라 하나님의 것입니다. 그리고 주인이 돌아오면 결산하는 것[55]처럼,

우리의 삶에도 결산의 때가 반드시 있습니다.

주인이 원하는 것은 맡긴 돈을 잘 관리하는 것입니다. 용감하게, 실패를 두려워하지 않고, 적극적으로 돈을 관리하는 것이 주인이 원하는 것입니다. 설령 실패해도 그 돈은 주인의 것이며, 주인의 마음을 잘 이해하는 종은 결코 돈의 관리를 통해 실패하지 않습니다. 마찬가지로 그리스도 예수 안에 있는 자에게는 결코 정죄함이 없으며, 결코 실패 인생이 없습니다.

누구나 하나님께서 주신 삶의 기회를 사용하는 데 충실해야 합니다. 이때 열심히 사용해서 부유해진 사람들은 계속해서 그 일을 함으로써 더욱 부유해집니다. 주인은 한 달란트 받은 종이 실패를 두려워하여 땅에 묻어 두었을 때 그것을 빼앗아 다섯 달란트를 가진 자(이 사람은 이때 다섯 달란트가 두 배가 되어서 열 달란트가 되었고, 이제 열한 달란트가 됩니다)에게 줍니다. 이는 빈익빈, 부익부를 말하는 것이 아니라, 노력하는 자에게 주어지는 보상이며, 하늘은 스스로 돕는 자를 돕는 것과 같습니다.

우리는 성경 읽기, 묵상하기, 봉사하기, 구제하기, 전도하기, 자신의 건강 관리하기, 주변 사람들 사랑하기와 동일한 중요성을 가지고 자신의 돈을 성실히 잘 관리해야 합니다.

● 세상의 지혜로부터 배우다

또 하나 생각해 보고 싶은 부분은, 예수님께서 불의한 청지기(매니저) 비유를 말씀하시면서 했던 의미심장한 말씀, "이 세대의 아들들이 자기 시대에 있어서는 빛의 아들들보다 더 지혜로움이니라"(눅 16:8)라고 하신 내용입니다. 세상의 지혜로부터 교회가, 크리스천이 배울 것이 있습니다. **하나님의 돈의 원리는 세상의 믿지 않는 사람들도 모두 옳다고 느낍니다. 왜냐하면 모든 세상은 다 하나님이 만드신 것이고, 하나님의 방법은 교회나 크리스천에게만 통하는 것이 아니라, 모든 세상에 다 통하기 때문입니다.** 크리스천들에게 더 주어지는 축복은 이런 원리를 누가 만든 것인지, 이 원리의 궁극적 목적은 무엇인지를 알면서 그 방법을 따라간다는 것입니다.

세상에서 인정받고 성공한 부자들의 돈을 다루는 핵심 원리를 간단히 요약하면 다음과 같습니다.

1. 돈은 벌어야 한다. 그냥 주어지지 않는다.
2. 돈은 억압과 속박으로부터 자유를 주는 것이므로, 자유를 위해서는 돈이 필요하다.
3. 돈은 목적이 아니고 수단이다. 자유를 얻기 위한, 꿈을 성취하기 위한 도구다.
4. 돈을 따라가지 않고 돈을 다스린다.

성경의 원리와 신기할 만큼 동일하죠? 소개하고 싶은 책은 《돈, 뜨겁게 사랑하고 차갑게 다루어라》입니다. 금융가에서는 유명한 책입니다. 이 책은 유럽의 전설적인 투자자, '유럽 증권계의 위대한 유산'이라 칭송받는 앙드레 코스톨라니가 쓴 것으로 그의 마지막 책입니다. 그는 1906년에 태어나 1999년에 사망한 헝가리계 프랑스인으로, 유럽의 워런 버핏(Warren Buffett)이라 불립니다.

투자에 관한 많은 책을 남겼는데, 이 책은 나이가 들어 돌아가시기 직전에 쓴 것입니다. 마지막에 서문을 써야 하는데 서문을 쓰지 못한 채 돌아가셨고, 가족들이 책으로 출판했습니다. 그러다 보니 투자에 관한 상세한 방법을 기술하기보다, 투자에 대한 일종의 철학적 생각을 많이 표현했습니다. 출판사에서 소개한 글을 보십시오.

> "앙드레 코스톨라니의 최후의 역작으로 증권 거래와 투자 심리에 중요한 변수인 투자의 근본적인 비밀과 기술들을 안내한 돈 관리 지침서다. 저자는 투자자들에게 21세기 증권 시장에 있어 기회와 위험 그리고 변화와 상승, 하락에 대한 전망을 보여 준다 … 앙드레 코스톨라니는 평생을 돈과 주식에 몰두하였지만, 결코 금전 숭배자는 아니었다. 그는 항상 돈과 일정한 거리를 두고자 했으며, 이러한 태도야말로 투자자가 가져야 할 가장 기본적인 전제라고 말했다 … 그에게 있어 돈은 목표를 향한 수단에 불과했기 때문이다."

이 책은 투자에 관한 깊은 지식이 없어도 읽을 수 있으며, 이분이 한 이야기를 소개해 보자면 아래와 같습니다.

첫째, "백만장자란 자기 돈을 가지고, 자기가 원하는 바를 행하는 데 그 누구의 간섭도 받지 않는 사람"이라 정의합니다. 즉, 돈의 많고 적음의 문제가 아니라, 진정한 부자는 자기가 하고자 하는 바를 누구의 간섭도 없이 행할 수 있는 자유로운 사람이라고 말합니다. 1억 부자가 있을 수 있고, 100억을 가지고 있어도 부자가 아닐 수 있습니다. 이렇게 보면 많은 사람이 부자입니다. 둘째, 이렇게 자유를 위해서 돈은 꼭 벌어야 한다는 것입니다. 그래서 책 제목이 '돈, 뜨겁게 사랑하라'입니다. 셋째, 그

러나 돈과는 확실하게 거리를 두어야 한다는 것입니다. 그래서 책 제목
에도 '돈, 차갑게 다루어라' 하는 것입니다. 넷째, 투자는 매일 새로운 것
에 대한 지적 도전이라는 것입니다. 그래서 돈은 목표가 아니라 도구입
니다. 목표는 지적 도전입니다.

돈이 가진 양면성에 대해서는 프랑스의 유명한 소설가 에밀 졸라
(Emile Zola)도 《돈》이라는 소설에서 이런 말을 남겼습니다. "돈은 저주이
며 축복이다." 이것은 19세기 프랑스 은행의 붕괴를 다룬 실화 소설입
니다.

《돈의 철학》이라는 어려운 책을 쓴 게오르그 짐멜은 "돈은 수단이며
목적이기 때문에 돈의 이중성 내지 양면성은 필연적이다"라고 합니다.
우리 크리스천들도 돈을 목적으로 생각해서는 안 되며, 수단으로 생각
해야 합니다.

● **부의 분배**

돈에 대해 생각할 때 결코 잊지 않아야 하는 것이 '부의 분배', 즉 남을 돕
는 일입니다.

> "가난한 자에게 구제할 수 있도록 자기 손으로 수고하여 선한 일
>
> 을 하라"(엡 4:28).

우리는 돈을 버는 것도 중요하지만, 이 돈을 주신 하나님께 감사하며
돈이 필요한 곳으로 흘러가게 하는 것도 생각해야 합니다. 쉽게 말하면,

가난한 사람을 돕는 것입니다. 또한 사회에도 어떤 형태로든 환원시키는 것입니다.

하나님의 원리에 따르면, 부자가 계속 부자이기 위해서는 반드시 그 돈을 필요로 하는 사람에게 흘려보내야 합니다. 대표적 성경 구절이 누가복음 6장 38절에 나옵니다. 우리의 돈을 다른 사람에게 주면 하나님께서 아주 풍성하게 돌려주실 것이라고 예수님이 약속하십니다. 그리고 다른 사람을 도와주는 사람에 대해 하나님께서 얼마나 풍성하게 갚아 주실 것인지를 강조하기 위해, "누르고 흔들어 넘치도록 하여 너희에게 안겨 주리라"라고 말씀하십니다.

남을 도와주는 일에는 지혜로워야 합니다. 그러기 위해서는 **첫째, 나의 능력 내에서 도와주어야 합니다.** 지나치게 도와줘서 내가 힘들어지면 나는 분명 누군가를 원망할 것이고, 나아가 하나님을 원망하는 어리석음을 범하게 됩니다.

둘째, 꼭 도와줄 사람을 도와주어야 합니다. 그러면서도 남을 도와주는 일을 게을리 해서는 안 됩니다. 남을 도와주는 일을 성경은 '하나님께 돈을 빌려드리는 것'으로 표현합니다(잠 19:17).[56] 은행에서 대출해 줄 때 가장 중요하게 생각하는 것은 돈을 빌려 간 사람의 신용 등급입니다. 하나님의 신용 등급은 최고시죠! 그만큼 하나님이 강조하십니다. 우리의 능력이 닿는 범위 내에서 많이 도와주면 하나님께서 다 갚아 주신다는 것입니다.

그리고 남을 돕는 것은 돕는 사람의 자발적인 의사가 아주 중요하며, 도움을 받는 사람이 당연한 듯이 받아서는 안 됩니다. 하나님의 말씀을 인용하면서 돈 없는 사람이 돈 있는 사람에게 왜 안 도와주느냐고 말할 수 없습니다. 그것은 돕는 사람의 선택이지, 도움을 받는 사람이 강요할 수 있는 것이 아닙니다.

● 하나님과 나, 돈의 관계

성경을 이렇게 이해하다 보면, 돈에 대해 어떠한 태도를 가져야 할 것인
지 자연스럽게 정리해 볼 수 있습니다.

　**하나님 나라에서 복음 전도, 교회, 신앙, 인격 등이 중요한 주제인 것
처럼, 돈 역시 하나님 나라에서 중요한 주제입니다.** 돈과 올바른 관계를
맺고 살아간다는 것은 거룩하고 성스러운 삶을 살아간다는 것을 의미합
니다. 돈은 나와 하나님의 관계를 더 단단히 묶어 줄 수도 있고, 나와 하
나님의 관계를 깨뜨려 버릴 수도 있습니다. 그래서 돈과 올바른 관계를
맺어야 합니다.

　올바른 관계를 맺는 것을 요약해 보면, **돈은 삶의 목표가 아니라, 삶
을 잘 살기 위한 도구입니다.** 많은 사람이 말은 그렇게 하지 않지만, 사
실상 돈 자체를 삶의 목표로 삼고 있습니다. 돈 자체를 목표로 하는 사람
들은 그 과정을 무시하며(불법도 좋다라는 식), 돈이 벌어지지 않으면 인생이
실패했다고 생각합니다. 그러나 돈을 도구로 생각하고 돈 버는 과정을
하나님의 방법을 따라가는 사람들은 과정이 더 중요하고, 설령 결과적
으로 돈이 벌어지지 않더라도 크게 화를 내거나 조급해하지 않습니다
(막스 베버가 말한 프로테스탄트들의 경제 활동과 논리를 같이합니다).

　모든 도구는 다루는 사람의 역량에 적절해야 합니다. 우리가 하는 운
동 기구를 생각하면 잘 이해됩니다. 너무 가볍거나 너무 무거우면 의미
가 없습니다. 돈 10억 원을 다룰 수 있는 사람이 있고, 1천만 원을 다룰

수 있는 사람이 있으며, 이 금액은 실력이 향상될수록 점점 커집니다. 마태복음 25장의 달란트 비유에서 다섯 달란트를 잘 다루었던 사람은 더 큰돈인 열한 달란트를 다룰 수 있습니다. 다섯 달란트는 거의 100억 원이고, 열한 달란트는 거의 220억 원입니다. 나의 분량이 얼마인지, 기도하며 찾고 경험하는 노력이 필요합니다.

도구는 아무렇게나 다루는 것이 아니며 배워야 합니다. 마찬가지로 돈을 잘 다루기 위해서는 공부해야 합니다. 그냥 맨손으로 일하는 것보다 도구를 다루면 확실히 그 결과와 효율이 달라집니다. 돈을 잘 다루는 것은 우리가 꼭 알아야 할 중요한 도구 활용법입니다. 예수님의 말씀처럼, 먼저 그의 나라와 그의 의를 구하면 이 모든 것을 더하신다라는 말씀이 바로 이 혜택을 말합니다.

여러분은 자신의 도구의 분량이 얼마라고 생각합니까? 사실 이것은 해 봐야 알 수 있습니다. 경험해 봐야 무겁다, 가볍다를 알 수 있을 것입니다. 근육 운동할 때 아령 3킬로그램이 적절한 것인가, 5킬로그램이 적절한 것인가를 생각하면 쉽습니다. 그래서 잠언의 아굴이 말했던 것처럼 자신의 분량을 알아 가는 것입니다.

강민수 　아굴의 기도와 시편 81편의 내용이 약간 상충되는데 어떻게 해석하는 게 좋을까요?

이상철 멘토 　시편 81편 10절의 "네 입을 크게 열라 내가 채우리라"라는 이 말씀을 말하는 거죠? 이 말은 우리가 잘 아는 기도 응답의 대명사인 죠지 뮬러(George Müller) 목사님이 아주 좋아했던 말씀입니다. 아굴은 적절한 분량을 달라고 했는데, 시편 81편에서는 내 입을 여는 만큼 채워 주신다고 하니 상충되는 느낌이 있다는 질문이죠?

이 두 말씀은 상충된다기보다, 서로 잘 설명하고 있는 내용입니다. 아령을 이용한 근육 운동을 생각하면 잘 이해할 수 있습니다. 근육 운동은 내가 할 수 있는 최대의 힘을 써서 자신의 분량을 찾습니다. 5킬로그램인지, 7킬로그램인지를요. 처음에 10킬로그램을 도전했다가 너무 무겁다는 것을 알게 되어 무게를 줄입니다. 그리고 너무 줄였더니 운동하는 의미가 없어서 늘립니다. 이 과정을 반복하면서 스스로에게 맞는 적정 분량을 찾고, 운동을 하면서 점점 무거운 것을 들 수 있는 것과 같습니다. 마음껏 입을 넓게 열어 보십시오. 입의 사이즈 제한이 있기 때문에 적정한 수준에서 더 이상 입을 열 수 없을 것인데, 그 수준이 자신의 분량입니다.

권용수 결국 '네 입을 크게 열라'라는 말에는 '네 몸이 감당할 수 있을 만큼 크게 열라'는 뜻이 내포되어 있다고 봐야겠네요.

이상철 멘토 네, 맞습니다. **분량이 주는 놀라운 지혜는 다른 사람의 분량과 비교하지 않는다는 의미입니다.** 다른 사람이 10킬로그램의 아령을 든다고 해도 그것은 나와 상관이 없습니다. 부러워할 일도 아닙니다. 물론 목표를 삼을 수는 있습니다. 언젠가는 10킬로그램의 아령을 드는 날이 올 수 있습니다. 그러나 조급해하면 안 되며, 부정한 방법으로 10킬로그램의 아령을 들어서도 안 됩니다. 우리 주변에는 부정한 방법으로 분량을 넘어 과도한 돈을 벌어서 건강이 나빠지고, 모든 인간 관계가 깨어지는 일이 비일비재합니다.

● 돈, 하나님을 배우는 지혜

에베소서에 보면 하나님이 우리를 구원하신 궁극적 목적이 나옵니다. 하나님은 우리에게 계시의 영(깨달음의 영)을 주셔서 하나님이 어떤 분이 신지를 알려 주고 싶어 하시고, 우리를 왜 선택하고 부르시는지, 하나님 이 그 과정에서 우리에게 행하신 능력이 얼마나 큰 것인지를 알려 주고 싶어 하십니다(엡 1:17-18).

이러한 개념들은 막연해서 배우기가 힘듭니다. 그래서 하나님은 우리에게 경제적 활동을 하게 하십니다. 직장에 들어갔는데, 직장 일도 생각보다 스트레스가 심해서 그만두고 싶기도 하고, 갈등을 느낍니다. 이러면서 성경을 읽고, 교회에 가서 기도하면서 하나님께 하소연도 합니다.

하나님께서는 우리에게 이 모든 과정을 겪게 하십니다. 이 과정을 통해 우리는 하나님에 대해 배웁니다. 하나님을 경험합니다. 이것이 이생을 살아가게 하시는 하나님의 목적입니다. 하나님을 잘 아는 것이 중요한 이유는 하나님을 더욱 사랑하기 위해서입니다. 우리는 잘 모르는 존재를 사랑한다고 말할 수 없기 때문입니다.

돈을 생각해 보면, 자신이 쓸 만큼만 벌기가 쉽지 않습니다. 계속해서 부족하다는 생각이 듭니다. 반대로, 아무리 돈을 많이 벌어도 자신이 쓸 수 있는 돈은 얼마 되지 않습니다. 나머지는 그냥 남아 있든가, 자손들에게 물려주는 것뿐입니다.

이 모든 과정을 통해 우리는 하나님을 배워야 합니다. 만일 그러지 못한다면 전도서에서 말씀한 것처럼 "헛되고 헛될" 뿐입니다. 과거에 우리 선조가 살았던 것과 비록 환경은 변했지만, 우리도 똑같은 삶을 사는 것이고, 우리의 후손도 인공 지능이 판을 치는 세상 속에서 본질적으로 우리와 동일한 삶을 살 것입니다.

그래서 이 땅에서 **돈을 벌고, 돈을 사용하고, 돈을 빌려주고, 돈을 빌리는 모든 과정에서 영적인 진리를 깨달음과 동시에 하나님을 배워야 합니다.** 또한, 돈은 내 삶을 풍요롭고 자유롭게 만들어 주기 때문에, 적극적으로 돈을 벌고 사용하고 관리하는 방법을 배워서, 하나님이 허락하신 이 땅에서의 축복을 놓치지 않아야 합니다. 동시에, 돈을 너무 탐해서 자신의 인생을 망가뜨리는 어리석음을 범하지 않도록 하는 지혜를 배워야 합니다. 이러한 삶은 현실을 직면하는 것이고, 제가 좋아하는 용어로 말하자면 '정면 돌파'입니다. 결과는 하나님을 신뢰하면서 그분께 맡기고, 현실의 벽을 정면 돌파합시다.

● 느낀 점

임재문　지난 시간들을 생각하면서 크리스천의 재정관이라는 것을 이렇게 정리해 봤습니다. '그리스도 in 재정관.' 말하자면 결국 이 과정의 본질이 기가 막힌 재정관을 세우는 데에 있다기보다도, 각자의 재정관 안에서 발견되는 그리스도의 은혜가 있기를 바랍니다.

그리고 죄와 십자가의 관점에서 생각해 보면, 예수님은 값을 정확하게 계산하는 경제적인 분이신 것 같습니다. 저는 살아갈수록 저의 이 죄라는 것이 너무나도 지독하게 느껴지거든요. 그야말로 그 죄를 대신하시는 십자가에서 "하나님, 어찌하여 나를 버리시나이까"라는 고백이 나올 만하고, 죄의 값을 정확히 계산한 은혜의 대가라는 생각이 듭니다. 정말로 감사한 시간들이었습니다.

이하온　이 시간을 통해 가장 크게 배운 것은 '자신만의 기준을 세우라'는 것이었습니다. 이를 위해 지혜를 달라는 기도를 하기 시작했습니다.

권용수　지난 시간들을 반추해 보면서 앞으로 어떻게 벌고 관리하고 쓸 것인지를 크게 네 가지로 정리해 봤습니다. 첫째, 빚지고 돈 벌고 투자하는 것에 대해서 죄책감을 가지지 말자. 둘째, 아끼지 말아야 될 부분에는 아끼지 말자. 소중한 친구들에게 내는 축의금, 식사 자리에서 한턱 내기 등 너무 과하면 안 되겠지만 필요할 때는 마음이 허락하는 만큼보다 조금 더 넉넉히 베풀자는 생각을 하게 되었습니다. 셋째, 투자할 때 조급함을 버리고, 사행성에 가까운 투자라고 생각되면 과감하게 관심을 끄자. 저에게는 비트코인 같은 암호 화폐가 이 대상이지 않을까 싶습니다. 암호 화폐가 사행성을 가지고 있기 때문이라기보다는, 제가 암호 화폐에 대해 충분히 알지 못하고, 주변 사람들의 조언만 듣고 욕심과 탐욕에 단기 수익을 노렸던 게 아닐까 하는 자기반성에서 나온 다짐입니다. 이제는 스스로 공부해 보고 확신과 안목이 생기기 전까지는 투자하지 않을 생각입니다. 넷째, 돈을 좇으면서 회사에 다니지 말자. 회사를 다니면서 왜 다니는가에 대한 명확한 목표 의식을 정립하자. 돈은 거들 뿐이다.
　개인적으로 최근에 이직이라는 큰 화두가 있었습니다. 그때 제게 크게 다가왔던 부분이 금전적인 인센티브였거든요. 고민이 많이 되었지만 최종적으로 결정을 내리게 된 기준은, '내가 이직을 하면 하나님이 주신 소명의식이라고 생각하는 커리어에 가까워지는가?' 아니면 '그저 연봉을 올리는 데 초점이 맞춰져 있는가?'였습니다. 그래서 내린 결론은 후

자라는 생각이 들어서 가지 않았습니다. '돈을 좇으면서 회사 생활하지 말자'라는, 수업을 들으며 가졌던 가치관에 적용한 선택이어서 나름 의미가 있었던 것 같습니다.

또 조금 다른 얘기처럼 들릴 수 있지만, 복권에 대한 얘기를 안 할 수가 없는데요. 크리스천으로서 부끄럽지만 그동안 가벼운 마음으로 복권을 샀던 것 같습니다. 약간의 재미와 살짝 기대하는 마음을 가지고 말이죠. 그러나 하나님이 필요하면 다른 건강한 방식으로 부어 주시겠지라는 생각을 하며 복권 역시 사지 않으려고 합니다.

강민수　복권은 죄가 아니잖아요. 복권 사는 게 죄입니까? 복권이 주는 약간의 유익함이라는 게 있잖아요. 일주일을 좀 설레게 살아갈 수 있다는 점에서 말이죠.

이상철 멘토　복권을 통해 쉽게 돈을 벌고자 하는 마음 자체는 문제가 있지요. 하나님이 나에게 돈을 주시는데, 그것이 복권을 통해서일까요? 하나님은 돈 자체를 주시는 분이 아니라, 돈을 버는 과정을 주시는 분이니까 이것을 생각하면 답은 쉬울 것 같습니다.

강민수　오늘 또 하나를 배웁니다. 아직 갈 길이 멀다는 것을 느끼네요.
저는 '정면 돌파'라는 키워드를 가져갑니다. 최근에 제 마음속 한편에 풀어야 할 숙제가 하나 있었습니다. 하나님이 이렇게 물어보고 계셨죠. "네 마음이 어디에 있느냐?" 돈에 대한 고민이 점차 커져 가면서 제 생각은 온통 어떻게 하면 돈을 더 벌 수 있을지에 가 있었습니다.
사실 저는 이런 부분에서 제 삶에 다가온 하나의 시험이라고 봤습니다. 그런데 제가 지금 이 문제를 피해 가면 (피할 길을 내 주시겠지만) 나중에 똑같은 문제에 또 걸려서 넘어질 것이라고 생각합니다. 마치 "너 이거 아직 안 풀었잖아!" 이렇게 꼭 얘기하실 것만 같은 것이죠. 그런데 저는 확신했습니다. 이번에야 비로소 이 문제를 향해 정면 돌파할 수 있을 것 같습니다. 그리고 이 상황 속에서도 하나님이 제 삶에 원하시는 것이 무엇인지를 끊임없이 생각합니다. 오직 제 삶을 통해 하나님이 하고 싶어 하시는 게 있다고 생각하는 거죠.

대학교 졸업식을 커멘스먼트(Commencement)라고 하잖아요. 이 단어의 어원은 커멘스(Commence)인데, 이는 '시작하다'라는 의미입니다. 졸업은 마무리, 마지막, 마침 등의 단어의 뜻을 가질 것 같지만 새롭게 시작한다는 의미가 어원이어서 처음에 당황했던 기억이 납니다. 그러나 졸업은 또 다른 삶의 출발점이자 다른 시작이니까 커멘스먼트라는 단어의 의미를 이제야 알 것 같습니다.

이제 시작이잖아요. 이제 이 해답을 가지고 분명히 누군가는 실천을 해서 변화를 맛볼 것이고, 누군가는 그냥 알기만 하고 넘어가기도 할 텐데, 부디 저를 포함해서 우리 모두가 그런 커멘스먼트, 끝났지만 새로운 시작으로, 삶이 실질적으로 변하는 데까지 갈 수 있기를 바랍니다. 그때 비로서 역량 있는 크리스천이 될 것이라고 생각합니다. 그리고 저 역시 그렇게 살도록 하겠습니다.

대학교 때의 일입니다. 교회의 소모임에서 한 리더가 자신의 시간, 에너지 그리고 돈을 자신의 조원들을 위해 아낌없이 사용하는 것을 경험했습니다. 제 눈에는 허비였고 낭비로 보였습니다. 그런데 이 사람이 제게 이런 기가 막힌 말을 해 주었습니다. "합리적이지 않아. 그러나 옳은 일이야. 난 내게 주어진 이 시간, 체력, 돈의 모든 근원이 하나님이라서 좋았어. 나한테 있어서 준 것이 아니라 나는 그저 하나님이 사용하시는 통로에 불과했어."

이 사람이 바로 이 자리에 우리와 함께하고 있는 유병욱 형제입니다. 형제님이 저에게 예전에 해 주었던 말이죠. 이 모든 것의 근원이 하나님이라면 나는 그저 도구인 것입니다. "나는 그저 도구 또는 통로, 오직 주인은 하나님." 이게 제 결론입니다.

유병욱 "예수는 경제적으로 행동하신 적이 없다. 예수가 경제적인 분이었다면 날 구원하셨을 리가 없다. 이렇게 말 안 듣고 무가치한 날 위해 존귀한 자신을 희생시키시는 건 말이 되지 않는다." 부모가 자식을 낳는 것도 경제적이지 않죠. 경제성이란 만고불변의 선이 아닙니다. 꽤나 최신 아이디어죠. 자본주의가 세상의 지배적인 패러다임이 되면서 사람들은 끊임없이 경제성에 대해 생각하게 되었습니다. 자신의 시간과 퍼포먼스, 모든 것을 최적화하고 싶어 합니다. 빨리, 더 빨리, 지금 당장 그리고 최소한의 인풋으로 최대한의 아웃풋을 거두고 싶어 합니다.

제가 민수 형제한테 저런 말을 할 때쯤에는 시대정신에 반하는 삶을 살았습니다. 사람에게 시간을 허비하고 가진 것을 퍼 줬죠. 비효율적이었습니다. 그런데 요즘은 사실 최적화되고 많은 것을 이루려는 삶을 살려고 하거든요. 그러면 우리가 바쁜 게 옳은가 하는 질문을 최근에 하게 하시더라고요.

덧붙여서 얘기하면, 그 당시에는 제가 돈이 없었습니다. 늘 후배들 밥을 사 줬거든요. 교통비도 없고 핸드폰 요금도 연체되고, 기프티콘 환불해서 삼각김밥 사 먹으면서 살았습니다. 그러던 어느 날, 학교에서 수업을 듣다가 목이 말라서 500원짜리 물을 사 먹으려고 하다가 하나님께

기도했습니다. '하나님, 제가 이 500원을 저를 위해 써도 될까요? 후배들을 위해 써야 되는 게 아닐까요?' 이렇게 기도하고 있을 때 하나님께서, '병욱아, 네 아이가 네게 이런 질문을 한다면 네 마음이 어떻겠니? 내가 너를 위해 이걸 못해 주겠니' 하는 마음을 주시더라고요. 그래서 물을 사 마셨습니다.

이상철 멘토　　예수님이 이런 말씀을 하신 게 있습니다. 어떤 사람이 망대를 세우려고 하면서 돈이 얼마나 들지를 생각하지 못하고 망대를 세우다가 돈이 부족해서 망대를 다 짓지 못하면 다른 사람들의 웃음거리가 된다는 말씀입니다. 예수님은 이처럼 경제적인 사고방식의 중요성도 말씀하셨습니다.

제가 하고 싶은 얘기는, 예수님은 굉장히 경제적인 사고를 하시는 분이라는 것입니다. 물론 이 말은 이해타산을 따지신다는 의미가 아니라, 계획적이고 체계적인 사고를 하신다는 의미입니다.

그분의 말을 들어 보면 우리도 어떤 일을 할 때 예산을 세우되, 예산이 부족할 경우 그 일을 시작하면 안 된다는 것입니다. 물론 이것은 영적인 진리를 경제적인 용어로 설명하신 것인데, 영적인 진리가 생각보다 경제적인 원리와 통하는 것이 많다는 것이 신기하기도 하고 중요한 점입니다. 우리가 돈을 깊이 고민한다는 얘기는 그 속에 엄청난 영적인 원리가 들어 있다는 것입니다.

동시에, 우리는 모든 것을 경제적으로만 생각하지는 않잖아요? 즉 이해타산으로만 따지지 않는다는 뜻이죠. 제가 시간을 써서 이 모임에 오는 것을 경제적으로 생각하면 Input 대비 Output이 별로 남는 게 없습니다. 교통비 쓰고, 간식비 쓰고, 시간도 쓰고. 돈만 생각하면 남는 장사가 아닙니다. (하하) 그렇지만 돈으로 환산할 수 없는 가치가 있습니다. 우리는 좋아하는 사람들이 있는 곳에, 또한 의미가 있는 일에 돈을 써야 합니다. 저는 예수님이 말씀하신 '불의의 재물로 친구를 사귀어라'라는 말씀을 실천하고 있습니다. (하하) 하나님의 돈으로 지금 친구를 사귀고 있는 거죠!!

유병욱　많은 내용을 원 포인트로 기억하기 위해 저는 돈을 쓰는 데 집중해야겠다는 생각을 했습니다. 돈에 대한 간증들을 봐도 돈을 사용하는 데 초점이 맞춰졌을 때 은혜가 된다고 생각하거든요. 선교사님이 돈이 너무 필요했는데 마침 그에 딱 알맞은 금액을 편지로 보냈다는 얘기들도 먼저는 돈을 선한 곳에 사용한다는 컨텍스트가 전제되어 있습니다. 돈을 어디에 쓰는지 집중해야 저는 모임의 가르침이 반영된 균형을 잡을 것 같습니다.

　사실 저는 돈에 관심이 별로 없는 편입니다. 가정 환경 영향도 있겠고, 제가 원체 관념적이고 추상적인 사람이라 현물적인 것에 관심이 별로 없는 편이기도 합니다. 그래서 우리가 함께한 시간들을 통해 돈에 관심을 좀 가져야겠구나 생각도 했습니다.

　존 웨슬리는 감리교라는 교단 하나를 창시할 정도로 대단히 능력 있는 부흥사였습니다. 그는 "Gain all you can, Save all you can, Give all you can"(벌 수 있는 모든 것을 벌어라. 절약할 수 있는 모든 것을 절약해라. 네가 베풀 수 있는 모든 것을 다 베풀어라)이라 외쳤죠. 그의 말에 따라 감리교는 대단히 커졌습니다. 그러나 그는 말년에 감리교가 변질됐다고 진단을 내립니다. 그리고 부가 증대되는 곳에는 언제나 종교의 속 알맹이가 감소한다는 말을 남깁니다. 돈을 많이 벌었다고 꼭 신앙이 안 좋은 것은 아니지만, 그런 경향은 뚜렷이 나타난다고 생각합니다. 이게 제가 설정한 양극단의 경계선이고, 이 안에서 최대한 선한 방향을 갖기 위해 노력하겠습니다.

이상철 멘토　　저는 돈을 좀 잃어버려도 밤에 잠 잘 자고 느긋한 성격입니다만, 가끔 돈이 충분히 있다면 이러저러한 일을 해 보고 싶다는 상상을 많이 합니다. 그러면서 내가 이것을 못 하는 이유가 무엇인지를 스스로에게 물어보면 결국은 돈이 없어서입니다. 돈으로 사치한다는 상상은 거의 안 하는데, 돈에 구애받지 않는 멋진 대학도 창설하고 싶고, 자기 능력껏 일하면서 충분히 보상받는 회사도 만들고 싶고, 해외 선교사들에게 노후 대책을 충분히 해 주는 선교 단체도 만들고 싶고, 상상은 끝이 없습니다. 그러면서 돈이 참 좋은 도구라는 생각을 하게 됩니다. 그러면서 현재 내가 가진 돈은 적지만 잘 활용하는 방법이 무엇일까를 생각하고, 내 분량을 너무 쉽게 단정짓지 말고 계속 키워 보자는 생각도 합니다.

저 개인적으로는 이 시간이 너무너무 좋았습니다. 여러분을 알게 된 것도 반가웠고, 각자가 생각하는 게 다른 것도 좋았습니다. 감사합니다. 기도로 이 마지막 모임을 마무리하고 싶습니다.

좋으신 하나님 아버지,
우리의 만남이 참 우연 같지만 하나님의 큰 섭리 가운데서 이렇게 만났음을 고백합니다.
우리에게 주신 놀라운 기회를 통해 만날 때마다 성령께서 이 자리에 함께하시고, 우리 마음 가운데 깨달음을 주시고 말씀해 주셔서 하나님의 진리를 잘 찾아갈 수 있도록 인도해 주시니 감사합니다.

좋으신 하나님께서 '진리가 너희를 자유롭게 하리라' 말씀하셨던 것처럼 우리가 진리를 탐구하는 과정에서 자유를 느끼게 하시고, 참 좋으신 하나님께서 우리를 얼마나 사랑하시는지 알게 하셔서 감사합니다. 우리가 그 진리의 말씀을 좇아 마음 가운데 기준을 세우는 시간이 되게 하셔서 하나님을 더 배워 가고 하나님의 사랑을 더 느껴 갈 수 있도록 인도해 주시며, 살아갈 때 감사함이 넘치는 삶을 살 수 있도록 인도해 주옵소서.

직장에서 일할 때마다 하나님께서 지혜를 주셔서 일을 잘할 수 있게 하시고, 그 지혜를 따라 우리의 삶을 통하여 하나님께 영광과 존귀를 돌리는 귀한 삶을 살게 하여 주옵소서.

하나님 아버지, 물질에 대해서 생각할 수 있는 기회를 주신 것을 감사합니다. 돈에 관한 생각들을 잘 정리해 주시고, 우리가 하나님 아버지 앞에서 받은 복을 누리며 또한 우리의 이웃들을 도우며 하나님이 주신 삶을 행복하고 보람 있게 살아갈 수 있기를 원합니다.

하나님, 우리가 살아가면서 고뇌하고 갈등했던 것들을 해소하기를 원합니다. 그런 마음을 주님께서 기쁘게 보신다는 것을 알게 하시고, 이런 과정을 통해 하나님이 원하시는 합당한 답을 찾아갈 수 있도록, 그 여정을 잘 살아갈 수 있도록 우리에게 지혜를 주시고 우리를 이끌어 주옵소서. 하나님이 얼마나 좋으신 분이며, 얼마나 위대하신 분이며, 얼마나 크신 분이며, 얼마나 우리를 사랑하시는 분인지를 알게 하옵소서.

아굴의 기도처럼 우리에게 너무 적은 돈을 주셔서 우리가 궁핍하여 하나님을 원망하는 일이 없게 하시고, 너무 많은 돈을 주셔서 하나님을 잊어버리는 일도 없게 하옵소서. 교만과 비굴 어느 쪽에도 속하지 않게 하시고, 겸손과 절제의 교훈을 배우게 하옵소서. 항상 모든 삶에서 하나님 나라와 의를 구할 수 있게 하시고, 그리함으로 모든 것을 더해 주시는 은혜를 체험하게 하옵소서.

하나님, 우리가 어디에서 일하고, 무엇을 투자하며, 어떻게 살아가야 하는지 스스로 질문하며 답을 찾고 있습니다. 하나님께서 친히 우리들 가슴 가운데 각자의 상황에 맞도록 말씀해 주시고 인도해 주옵소서. 우리의 모든 환경을 통하여 인도하시는 하나님의 선한 손길을 느끼길 원합니다.

우리의 평생의 삶을 통하여 끝까지 우리를 인도하실 주님께 감사드리며, 예수님의 이름으로 기도합니다. 아멘.

에필로그

경제적 자유를 얻은 삶

'사람은 문제를 가지고 있지만, 하나님은 그 문제에 대한 답을 알고 계신다.'

돈 앞에 자주 무기력해 보이는 제 모습을 마주하는 것은 매우 어려운 일이었습니다. 어쩌면 저항하는 몸짓으로 그 문제 앞에 몸부림치고 있는 것일지도 모르겠습니다. 신앙과 돈에 관한 책이 시중에 없는 것은 아니지만, 균형 잡힌 바른 재정관이라는 관점에서 여전히 제 영혼의 허기짐과 갈급함은 존재했습니다. 직장에서도, 학교에서도 경제적 자유를 원한다는 사람들을 어렵지 않게 만나게됩니다. 혹자는 현대 사회에서 돈은 하나님과 견줄 만한 힘과 능력, 영향력을 확보했다고 말합니다. 최근에 중동의 한 부자가 사막에 거대한 도시를 만든다는 프로젝트를 발표하자 전 세계의 정부, 기업 그리고 언론이 그를 주목하는 것을 보면, 어쩌면 그가 돈을 통해 창조주와 같이 행동하고자 한다는 느낌마저 듭니다. 이처럼 저를 포함한 많은 사람이 돈의 시험과 유혹에 너무나 쉽게 빠져들고, 동시에 일상의 삶에서 '돈이냐, 하나님이냐'라는 영적 전쟁을 피할 수 없겠다는 것을 느꼈습니다.

오랜 기간 동안 지독한 가난에 시달렸던 저는 혹여나 다시 가난한 때로 돌아갈까 봐 무서웠던 적이 있습니다. 통장 잔고에 따라 안정감을 느끼다가도 생각보다 빠르게 빠져나가는 잔고를 보면 당혹스러움과 함께 불안감을 느끼기도 했습니다. 그래서 안정된 직장, 많은 자산만이 제 삶에 안정감을 가져다준다고 생각했습니다. 그러던 중 제 어머니는 이렇게 질문하셨습니다. "과연 진짜 네 직장, 재산, 가진 것들이 네 삶에 안정감을 가져다준다고 생각해? 누가 뭐래도 우리에게는 당신의 자녀들을 먹이고 입히시는 하나님이 있고, 진짜 삶의 안정감은 그분을 믿는 믿음에서 시작하는 거야." 이토록 돈에 연약하고, 모임이 진행될 때마다 무수히 많은 지혜가 우수수 쏟아지는 것을 주워 담기에 급급했던 제가 어떻게 이런 과정을 기획하고 책으로 엮어 발간할 수 있었는지 아직 정확하게 이해할 수는 없지만, 하나님이 다른 사람이 아닌 바로 오직 여러분과 저에게 맡기고 싶으신 일이 있는 것은 아닐까 생각해 봅니다. 오직 우리는 도구, 창조주 당신의 뜻대로 살아갈 때 비로소 존재의 의미를 확인하게 됩니다. 저는 여기서부터 시작하고자 합니다. '하나님 없이는 아무것도 할 수 없다'는 우리의 고백이 참일 때 대우 명제인 '하나님이 함께하시면 무엇이든지 할 수 있다'는 말 역시 참이 됩니다. 바로 이렇게 살아갈 용기와 지혜를 얻기 원하고, 그리하여 이 책을 읽는 독자와 제가 감히 세상이 감당하지 못하는 사람(히 11:38)이 되기를 바랍니다.

앞으로 우리는 또다시 현실의 싸움터에서 넘어지고 시험을 마주할지도 모릅니다. 결국 내 힘으로는 돈과 싸워 이길 수 없다는 사실과 이 모든 것을 거저 받았다는 사실 앞에 눈물로 회개하게 됩니다. 이 시간을 밑천 삼아 이제 돈과 관련한 제 영혼의 기나긴 방황에 마침표를 찍을 수 있겠다는 생각이 듭니다. 시간이 지나면 지날수록 더 선명하게 한 인생을 먹이고 입히시는 하나님의 손길을 경험하고(마 6:31-32), 돈에 매이지 않고 오히려 뛰어넘어 진정 경제적 자유를 얻은 삶을 살아갈 수 있다고 믿기 때문입니다. 염려, 걱정, 근심 등의 감정은 하나님이 주신 것이 결코 아니며, 오직 평안, 감사, 기쁨만이 그분이 주신 선물이라고 확신합니다. 그러나 이 과정 속에서 부디 경제적 풍요함이 마음에 교만함으로 이어져 하나님을 잊어버리거나(신 8:14a), 내 능력과 손의 힘으로 다 이루었다고 말하지 않기를 바랍니다(신 8:17-18).

이 책은 이미 경제적으로 성공한 사람들을 위한 것이 아닙니다. 어쩌면 너무나 가난하고, 경제적 문제로 고민하며 하루하루 하나님이 주시는 만나(일용할 양식)가 없이는 살아갈 수 없는, 지난 날의 나와 당신을 위한 책입니다. 혹 이 책을 읽는 당신이 하나님께 재정적으로 축복 받은 사람이라면 한 영혼을 살릴 수 있는 곳에 거침없이 그리고 담대하게 소유한 재산을 허비하기를, 반대로 경제적 궁핍함과 어려움으로 고통 속에 있다면 좋으신 하나님이 긍휼히 여겨 일용할 양식이 끊어지지 않기를 진심으로 축복하며 기도합니다. 이제 크리스천 청년들의 삶에 돈을 향한 삶의 고군분투가 곧 시작될 것입니다. 자, 이제 우리 기쁨으로 고백합시다. 힘써 일하면 곧 안식일이 올 것입니다.

마지막으로 이 책이 나올 수 있도록 헌신적으로 지원하고 기꺼이 지혜를 나눠 주신 이상철 멘토 님과 직장 생활의 바쁜 일상에서도 매번 모임 장소로 달려와 참석해 준 멘티들에게 감사의 인사를 드립니다. 출간을 준비하는 동안 많은 시사점과 생각할 거리 등을 주신 서울대학교 경영학과 석승훈 교수님, MBA 원우들, 신앙적으로 같이 고민하고 영감을 준 사랑의교회 청년부 동역자들에게도 고마움을 전합니다. 누구보다도 제가 꿈꾸고 도전하고 이뤄 낼 수

있도록 아낌없이 기도해 주시는 사랑하는 부모님께 감사의 마음
을 전합니다.

2023년 9월
강민수

1   "여호와께서 말씀하시되 오라 우리가 서로 변론하자 너희의 죄가 주홍 같을지라도 눈과 같이 희어질 것이요 진홍같이 붉을지라도 양털같이 희게 되리라"(사 1:18). 여기서 '변론하자'를 영어 성경 ESV에서는 'Let us reason', NIV에서는 'Let us settle'이라고 각각 번역하고 있다.

2   "내가 궁핍하므로 말하는 것이 아니니라 어떠한 형편에든지 나는 자족하기를 배웠노니 나는 비천에 처할 줄도 알고 풍부에 처할 줄도 알아 모든 일 곧 배부름과 배고픔과 풍부와 궁핍에도 처할 줄 아는 일체의 비결을 배웠노라"(빌 4:11-12).

3   "공중의 새를 보라 심지도 않고 거두지도 않고 창고에 모아들이지도 아니하되 너희 하늘 아버지께서 기르시나니 너희는 이것들보다 귀하지 아니하냐"(마 6:26).

4   "아직도 날마다 내 속에 눌리는 일이 있으니 곧 모든 교회를 위하여 염려하는 것이라"(고후 11:28).

5   "그가 병들어 죽게 되었으나 하나님이 그를 긍휼히 여기셨고 그뿐 아니라 또 나를 긍휼히 여기사 내 근심 위에 근심을 면하게 하셨느니라"(빌 2:27).

6   "바로[이집트 왕]께서 꿈을 두 번 겹쳐 꾸신 것은 하나님이 이 일을 정하셨음이라 하나님이 속히 행하시리니 이제 바로께서는 명철하고 지혜 있는 사람을 택하여 애굽[이집트] 땅을 다스리게 하시고 … 일곱 해 풍년에 애굽 땅의 오분의 일을 거두되 … 곡물을 이 땅에 저장하여 애굽 땅에 임할 일곱 해 흉년에 대비하시면 …"(창 41:32-36).

7   "한 가난한 과부는 와서 두 렙돈 곧 한 고드란트를 넣는지라 예수께서 제자들을 불러다가 이르시되 내가 진실로 너희에게 이르노니 이 가난한 과부는 헌금함에 넣는 모든 사람보다 많이 넣었도다"(막 12:42-43).

8   바로 앞의 내용이 예수께서 서기관들을 비판하시는 말씀인 "그들은 과부의 가산을 삼키며"(막 12:40)이고, 바로 뒤의 말씀이 성전이 무너질 것에 대한 예언을 말씀하신 것이다(막 13:2).

9   "내가 주를 의뢰하고 적군을 향해 달리며 내 하나님을 의지하고 담을 뛰어넘나이다"(시 18:29).

10   "주여 보시옵소서 내 소유의 절반을 가난한 자들에게 주겠사오며 만일 누구의 것을 속여 빼앗은 일이 있으면 네 갑절이나 갚겠나이다"(눅 19:8).

11   "네가 네 손이 수고한 대로 먹을 것이라 네가 복되고 형통하리로다"(시 128:2).

12 "예수께서 이르시되 네가 온전하고자 할진대 가서 네 소유를 팔아 가난한 자들에게 주라 그리하면 하늘에서 보화가 네게 있으리라 그리고 와서 나를 따르라 하시니 그 청년이 재물이 많으므로 이 말씀을 듣고 근심하며 가니라 예수께서 제자들에게 이르시되 내가 진실로 너희에게 이르노니 부자는 천국에 들어가기가 어려우니라"(마 19:21-23).

13 "의를 위하여 박해를 받은 자는 복이 있나니 천국이 그들의 것임이라"(마 5:10).

14 "좁은 문으로 들어가라 멸망으로 인도하는 문은 크고 그 길이 넓어 그리로 들어가는 자가 많고 생명으로 인도하는 문은 좁고 길이 협착하여 찾는 자가 적음이라"(마 7:13-14).

15 산상 수훈(Sermon on the Mount)은 '예수님께서 산 위에서 가르치신 말씀'이라는 의미로 마태복음 5-7장에 걸친 주옥같은 말씀이다.

16 "나는 너희에게 이르노니 악한 자를 대적하지 말라 누구든지 네 오른편 뺨을 치거든 왼편도 돌려 대며 또 너를 고발하여 속옷을 가지고자 하는 자에게 겉옷까지도 가지게 하며"(마 5:39-40).

17 "대제사장 아나니아가 바울 곁에 서 있는 사람들에게 그 입을 치라 명하니 바울이 이르되 회칠한 담이여 하나님이 너를 치시리로다 네가 나를 율법대로 심판한다고 앉아서 율법을 어기고 나를 치라 하느냐 하니"(행 23:2-3).

18 "하나님이 자기 형상 곧 하나님의 형상대로 사람을 창조하시되 … 하나님이 그들에게 이르시되 생육하고 번성하여 땅에 충만하라, 땅을 정복하라, 바다의 물고기와 하늘의 새와 땅에 움직이는 모든 생물을 다스리라 하시니라"(창 1:27-28).

19 "오직 성령의 열매는 사랑과 희락과 화평과 오래 참음과 자비와 양선과 충성과 온유와 절제니"(갈 5:22-23).

20 "바울이 그들에게 가매 생업이 같으므로 함께 살며 일을 하니 그 생업은 천막을 만드는 것이더라"(행 18:2-3).

21 "모세의 율법에 곡식을 밟아 떠는 소에게 망을 씌우지 말라 기록하였으니 하나님께서 어찌 소들을 위하여 염려하심이냐 오로지 우리를 위하여 말씀하심이 아니냐 과연 우리를 위하여 기록된 것이니 밭 가는 자는 소망을 가지고 갈며 곡식 떠는 자는 함께 얻을 소망을 가지고 떠는 것이라 우리가 너희에게 신령한 것을 뿌렸은즉 너희의 육적인 것을 거두기로 과하다 하겠느냐 다른 이들도 너희에게 이런 권리를 가졌거든 하물며 우리일까보냐"(고전 9:9-12).

22 "그러나 우리가 이 권리를 쓰지 아니하고 범사에 참는 것은 그리스도의 복음에 아무 장애가 없게 하려 함이로다"(고전 9:12).

23 "무슨 일을 하든지 마음을 다하여 주께 하듯 하고 사람에게 하듯 하지 말라"(골 3:23).

24 프랜시스 스콧 피츠제럴드(Francis Scott Key Fitzgerald, 1896-1940). 유명한 소설로는 영

화로도 만들어진 《위대한 개츠비》가 있다. 《리츠 호텔만 한 다이아몬드》는 《돈: 주제별로 엮은 세계 문호들의 중·단편 앤솔러지》(에디터 역간, 2012)라는 단편 소설 모음집 속에 들어 있다.

25 희년(禧年)은 '기쁨의 해'라는 뜻인데, 하나님께서 이스라엘 민족에게 허락하신 제도로, 50년마다 모든 재산 상태를 원위치로 돌리는 것이다. 하나님은 이스라엘이 가나안 땅을 정복할 때 그 땅을 일정 구획별로 배분해 주고 그곳에서 자손 대대로 살게 하셨는데, 사람들은 자기의 땅을 필요에 따라(특히 가난해서) 남에게 팔 수 있었다. 이 제도 속에는 모든 땅이 하나님의 것이라는 의미가 담겨 있고, 설령 부모가 가난해서 땅을 팔아 그 후손이 계속 땅이 없는 상태가 되면 가난을 대물림하게 되므로, 그것을 원위치해서 다시 시작하도록 하는 데 의의가 있다. 한 번 종이 된 사람은 자손 대대로 종이 되는 것을 방지한다.

26 "네가 마땅히 내 돈을 취리하는 자들에게나 맡겼다가 내가 돌아와서 내 원금과 이자를 받게 하였을 것이니라"(마 25:27).

27 "타국인에게 네가 꾸어 주면 이자를 받아도 되거니와 네 형제에게 꾸어 주거든 이자를 받지 말라"(신 23:20).

28 한국은행에서는 매월 금융통화위원회를 열어서 기준 금리를 올리거나 내리거나 동결한다. 이는 돈의 흐름을 조절하는 것으로서, 금리를 올리면 예금이 늘어나고 대출이 줄어들어 돈의 흐름이 느려지게 되고, 금리를 내리면 예금이 줄어들고 대출이 늘어나 돈의 흐름이 빨라지게 된다.

29 2021년 7월 7일을 기점으로 법정 최고 금리는 20퍼센트이다.

30 '현장에 임한다'라는 뜻으로 주로 부동산 거래를 할 때 해당 지역에 직접 가서 탐방하는 것을 뜻한다.

31 "보혜사가 너희에게로 오지 아니할 것이요 가면 내가 그를 너희에게로 보내리니 그가 와서 죄에 대하여, 의에 대하여, 심판에 대하여 세상을 책망하시리라"(요 16:7-8).

32 "가인이 성을 쌓고 그의 아들의 이름으로 성을 이름하여 에녹이라 하니라"(창 4:17). 가인은 동생 아벨을 죽인 인류 최초의 살인자로, 자신을 보호할 목적으로 성을 쌓았다.

33 "피차 사랑의 빚 외에는 아무에게든지 아무 빚도 지지 말라 남을 사랑하는 자는 율법을 다 이루었느니라"(롬 13:8).

34 LTV(Loan to Value): 집의 가치에 대한 대출 가능 금액을 뜻한다. 집이 10억 원이고 LTV 한도가 50퍼센트라면 5억 원이 대출 최고 한도이다. DSR(Debt Service Ratio): 소득 금액에 대한 대출 가능 금액을 뜻한다. 소득이 1억 원이고 DSR 한도가 50퍼센트라면 1년에 대출 상환 금액과 이자액이 5천만 원을 넘지 않도록 대출해야 한다.

35 "그러므로 염려하여 이르기를 무엇을 먹을까 무엇을 마실까 무엇을 입을까 하지

말라 이는 다 이방인들이 구하는 것이라"(마 6:31-32).

36 <재벌집 막내아들>, JTBC에서 2022년 11월 18일부터 2022년 12월 25일까지 16부작으로 방송되었다.

37 "이같이 한즉 하늘에 계신 너희 아버지의 아들이 되리니 이는 하나님이 그 해를 악인과 선인에게 비추시며 비를 의로운 자와 불의한 자에게 내려 주심이라"(마 5:45).

38 "너희가 악한 자라도 좋은 것으로 자식에게 줄 줄 알거든 하물며 하늘에 계신 너희 아버지께서 구하는 자에게 좋은 것으로 주시지 않겠느냐"(마 7:11).

39 당시 박상기 법무부 장관의 발언으로 인해 하늘을 날던 비트코인이 한순간에 폭락하게 된 사건.

40 "네 입을 크게 열라 내가 채우리라"(시 81:10).

41 크레이그 블룸버그, 《가난하게도 마옵시고 부하게도 마옵소서》(IVP 역간, 2012). 크레이그 블룸버그는 NAC(New American Commentary)라는 성경 주석의 마태복음 저술자이며, 예수님의 비유에 대한 《비유해석학》(생명의말씀사 역간, 1996) 등 유명한 저술이 많다. 이 책은 연세대학교에서 '돈의 가치와 윤리'라는 과목으로 강의할 때 필독서로 선정했던 책으로 일독을 권한다.

42 "너희는 거룩하라 이는 나 여호와 너희 하나님이 거룩함이니라"(레 19:2b). "기록되었으되 내가 거룩하니 너희도 거룩할지어다 하셨느니라"(벧전 1:16).

43 "빛이 하나님이 보시기에 좋았더라"(창 1:4a). "하나님이 지으신 그 모든 것을 보시니 보시기에 심히 좋았더라"(창 1:31a).

44 "그러므로 무엇이든지 남에게 대접을 받고자 하는 대로 너희도 남을 대접하라 이것이 율법이요 선지자니라"(마 7:12).

45 "범사에 기한이 있고 천하 만사가 다 때가 있나니…"(전 3:1-8).

46 "뱀이 여자에게 물어 이르되 하나님이 참으로 너희에게 동산 모든 나무의 열매를 먹지 말라 하시더냐"(창 3:1).

47 "여호와 하나님이 그 사람에게 명하여 이르시되 동산 각종 나무의 열매는 네가 임의로 먹되 선악을 알게 하는 나무의 열매는 먹지 말라 네가 먹는 날에는 반드시 죽으리라 하시니라"(창 2:16-17).

48 유사한 표현으로 링컨은 "사람에게 권력을 줘 보면 그가 어떤 사람인지 알게 된다"라고 말했다. 돈과 권력은 그 사람이 실제로 어떠한 사람인가를 잘 보여 주는 중요한 잣대가 된다.

49 요셉의 곡식 창고를 생각할 수 있다. 요셉은 다가올 7년 흉년을 대비해 큰 창고를 짓고 곡식을 쌓았다. 이를 통해 이집트 사람뿐 아니라 주변 가나안 민족, 나아가 자기 가족들을 기아로부터 구해 냈다. 이집트는 이 기점으로 나라의 부가 아주 급격히 증가했다.

50 당시 노동자의 하루 일당은 1데나리온으로 1달란트는 약 6,000데나리온에 해당

한다. 1년을 대략 300일로 잡으면 6,000데나리온은 약 20년 동안 일해야 모을 수 있는 금액이다. 따라서 다섯 달란트면 약 100년 치의 연봉에 해당한다.

51 English Standard Version: 가능한 직역을 원칙으로 번역하였으며, King James Version, New American Standard Version의 번역 원칙을 따라가는 현대 영어 번역 성경이다.

52 New International Version: 직역과 의역 사이의 균형을 맞추어 번역하였으며 가장 많이 읽히는 영어 성경이다.

53 리처드 포스터, 《돈 섹스 권력》(두란노 역간, 1991). 돈과 섹스와 권력은 사람들이 결코 피해 갈 수 없는 세 가지 요소로서 긍정적인 면과 부정적인 면이 있다. 잘 사용하면 아주 좋은 것이고, 잘못 사용하면 아주 나쁜 것이 된다. 이것을 잘 아는 것은 크리스천의 영성에 큰 지혜를 준다.

54 1달란트=6,000데나리온. 1데나리온은 1일 급여에 해당함. 1년을 300일로 계산할 경우 1달란트는 20년 연봉에 해당함. 주인을 조금 넉넉한 분으로 생각해서 1년 연봉을 꿈의 연봉인 1억으로 계산하였다.

55 일정한 기간 안에 일어났던 수입과 지출을 계산하여 재산 상태를 서류로 작성해 놓은 것이다. 은행원이었던 필자의 경우 매우 익숙한 개념으로 예금 기일이 되면 이자를 산출해서 고객에게 주고, 대출 기일이 되면 대출 이자를 산출해서 고객에게 받았다. 매년 12월 31일이 되면 1년 동안의 총 결산을 한다.

56 "가난한 자를 불쌍히 여기는 것은 여호와께 꾸어 드리는 것이니 그의 선행을 그에게 갚아 주시리라"(잠 19:17).